AF752952

Grund und Grenzen des Befristungsrechts

Schriften zum deutschen und europäischen Recht der Arbeit und der Sozialen Sicherheit

Herausgegeben von
Stefan Greiner, Gregor Thüsing und Raimund Waltermann

Band 27

Justin Daniel Josef Hubert Schippers

Grund und Grenzen des Befristungsrechts

Das verfassungsrechtliche und unionsrechtliche Dogma des Interessenausgleichs im TzBfG

PETER LANG

Bibliografische Information der Deutschen Nationalbibliothek
Die Deutsche Nationalbibliothek verzeichnet diese Publikation in der Deutschen Nationalbibliografie; detaillierte bibliografische Daten sind im Internet über http://dnb.d-nb.de abrufbar.

Zugl.: Bonn, Univ., Diss., 2022

D 5
ISSN 1861-678X
ISBN 978-3-631-88173-6 (Print)
E-ISBN 978-3-631-88252-8 (E-PDF)
E-ISBN 978-3-631-88253-5 (EPUB)
DOI 10.3726/b19924

© Peter Lang GmbH
Internationaler Verlag der Wissenschaften
Berlin 2022
Alle Rechte vorbehalten.

Peter Lang – Berlin · Bruxelles · Lausanne · New York · Oxford

Das Werk einschließlich aller seiner Teile ist urheberrechtlich geschützt. Jede Verwertung außerhalb der engen Grenzen des Urheberrechtsgesetzes ist ohne Zustimmung des Verlages unzulässig und strafbar. Das gilt insbesondere für Vervielfältigungen, Übersetzungen, Mikroverfilmungen und die Einspeicherung und Verarbeitung in elektronischen Systemen.

Diese Publikation wurde begutachtet.

www.peterlang.com

Vorwort

Die vorliegende Arbeit wurde im Wintersemester 2021/2022 vom Fachbereich Rechtswissenschaft der Rheinischen Friedrich-Wilhelms-Universität Bonn als Dissertation angenommen. Für die Veröffentlichung wurden Rechtsprechung und Literatur bis Juli 2021 berücksichtigt.

Mein Dank gilt meinem Doktorvater Prof. Dr. Gregor Thüsing LL.M. (Harvard), der mich bei der Themenfindung unterstützt hat und mein Dissertationsvorhaben mit Rat und Tat begleitete. Danken möchte ich ihm, Herrn Prof. Dr. Stefan Greiner und Herrn Prof. Dr. Raimund Waltermann für die Aufnahme der Arbeit in ihre Schriftenreihe „Schriften zum deutschen und europäischen Recht der Arbeit und der Sozialen Sicherheit". Mein Dank gilt auch Herrn Prof. Dr. Stefan Greiner für die schnelle Erstellung des Zweitgutachtens.

Meiner Mutter Dr. Christiane Leonards-Schippers, meinem Vater Josef Schippers und meinen Brüdern Vincent und Constantin sowie meiner Schwester Valerie danke ich für ihre Unterstützung und den immerwährenden Zuspruch während meines Studiums und der Erstellung dieser Dissertation.

Heike Dahlmanns, meinem Vater und meinem Bruder Vincent danke ich besonders für das Korrekturlesen meines Manuskripts in mühevoller Kleinarbeit.

Mein innigster und größter Dank gilt meiner Freundin Astrid, die mich über die Jahre der Entstehung meiner Arbeit stets mit ihrem Zuspruch und aufmunternden Worten, dem erforderlichen Rückhalt und der notwendigen Motivation bestärkt hat.

Justin Schippers
Bonn, April 2022

Inhaltsverzeichnis

A) Einleitung

„Dass ich erkenne, was die Welt im Innersten zusammenhält."[1] So beschreibt Goethes Dr. Faust dramatisch seinen Wunsch nach unermesslichem Wissen. Während die Suche nach diesem inneren Kern Dr. Faust zu einem Pakt mit dem Teufel bewegt, so ist die Methode, aus dem bekannten Einzelfall eine innere, allgemeine Regel zu entwickeln, in der Rechtswissenschaft unter dem Begriff Induktion anerkannt und kein ‚Teufelswerk'.[2] Dieser von Goethe verklärte Wunsch, den innersten Zusammenhalt aus dem Einzelfall zu abstrahieren, wird regelmäßig durch einen weiteren Deduktionsschritt ergänzt, der den nunmehr verallgemeinerten Rechtsgedanken (tertium comparationis) auf einen neuen und bisher ungeregelten Einzelfall anwendet, sodass der Analogieschluss methodisch vollendet wird.[3] Dieser Methode folgend, werden in dieser Arbeit Grund und Grenzen des Befristungsrechts bestimmt, indem zunächst der Grund des Befristungsrechts, also der innerste Kern, anhand der verschiedenen Gesetzesmaterialien unter B) herausgearbeitet wird. Dieser dogmatische Kern soll dann unter C) bei der Bestimmung der Grenzen von Befristung im geltenden Recht angewendet werden sowie auch als Maßstab für die Weiterentwicklung des Befristungsrechts dienen.

Die Interessenlage bei der Befristung von Arbeitsverträgen ist vielschichtig. Auf der einen Seite des Spannungsfelds befindet sich die Vertragsfreiheit des Arbeitgebers, der ein Interesse daran hat, durch Befristungen flexibel auf wechselnde Arbeitsbedingungen zu reagieren.[4] Auf der anderen Seite steht der Arbeitnehmer, der ein Interesse an einer unbefristeten und sicheren Beschäftigung hat. Sein Interesse wird durch die Begrenzung von Befristung von Arbeitsverträgen abgesichert. Dies dient dem Schutz vor Befristungsmissbrauch und entspricht der Schutzpflicht des Staates zugunsten des strukturell unterlegenen Arbeitnehmers.[5] Der Interessenkonflikt bei der Begrenzung der Befristung wird dadurch vertieft, dass die Grenzen des Befristungsrechts nicht nur den Schutz des Arbeitnehmers absichern, sondern gleichzeitig auch dessen Vertragsfreiheit einschränken. Für Arbeitnehmer kann die befristete Beschäftigung einen

1 Johann Wolfgang von Goethe, Faust. Eine Tragödie, Faust I, Vers 382 f.

2 *Möllers,* Juristische Methodenlehre, § 6 Rn. 99.

3 *Möllers,* Juristische Methodenlehre, § 6 Rn. 99.

4 BVerfG, Beschluss vom 06.06.2018 - 1 BvL 7/14, BVerfGE 149, 126, Rn. 57.

5 BVerfG, Beschluss vom 06.06.2018 - 1 BvL 7/14, BVerfGE 149, 126, Rn. 46.

Einstieg in die Arbeitswelt ermöglichen und eine Brücke zu einer unbefristeten Beschäftigung bauen.[6] Diese gegenüberstehenden Freiheiten müssen durch den Gesetzgeber und die Rechtsprechung zu einem Ausgleich gebracht werden.[7]

Waren die zu Beginn der Großen Koalition geäußerten Reformvorhaben[8] des Teilzeit- und Befristungsgesetzes (TzBfG) zuletzt ins Stocken geraten, so ist der Bedarf nach einem Update des Befristungsrechts aktuell größer denn je. Die durch die Covid-19-Pandemie hervorgerufenen gravierenden wirtschaftlichen Folgen für den Arbeitsmarkt offenbaren sich zunehmend deutlicher.[9] Zwar falle der Anstieg der registrierten Arbeitslosigkeit wegen des starken Einsatzes von Kurzarbeit gemessen am Nachfrage- und Produktionseinbruch bisher vergleichsweise gering aus, stellen Klös und Schäfer fest.[10] Jedoch sind strukturelle Maßnahmen des Gesetzgebers gegen die zunehmende Arbeitslosigkeit noch nicht zu erkennen.[11] Zuletzt werden deshalb weitere Maßnahmen wie die temporäre Aussetzung des Vorbeschäftigungsverbots im Befristungsrecht gefordert, um krisenbedingte Kündigungen mit befristeten Wiedereinstellungen aufzufangen, so der wirtschaftlichen Rezession entgegenzutreten und diese in eine positive Entwicklung auf dem Arbeitsmarkt umzukehren.[12] Ob solche Lockerungen der Grenzen von Befristung bei diesem Vorhaben Erfolg versprechen, bedarf einer kritischen Würdigung.

6 *Preis/Temming,* Individualarbeitsrecht, § 68 Rn. 3286.
7 *Chandna-Hoppe,* ZfA 2020, 70, 73; *Junker,* GK Arbeitsrecht, § 1 Rn. 6.
8 Koalitionsvertrag zwischen CDU, CSU und SPD 19. Legislaturperiode.
9 *Klös/Schäfer*, IW-Policy-Paper Nr. 20, 2020, S. 3.
10 *Klös/Schäfer*, IW-Policy-Paper Nr. 20, 2020, S. 3.
11 *Klös/Schäfer*, IW-Policy-Paper Nr. 20, 2020, S. 3.
12 *Klös/Schäfer*, IW-Policy-Paper Nr. 20, 2020, S. 3, 16 f.

B) Der Grund des Befristungsrechts

Die abstrakte Frage nach dem Grund des Befristungsrechts zielt auf das Dogma des Interessenausgleichs zwischen den Arbeitsvertragsparteien. Die Elemente des Interessenausgleichs finden sich sowohl in der Verfassung als auch im Unionsrecht sowie im TzBfG, sodass alle Rechtsquellen des Befristungsrechts durch das gemeinsame Dogma im Innersten zusammengehalten werden.

I. Die Geschichte des Befristungsrechts

Erste Einblicke in den Grund des Befristungsrechts ergeben sich aus der bisherigen Rechtsentwicklung. Die für das Arbeitsrecht typische Tradition der Fortentwicklung des geltenden Rechts durch ein „Wechselspiel" von richterrechtlicher Rechtsfortbildung einerseits und gesetzgeberischer Neuregelung andererseits ist auch für das Befristungsrecht charakteristisch.[13] So wurden in der Geschichte des Befristungsrechts bereits einige Kapitel geschrieben.

1. Die Entwicklung des Sachgrunderfordernisses

Der Abschluss befristeter Verträge war nach dem Wortlaut des § 620 Abs. 1 BGB bei Inkrafttreten des BGB im Jahre 1900 unbegrenzt möglich.[14] Dies eröffnete Arbeitgebern die Möglichkeit, ihre Arbeitnehmer immer nur für einen gewissen Zeitraum befristet anzustellen und nach jedem Zeitabschnitt zu prüfen, ob eine Weiterbeschäftigung für ihn nützlich oder notwendig ist. Ohne Verlängerung des Arbeitsvertrages endete das Arbeitsverhältnis dann mit Fristablauf der vereinbarten Befristung, ohne dass die Einhaltung von Kündigungsvoraussetzungen – wie etwa die Kündigungsfrist, die soziale Rechtfertigung oder die Anhörung des Betriebsrats – notwendig war. Im Ergebnis wurde hiermit der vom Kündigungsschutzrecht garantierte Bestandsschutz durch die uneingeschränkte Möglichkeit zur Befristung von Arbeitsverträgen umgangen.[15]

Dem trat erstmals das Reichsarbeitsgericht entgegen, indem es bei Kettenarbeitsverträgen – also bei vielen aufeinanderfolgenden befristeten Arbeitsverträgen - § 620 BGB nicht angewendet hat, wenn der Arbeitgeber mit der

---

13 BT-Drs. 14/4374, S. 13.

14 HK-ArbR/*Tillmanns*, TzBfG, § 14 Rn. 1.

15 ErfK/*Müller-Glöge*, TzBfG, § 14 Rn. 1.

Vertragsgestaltung Kündigungsschutznormen umgehen wollte.[16] Als mit dem Kündigungsschutzgesetz (KSchG) 1951 der Kündigungsschutz novelliert wurde, verlangte das Bundesarbeitsgericht (BAG)[17] sodann einen die Befristung rechtfertigenden sachlichen Grund, um eine Umgehung der neuen Kündigungsschutzvorschriften zu vermeiden.[18] Der konkrete Sachgrund musste also immer eine Rechtfertigung dafür bieten, dass Kündigungsschutzvorschriften nicht angewendet werden. Durch diese Rechtsprechung wurde die Befristung von Arbeitsverträgen nicht nur durch das Sachgrunderfordernis beschränkt, sondern dem Befristungsrecht wurde auch die klare Funktion zugewiesen, den vom KSchG garantierten Bestandsschutz abzusichern.[19]

Ausnahmsweise bedurfte es aber bei Kleinbetrieben, die gem. § 23 Abs. 1 KSchG a.F. mit fünf oder weniger Arbeitnehmern nicht unter das Kündigungsschutzgesetz fielen, keines sachlichen Grundes, da das Kündigungsschutzgesetz nicht anwendbar war und damit kein Umgehungsschutz erforderlich war.[20] Gleiches galt für eine Befristungsdauer von bis zu sechs Monaten (vgl. § 1 Abs. 1 KSchG).[21] Abgesehen von diesen Ausnahmen wurden Befristungen von Arbeitsverträgen deutlich durch die auslegungsbedürftige und damit rechtsunsichere Grenze „Sachgrund" eingeschränkt.[22] Das Befristungsrecht konnte in der Folge nicht jedem Flexibilisierungsbedürfnis der Arbeitgeber entsprechen, sodass diese trotz Zeiten der Hochkonjunktur Anfang und Mitte der 1980er-Jahre haderten, neue Mitarbeiter auf Zeit einzustellen.[23]

2. Die sachgrundlose Befristung als Impuls für den Arbeitsmarkt

Zur Erleichterung der Befristung von Arbeitsverträgen wurde 1985 das Beschäftigungsförderungsgesetz erlassen.[24] Entgegen der bisherigen Rechtsprechung des BAG wurde in ihm die Möglichkeit einer sachgrundlosen Befristung einmalig für den Zeitraum von maximal einem Jahr und sechs Monaten als niedrigschwellige

---

16 RAG, Bensheimer Sammlung (ARS), 3, 3; 11, 2333; 16, 66; 32, 174.
17 BAG vom 12.10.1960 – GS 1/59, NJW 1961, 798.
18 MüKo/*Hesse*, BGB, § 620 Rn. 2.
19 *Preis/Temming*, Individualarbeitsrecht, § 68 Rn. 3230.
20 *Preis/Temming*, Individualarbeitsrecht, § 68 Rn. 3230.
21 *Preis/Temming*, Individualarbeitsrecht, § 68 Rn. 3230.
22 *Preis/Temming*, Individualarbeitsrecht, § 68 Rn. 3285.
23 *Preis/Temming*, Individualarbeitsrecht, § 68 Rn. 3285.
24 MüKo/*Hesse*, TzBfG, § 14 Rn. 2; *Preis/Temming*, Individualarbeitsrecht, § 68 Rn. 3285.

Beschäftigungsform zugelassen, um einen Impuls an den Arbeitsmarkt zu senden und Beschäftigung zu fördern.[25] Mit § 1 Abs. 1 des BeschFG 1996 wurden dann die Grenzen der sachgrundlosen Befristung auf maximal drei Verlängerungen bei einer zulässigen Höchstdauer von 2 Jahren erweitert.[26]

Der sachgrundlosen Befristung kommt damit einerseits eine Brückenfunktion zu, und dient andererseits der Sicherstellung ausreichender Flexibilität für den Arbeitgeber, angepasst an die Wirtschaftsentwicklung den Beschäftigungsstand zu steuern.[27] Die Brückenfunktion bedeutet, dass Arbeitnehmern der Einstieg in den Beruf erleichtert und gleichzeitig durch die Befristung eine Brücke hin zu einer langfristigen Beschäftigung geschlagen werden soll.[28] Die durch die zeitlichen und zahlenmäßigen Komponenten eingeschränkte Möglichkeit zur sachgrundlosen Befristung erhielt damit gegenüber der Sachgrundbefristung eine eigene Funktion, sodass von einer „genetischen und teleologischen Antinomie“[29] gesprochen werden kann – also einer systematischen Trennung zwischen der Begrenzung der Befristung mit Sachgrund und der Befristung ohne Sachgrund. Durch die Rechtsprechung zur Sachgrundbefristung einerseits und das Beschäftigungsförderungsgesetz andererseits wurden dem Befristungsrecht je nach Befristungsform unterschiedliche Grenzen gesetzt.

Die dogmatischen Unterschiede zwischen der Sachgrundbefristung und der sachgrundlosen Befristung wurden zudem durch die unterschiedlichen Rechtsquellen – Richterrecht und Beschäftigungsförderungsgesetz – verstärkt.

3. Die richtlinienbasierte Eigenständigkeit des Befristungsrechts

Das Befristungsrecht zeichnet sich in diesem Stadium durch die dogmatische Unselbstständigkeit der beiden Befristungsformen aus. Die Sachgrundbefristung wurde durch die Funktion als Flankenschutz des Kündigungsschutzes deutlich begrenzt und damit von der Rechtsprechung in das System und die Wertungen des Kündigungsschutzes eingepasst. Die sachgrundlose Befristung als anderer Teil des Befristungsrechts war auf den ersten Blick selbstständig im BeschFG geregelt. Allerdings war die Geltung des Gesetzes bis zum 01.01.1990 befristet, sie wurde jedoch zwei Mal um fünf Jahre verlängert.[30] Das legt nahe, dass der

25 BT-Drs. 14/4374, S. 13; *Greiner*, ZESAR 2013, 305; *Thüsing*, ZfA 2004, 67, 90.
26 ErfK/Müller-Glöge, TzBfG, § 14 Rn. 3.
27 BT-Drs. 14/4374, S. 13 f.; *Greiner*, ZESAR 2013, 305.
28 *Preis/Temming*, Individualarbeitsrecht, § 68 Rn. 3286.
29 *Greiner*, ZESAR 2013, 305, 306.
30 ErfK/*Müller-Glöge*, TzBfG, § 14 Rn. 3; *Wiedermann*, in: FS Otto, S. 610 f.

Gesetzgeber den Bedarf an sachgrundloser Befristung stets aufs Neue prüfen wollte und diese Befristungsform ursprünglich nicht dauerhaft als selbstständige Befristungsvariante etablieren wollte. Dieser installierte ihn arbeitsmarktpolitisch als temporär befristeten Anreiz an den Arbeitgeber zur Einstellung von Arbeitnehmern.[31]

Dies veränderte sich, als auf europäischer Ebene die Richtlinie (RL) 1999/70/EG verabschiedet wurde, die vor dem Hintergrund der Pflicht des deutschen Gesetzgebers gem. Art. 288 Abs. 3 AEUV in nationales Recht umgesetzt werden musste. Die aus dem „Wechselspiel" entstandene, kaum nachvollziehbare und lückenhafte nationale Gesetzes- und Rechtslage im Befristungsrecht konnte ohne Novelle den Umsetzungsmaßstäben der Richtlinie nicht genügen.[32] Mit dem Inkrafttreten des Teilzeit- und Befristungsgesetzes (TzBfG) am 01.01.2001 wurde das Befristungsrecht gemäß der Umsetzungspflicht kodifiziert. Eingang in das TzBfG fand auch die bisherige Rechtsprechung des BAG zur Sachgrundprüfung.[33] Daneben wurde auch die Möglichkeit zur sachgrundlosen Befristung nach dem Vorbild des Beschäftigungsförderungsgesetzes in das TzBfG aufgenommen, sodass die Rechtsentwicklung beider Formen von Befristung kontinuierlich verlief.[34]

Auch wenn inhaltliche Neuerungen bei den Grenzen der Sachgrundbefristung und sachgrundlosen Befristung auf den ersten Blick nicht zu erkennen sind, ist die Zusammenführung im TzBfG für Grund und Grenzen des Befristungsrechts bedeutsam. Mit dieser wurde das Befristungsrecht auf eine neue, eigenständige Grundlage gestellt und von der Theorie der objektiven Gesetzesumgehung des Kündigungsschutzes losgelöst.[35]

Diese Eigenständigkeit wird durch die Grundlage für das TzBfG - die Richtlinie 1999/70/EG -unionsrechtlich vorgegeben. Auf unionsrechtlicher Ebene besteht kein Zusammenhang zwischen Befristungsrecht und Kündigungsschutz, da ein unionsrechtlicher allgemeiner Kündigungsschutz weder existiert, noch wegen der unterschiedlichen nationalen Systeme beim Bestandsschutz

---

31 BR-Drs. 393/84, S. 15.

32 BT-Drs. 14/4374, S. 13.

33 *Dörner,* Der befristete Arbeitsvertrag, Rn. 26; HK-ArbR/*Tillmanns*, TzBfG, § 14 Rn. 3.

34 *Thüsing*, ZfA 2004, 67, 87.

35 MüKo/*Hesse,* TzBfG, § 14 Rn.; ErfK/Müller-Glöge, § 14 Rn. 7; Laux/Schlachter/*Schlachter*, § 14 Rn. 6; *Preis/Temming*, Individualarbeitsrecht, § 68, Rn. 3232; Boecken/Joussen/*Boecken*, § 14 Rn. 28; *Thüsing*, europäisches Arbeitsrecht, S. 158 Rn. 26; Ascheid/Preis/Schmidt/*Backhaus,* TzBfG, § 14 Rn. 11.

durchführbar wäre.[36] Es ist aber kein Automatismus, dass diese unionsrechtliche Eigenständigkeit auch konzeptionell bei der Umsetzung der Richtlinie Eingang in das TzBfG gefunden hat. Der deutsche Gesetzgeber hat möglicherweise auch die nationale Rechtstradition – Befristungsrecht als Flankenschutz zum Kündigungsschutzrecht – mit der Schaffung des TzBfG fortgeführt, denn die nationale Rechtsentwicklung verläuft ohne deutlichen Bruch.[37]

Für eine Entkoppelung des Befristungsrechts vom Kündigungsschutzrecht spricht aber, dass Befristungen in Kleinbetrieben und kurze Befristungen im TzBfG uneingeschränkter Kontrolle unterliegen. Zuvor wurden diese beiden Fallgruppen noch von der Rechtsprechung bei der Kontrolle auf einen die Befristung rechtfertigenden Sachgrund ausgenommen, da sie nicht in den Anwendungsbereich des KSchG fielen und somit keine Umgehung des Kündigungsschutzes drohte.[38] Einen solchen Schwellenwert zur Anwendbarkeit kennt weder die Richtlinie noch das TzBfG.[39] Vielmehr gebietet die RL 1999/70/EG bei ihrer Umsetzung eine umfassende Regelung im TzBfG, denn sie lässt keine vollständigen Bereichsausnahmen zu.[40] Diese Erstreckung des Anwendungsbereichs im TzBfG geht konform mit dem Unionsrecht und der Entkoppelung vom Kündigungsschutz.

Neben dem Verweis auf den allgemeinen Kündigungsschutz wurde nach der früheren Rechtsprechung bei der Umgehungskontrolle auch auf den Sonderkündigungsschutz (§§ 85 ff., 92 SGB IX, § 9 MuSchG, § 15 KSchG) abgestellt.[41] Diese Verbindung von Befristungsrecht und besonderem Kündigungsschutz wurde durch die Neufassung des Befristungsrechts im TzBfG aufgelöst, denn das TzBfG differenziert nicht zwischen Arbeitnehmern mit und ohne Sonderkündigungsschutz.[42] Aus unionsrechtlicher Perspektive wird der gebotene Mindestbestandsschutz durch das Sachgrunderfordernis auch in den Fällen, in denen der Sonderkündigungsschutz greifen würde, ausreichend abgesichert.[43] Das Bestehen eines besonderen Kündigungsschutzes führt zu keinen höheren

---

36 Franzen/Gallner/Oetker/*Krebber*, Art. 4 RL 1999/70/EG Rn. 3, § 1 RL 1999/70/EG Rn. 2.

37 Boecken/Joussen/*Boecken*, § 14 Rn. 4.

38 *Hanau*, NZA 2000, 1045; *Sievers*, § 3 Rn. 7.

39 Preis/Sagan/*Brose*, § 13 Rn. 17.

40 ErfK/*Müller-Glöge*, TzBfG, § 14 Rn. 7a.

41 ErfK/*Müller-Glöge*, TzBfG, § 14 Rn. 8; *Sievers*, § 3 Rn. 7.

42 *Sievers*, § 3 Rn. 7.

43 BAG, Urteil vom 20.06.2018 - 7 AZR 690/16, NZA 2019, 324, 328 f.

Anforderungen an den Sachgrund.[44] Allerdings bedarf eine ohne Kündigung erfolgende Beendigung des Arbeitsverhältnisses Schwerbehinderter in bestimmten Fällen der Zustimmung des Integrationsamtes gem. § 92 SGB IX.[45] Grundsätzlich kommt es aber bei der Zulässigkeit der Befristung nicht mehr darauf an, ob der allgemeine oder der besondere Kündigungsschutz greift. Im Ergebnis spricht auch dies für die Selbstständigkeit des Befristungsrechts.

Gegen die Selbstständigkeit wird eingewandt, dass die Rolle des Befristungsrechts als Umgehungsschutz zum Kündigungsschutz trotz des Fehlens eines unionsrechtlichen Kündigungsschutzes Bestandteil der Richtlinie sei.[46] Dies würde in Zusammenschau mit der Umsetzungspflicht der Richtlinie dann auch gegen die Selbstständigkeit des Befristungsrechts im TzBfG sprechen. Der Hinweis auf den Umgehungsschutz widerspricht nicht der nunmehr selbstständigen Rolle des Befristungsrechts, sondern kann mit der neuen Eigenständigkeit des Befristungsrechts in Einklang gebracht werden. Im nationalen Recht hat sich das Befristungsrecht vom Gedanken des reinen Umgehungsschutzes emanzipiert und wird auf ein breites arbeitsmarktpolitisches Konzept gestützt, in das sich der Umgehungsschutz einfügt.[47] Das Befristungsrecht lässt den Umgehungsgedanken bzgl. des Kündigungsschutzes also nicht außen vor, sondern nimmt den Gedanken innerhalb der Missbrauchsdogmatik in sich auf. Auch im Unionsrecht ist der Umgehungsgedanke im allgemeinen Ziel der Vermeidung von Missbrauch gem. § 1 lit. b), § 5 Nr. 1 der RV im Anhang der RL 1999/70/EG enthalten, erfasst aber noch weitere Konstellationen, in denen der Arbeitnehmer vor Missbrauch zu schützen ist.[48]

Gegen eine Entkoppelung vom Kündigungsschutz kann schließlich angeführt werden, dass § 17 S. 1 TzBfG eine dreiwöchige Klagefrist bei der Befristungskontrollklage anordnet. Diese entspricht auch der materiellen Präklusionsfrist der Kündigungsschutzklage gem. §§ 4, 7 KSchG. Auf die materielle Präklusionswirkung wird sodann von § 17 S. 2 TzBfG verwiesen. Der Gleichlauf dieser Fristen widerspricht auch hier nicht der neuen Rolle des Befristungsrechts. Vielmehr muss sich das neu ausgerichtete Befristungsrecht in das Gesamtsystem des arbeitsrechtlichen Bestandschutzes einfügen. Dabei sichert die dreiwöchige

---

44 MüKO/*Hesse*, TzBfG, § 14 Rn. 11; ErfK/*Müller-Glöge*, TzBfG, § 14 Rn. 8; *Sievers*, § 3 Rn. 7.

45 Laux/Schlachter/*Schlachter*, § 14 Rn. 6.

46 Preis/Sagan/*Brose*, § 13 Rn. 10; *Riesenhuber*, Europäisches Arbeitsrecht, § 17 Rn. 2.

47 *Krebber*, in: FS Stürner, 1105 ff.

48 Zur unionsrechtlichen Missbrauchskontrolle C) II. 2.

Präklusionsfrist das Interesse des Arbeitgebers an Rechts- und Planungssicherheit nach Fristablauf bezüglich der Beendigung des Arbeitsverhältnisses.[49] Dieses Interesse des Arbeitgebers besteht nicht nur bei der Kündigung, es ist auch bei der Beendigung durch Befristung schützenswert. Der Verweis dient damit in erster Linie dem Arbeitgeber und nicht dem Umgehungsschutz. Ein Schutz des Arbeitnehmers davor, dass die Vorschriften des Kündigungsschutzes umgangen werden, wird allenfalls mittelbar geboten, da die Präklusionsfrist nicht kürzer ausfällt als im Kündigungsschutzgesetz. Dies ist jedoch kein Indiz für eine Fortsetzung der Rechtstradition des Befristungsrechts als einen unselbstständigen Flankenschutz, sondern lässt sich mit der neuen richtlinienbasierten Eigenständigkeit des Befristungsrechts als Bestandteil im Gesamtsystem des arbeitsrechtlichen Bestandschutzes vereinbaren.

4. Zwischenergebnis für die Entwicklung des Befristungsrechts

Die ursprüngliche Funktion des Befristungsrechts wurde eindeutig abgelöst und die richtlinienbasierte Eigenständigkeit des Befristungsrechts im TzBfG verwirklicht. Mit dieser Emanzipation des Befristungsrechts haben sich auch die dogmatischen Koordinaten des Befristungsrechts verschoben. Der Grund für die Begrenzung der Befristung von Arbeitsverträgen speist sich nicht mehr einzig aus dem Umgehungsschutzgedanken zum Kündigungsschutz, sondern aus einem neuen Missbrauchsbegriff. Dieser erstreckt sich auf ein breit gefächertes Portfolio an Gründen für die Begrenzung der Befristung von Arbeitsverträgen, die stets im Spannungsfeld zwischen Arbeitnehmerschutz und Freiheiten von Arbeitnehmer und Arbeitgeber zu sehen sind.

II. Der gerechte Interessenausgleich zwischen Arbeitnehmer und Arbeitgeber als Grund des Befristungsrechts

Das nunmehr eigenständige Befristungsrecht erschöpft sich nicht nur in der Rechtsquelle des TzBfG. Es müssen auch die Grenzen höherer Rechtsebenen untersucht werden, um die dogmatische Verbindung der Rechtsquellen des Befristungsrechts zu erkennen. Neben dem Unionsrecht verleiht auch die Verfassung dem Befristungsrecht mehrdimensionalen Charakter.

---

49 *Junker*, GK Arbeitsrecht, Rn. 331.

1. Der gerechte Interessenausgleich zwischen Arbeitnehmer und Arbeitgeber bei der Begrenzung von Befristung als verfassungsrechtlicher Ausfluss des Verhältnismäßigkeitsgrundsatzes und des Gebots der praktischen Konkordanz

Das Befristungsrecht bewegt sich in einem grundrechtssensiblen Bereich. In diesem stoßen die gegensätzlichen Interessen von Arbeitnehmer und Arbeitgeber aufeinander.[50] Diese finden Schutz und Rückhalt in den grundrechtlichen Freiheiten. Dabei sind die Grundrechte jedoch grundsätzlich als Abwehrrechte gegen den Staat konzipiert und gelten somit zwischen Privaten nicht unmittelbar.[51] Es ist zu klären, wie diese verfassungsrechtlichen Freiheiten in das TzBfG hineinwirken.

a) Die Wirkung verfassungsrechtlicher Freiheiten für das TzBfG

Die Grundrechte können im Wege der mittelbaren Drittwirkung auf die Rechtsbeziehung zwischen Arbeitgeber und Arbeitnehmer ausstrahlen, indem sie über Generalklauseln und unbestimmte Rechtsbegriffe auf das einfache Recht einwirken.[52] Anknüpfungspunkte finden sich bei der Begrenzung von Befristung im TzBfG etwa bei der Auslegung des „sachlichen Grundes" gem. § 14 Abs. 1 S. 1 TzBfG oder der Regelbeispiele eines Sachgrundes gem. § 14 Abs. 1 S. 2 TzBfG.[53] Zudem findet sich in dem „offenen" Wortlaut des § 14 Abs. 2 S. 2 TzBfG Raum für die Entfaltung verfassungsrechtlicher Wertungen.[54] Die Verfassung gibt als Rahmen den gebotenen Mindestschutz (Untermaßverbot) und die maximal zulässige Freiheitsbeschränkung (Übermaßverbot) vor.[55] Das breite Feld zwischen diesen Grenzmarken ist der Gesetzgebung zugänglich, deren Vorschriften allerdings verfassungsorientiert oder verfassungskonform auszulegen sind.[56]

50 Ascheid/Preis/Schmidt/*Backhaus*, TzBfG, § 14 Rn. 42.

51 v. Mangoldt/Klein/Starck/*Starck*, GG, Art. 1, Rn. 183.

52 BVerfG, Beschluss vom 15.01.1958 - 1 BvR 400/51, BVerfGE 7, 198; BVerfG, Beschluss vom 11.04.2018 - 1 BvR 3080/09, BVerfGE 148, 267.

53 Ascheid/Preis/Schmidt/*Backhaus*, TzBfG, § 14 Rn. 42.

54 BAG, Urteil vom 06.04.2011 – 7 AZR 716/09, BAGE 137, 275; BAG, Urteil vom 21.09.2011 – 7 AZR 375/10, BAGE 139, 213; BVerfG, Beschluss vom 06.06.2018 - 1 BvL 7/14, BVerfGE 149, 126, Rn. 79.

55 *Dieterich*, AuR 2007, 65, 66 f.; *Greiner*, ZESAR 2014, 357.

56 *Dieterich*, AuR 2007, 65, 66 f.

Die mittelbare Drittwirkung mündet somit in der verfassungskonform engen oder weiten Auslegung von offenen Rechtsbegriffen und Generalklauseln.[57]

Mittels der verfassungsorientierten und verfassungskonformen Auslegung können dann offene Rechtsfragen beantwortet werden[58] – etwa beim Vorbeschäftigungsverbot. Nach der bisherigen Rechtsprechung des BAG wurde das in § 14 Abs. 2 S. 2 TzBfG nach dem Wortsinn zunächst unbegrenzt erscheinende Vorbeschäftigungsverbot verfassungskonform einschränkend ausgelegt.[59] Hierzu wurde eine Karenzzeit von drei Jahren als ausreichender Zeitraum zur Vorbeschäftigung angesehen, um Missbrauch durch aufeinanderfolgende befristete Arbeitsverträge zu verhindern.[60]

Voraussetzung für eine verfassungskonforme Auslegung ist aber, dass der Wortlaut, die Entstehungsgeschichte, die Systematik und Zielsetzung der Regelung mehrere Auslegungsvarianten zulassen, von denen eine mit der Verfassung konform geht.[61] Die Grenze der zulässigen verfassungskonformen Auslegung ist nach der Rechtsprechung des Bundesverfassungsgerichts (BVerfG) erreicht, wenn der Gesetzeswortlaut und der Zweck, den der Gesetzgeber mit der Norm eindeutig verfolgen wollte, einer Auslegung entgegenstehen.[62] Nach der früheren Rechtsprechung des BAG[63] waren diese Voraussetzungen erfüllt, denn der Wortsinn von „bereits zuvor" sei nicht eindeutig. Dieser schließe weder eine Auslegung als „jemals zuvor" noch eine Auslegung als „unmittelbar zuvor" aus.[64] Demnach ist ein auslegungsbedürftiger Spielraum im Wortlaut vorhanden.

Das BVerfG hat dieser Rechtsprechung des BAG unlängst in seiner Entscheidung vom 06.06.2018 eine Absage erteilt.[65] Diese Absage bezog sich aber in erster Linie nicht auf das Kriterium der starren dreijährigen Karenzzeit als solches, das durch das BAG bisher als verfassungskonforme Einschränkung

---

57 ErfK/*Schmidt*, GG, Art. 12 Rn. 1.

58 ErfK/*Schmidt*, GG, Einleitung Rn. 76 f.

59 BAG, Urteil vom 06.04.2011 – 7 AZR 716/09 -, BAGE 137, 275; BAG, Urteil vom 21.09.2011 – 7 AZR 375/10 -, BAGE 139, 213.

60 BAG, Urteil vom 06.04.2011 – 7 AZR 716/09 -, BAGE 137, 275, Rn. 39; BAG, Urteil vom 21.09.2011 – 7 AZR 375/10 -, BAGE 139, 213, Rn. 28 ff.

61 Grundlegend BVerfG, Beschluss vom 07.05.1953 – 1 BvL 104/52, BVerfGE 2, 266, 288.

62 *Möllers*, Juristische Methodenlehre, § 7 Rn. 48; *Höpfner*, RdA 2018, 321, 329 f.

63 BAG, Urteil vom 06.04.2011 – 7 AZR 716/09, BAGE 137, 275; BAG, Urteil vom 21.09.2011 – 7 AZR 375/10, BAGE 139, 213.

64 BAG, Urteil vom 06.04.2011 – 7 AZR 716/09 -, BAGE 137, 275, Rn. 17; BAG, Urteil vom 21.09.2011 – 7 AZR 375/10, BAGE 139, 213, Rn. 24.

65 BVerfG, Beschluss vom 06.06.2018 - 1 BvL 7/14, BVerfGE 149, 126.

des Vorbeschäftigungsverbots judiziert wurde. Das BVerfG bezog sich vielmehr auf die gem. Art. 20 Abs. 3 GG unzulässige richterrechtliche Rechtsfortbildung des BAG, welches das gesetzgeberische Regelungskonzept durch das selbst entwickelte Karenzzeitmodell ersetzt.[66] Das BVerfG benennt sodann in seiner Entscheidung ein anderes Kriterium, wann eine verfassungskonforme Einschränkung notwendig und nach den Voraussetzungen für die verfassungskonforme Auslegung auch zulässig ist.[67] In bestimmten Fällen der Unzumutbarkeit eines lebenslangen Vorbeschäftigungsverbots für den Arbeitnehmer sei eine verfassungskonform einschränkende Auslegung geboten.[68] Darüber hinaus bejaht das BVerfG den Spielraum im Wortlaut „bereits zuvor" von § 14 Abs. 2 S. 2 TzBfG entsprechend der bisherigen Rechtsprechung des BAG.[69]

Das BVerfG statuiert hierzu, dass aus den Gesetzesmaterialien der gesetzgeberische Wille folge, sachgrundlose Befristungen grundsätzlich auf Neueinstellungen zu begrenzen.[70] Dieser Regelungswille des Gesetzgebers wird aber durch das BVerfG als grundsätzlicher und nicht als ausnahmsloser Wille eingeordnet, da der Gesetzgeber den Zweck verfolge, unendlich lange Ketten von Befristungen zu verhindern.[71] Dieses Schutzziel des Gesetzgebers sei im Fall der Unzumutbarkeit eines unbeschränkten Vorbeschäftigungsverbots jedoch ausnahmsweise nicht betroffen, sodass die verfassungskonforme Auslegung nicht gegen den Regelungswillen des Gesetzgebers verstoße.[72] Der Fall der Unzumutbarkeit bildet also die Ausnahme, die nicht im Regelungswillen des Gesetzgebers enthalten ist und damit sein Regelungskonzept unangetastet lässt. Demnach ist nach der Rechtsprechung des BVerfG die Grenze für eine verfassungskonforme Auslegung bei der Einschränkung des Vorbeschäftigungsverbots eingehalten.

Diese Entwicklung des Ausnahmefalls der Unzumutbarkeit trotz des ausdrücklichen Regelungswillens des Gesetzgebers hat in der Literatur einige Kritik erfahren.[73] Schon aus der Perspektive des Rechtsstaatsprinzips gem. Art. 20 Abs. 3 GG ist es wegen der daraus resultierenden Rechtsunsicherheit fragwürdig, für die Anwendbarkeit einer Norm einen Zumutbarkeitsvorbehalt zu

---

66 BVerfG, Beschluss vom 06.06.2018 - 1 BvL 7/14, BVerfGE 149, 126, Rn. 87.

67 Chandna-Hoppe, ZfA 2020, 70, 89 f.

68 BVerfG, Beschluss vom 06.06.2018 - 1 BvL 7/14, BVerfGE 149, 126, Rn. 63.

69 BVerfG, Beschluss vom 06.06.2018 - 1 BvL 7/14, BVerfGE 149, 126, Rn. 79.

70 BT-Drs. 14/4374, 13.

71 BVerfG, Beschluss vom 06.06.2018 - 1 BvL 7/14, BVerfGE 149, 126, Rn. 82 f.

72 BVerfG, Beschluss vom 06.06.2018 - 1 BvL 7/14, BVerfGE 149, 126, Rn. 62.

73 *Lembke/Tegel*, NZA 2019, 1029, 1032 f.; *Höpfner*, RdA 2018, 321, 332; *Bayreuther*, NZA 2018, 905.

konstruieren.[74] Außerdem wird bezweifelt, dass die Voraussetzungen der verfassungskonformen Auslegung wirklich vorliegen und deren Grenzen beachtet wurden.[75] Trotz der methodologischen Fragwürdigkeit wird sich die Praxis aufgrund der klaren Positionierung und Bedeutung der Entscheidung des BVerfG bei der verfassungskonformen Auslegung des Vorbeschäftigungsverbots an dieser orientieren.[76]

Wird dieser Literaturkritik gefolgt, könnte das BVerfG § 14 Abs. 2 S. 2 TzBfG nicht verfassungskonform auslegen, sondern müsste diesen für nichtig erklären. In diesem Fall würde das Vorbeschäftigungsverbot gem. § 14 Abs. 2 S. 2 TzBfG nicht mehr gelten, sodass im Fall einer Vorbeschäftigung des Arbeitnehmers bei demselben Arbeitgeber völlig unklar wäre, wie zu verfahren ist. Die verfassungskonforme Auslegung durch das BVerfG bewahrt die Norm vor ihrer Nichtigkeit. Damit wird für die Praxis eine noch größere Rechtsunsicherheit vermieden, die von einer Entscheidung des BVerfG bis zur gesetzgeberischen Neuregelung eines verfassungskonformen Verbots der Vorbeschäftigung bei sachgrundlosen Befristungen herrschen würde.

Die durch die Entwicklung des Anwendbarkeitsvorbehalts bei Unzumutbarkeit erzeugte Rechtsunsicherheit wird auch dadurch begrenzt, dass das BVerfG deutlich gemacht hat, dass die Unzumutbarkeit nur in besonders gelagerten Ausnahmefällen vorliegt.[77] Grundsätzlich bleibt es damit beim gesetzgeberischen Regelungsmodell des unbegrenzt geltenden Vorbeschäftigungsverbots gem. § 14 Abs. 2 S. 2 TzBfG. Der Rechtsprechung des BVerfG zur methodischen Zulässigkeit der verfassungskonformen Auslegung zur Einschränkung des Vorbeschäftigungsverbots wird für den weiteren Verlauf dieser Arbeit gefolgt.

Abseits dieser Problematiken des Vorbeschäftigungsverbots bei der sachgrundlosen Befristung ist auch eine verfassungsorientierte Auslegung des offenen Rechtsbegriffs „Sachgrund" gem. § 14 Abs. 1 TzBfG möglich. Dabei muss zunächst der oben beschriebene Spielraum im Wortlaut vorhanden sein. Dieser definiert den „Sachgrund" nicht, sondern nennt nur Regelbeispiele in § 14 Abs. 1 S. 2 TzBfG. Aus der Verfassung können sich durch das Übermaß- oder Untermaßverbot Vorgaben für solche Sachgründe und deren Auslegung ergeben.[78] Diese abstrakten Rahmenvorgaben der Verfassung erlauben es aber nicht,

---

74 *Lembke/Tegel*, NZA 2019, 1029, 1032.
75 *Lembke/Tegel*, NZA 2019, 1029, 1032 f.; *Höpfner*, RdA 2018, 321, 332.
76 *Höpfner*, RdA 2018, 321, 332.
77 *Lembke/Tegel*, NZA 2019, 1029, 1033.
78 ErfK/*Schmidt*, GG, Einleitung Rn. 76.

konkrete unbenannte Sachgründe zu entwickeln. Sie dienen jedoch als Maßstab für geschriebene und ungeschriebene Sachgründe.

Neben dieser mittelbaren Wirkung der Verfassung entfaltet sie ebenfalls eine unmittelbare Wirkung für die Normen des TzBfG. Dabei muss aber beachtet werden, dass etwaige Verstöße gegen die Verfassung nicht unmittelbar im Rechtsstreit zwischen klagenden Arbeitsvertragsparteien geltend gemacht werden können. Vielmehr muss sich der jeweilige Arbeitgeber oder Arbeitnehmer, soweit der Rechtsweg zu anderen Gerichten erschöpft ist, mit seiner Verfassungsbeschwerde an das Bundesverfassungsgericht wenden, welchem als einzigem Gericht das Normverwerfungsmonopol zusteht. Effizienter und zudem auch geboten nach dem Grundsatz der Subsidiarität gem. § 90 Abs. 2 S. 1 BVerfGG ist es für die Arbeitsvertragsparteien, vor den ordentlichen Gerichten zu klagen. Zwischen Arbeitgeber und Arbeitnehmer (inter partes) können die Grundrechte über die mittelbare Drittwirkung Einfluss auf das Arbeitsverhältnis nehmen. Die Fachgerichte dürfen dem BVerfG ein Gesetz nur dann zur Kontrolle vorlegen, wenn keine nach anerkannten Auslegungsgrundsätzen zulässige und mit der Verfassung konforme Auslegung möglich ist.[79]

Damit bilden die verfassungsrechtlichen Wertungen den Rahmen für die Dogmatik bei der Begrenzung von Befristungen. Dieser Rahmen bietet wenig an konkreten Vorgaben, kann aber im Spannungsfeld zwischen Übermaß- und Untermaßverbot zentrale Bedeutung bei der verfassungskonformen Auslegung des bestehenden und zukünftigen Befristungsrechts einnehmen.[80]

b) Die Verhältnismäßigkeit als Knotenpunkt bei der Rechtfertigung von Eingriffen in die verfassungsrechtlichen Freiheiten von Arbeitnehmer und Arbeitgeber durch die Begrenzung der Befristung von Arbeitsverträgen

Die bei der Begrenzung der Befristung von Arbeitsverträgen zu beachtenden verfassungsrechtlichen Freiheiten werden vom BVerfG wie folgt skizziert:

„Die Privatrechtsordnung ist gesetzlich gestaltet. Gesetze regeln die Ausübung der Vertragsfreiheit nicht nur zu ihrem institutionellen Schutz, sondern auch um soziale Belange strukturell schwächerer Marktteilnehmer zu wahren. Aus diesem Grund wird der Abschluss befristeter Arbeitsverträge nicht vollständig in die Dispositionsfreiheit der Vertragsparteien gelegt, sondern traditionell

79 BVerfG, Beschluss vom 30.03.1993 – 1 BvR 1045/89, BVerfGE 88, 145, Rn. 67.
80 *Greiner*, ZESAR 2014, 357.

an Voraussetzungen gebunden, die die Arbeitnehmer schützen sollen. Denn für Arbeitnehmer ist die Erwerbsarbeit regelmäßig alleinige Existenzgrundlage. Durch Befristung wird zwar den Flexibilitätsbedürfnissen rentabler Unternehmensführung entsprochen. Für die davon betroffenen Arbeitnehmer bedeutet ein befristetes Arbeitsverhältnis aber nicht nur die Chance auf Erwerbsarbeit, sondern ist auch mit Unsicherheit über den Fortbestand des Erwerbseinkommens verbunden. Der insoweit schützende staatliche Eingriff in die Privatautonomie bei der Ausgestaltung befristeter Arbeitsverhältnisse bedarf einer gesetzlichen Grundlage, die sich ihrerseits als verfassungsgemäß erweisen muss."[81]

Die Begrenzung von Befristungen wirkt also nicht nur zum Schutz des Arbeitnehmers, diese kann in die Berufsfreiheit des Arbeitnehmers gem. Art. 12 Abs. 1 GG eingreifen. Außerdem kann der Schutz des Arbeitnehmers mit der Arbeitsvertragsfreiheit des Arbeitgebers gem. Art. 12 Abs. 1 GG in Konflikt treten. Das Spannungsverhältnis zwischen diesen Grundrechtspositionen ist durch einen Interessenausgleich aufzulösen.[82] Um den Spielraum für einen solchen Ausgleich zu skizzieren, ist es notwendig, die einzelnen Grundrechtspositionen zu betrachten, und deren Rechtfertigungsvoraussetzungen für Eingriffe in den gewährleisteten Schutzbereich zu vergleichen.

Bei Eingriffen in die Berufsfreiheit des Arbeitnehmers wird nicht mehr strikt nach Eingriffen in die Berufsausübungsfreiheit und in die Freiheiten der subjektiven und objektiven Berufswahl unterschieden, sondern die Berufsfreiheit gem. Art. 12 Abs. 1 GG wird als einheitliches Grundrecht verstanden.[83] Obwohl das BVerfG die Rechtfertigung nach der Drei-Stufen-Lehre nicht mehr anwendet und jetzt einen einheitlichen Maßstab bei der Anwendung des Grundsatzes der Verhältnismäßigkeit anlegt,[84] dient die Differenzierung nach der Schwere des Eingriffs immer noch als Richtschnur für die Anforderungen an die Rechtfertigung von Eingriffen in die Berufsfreiheit.[85] Je tiefer der Eingriff, desto gewichtiger muss der rechtfertigende Grund sein.[86] Die Grenzen für die Befristung von Arbeitsverträgen können strukturell einstellungshemmende Wirkung entfalten, sodass neben der freien Berufsausübung sogar die subjektive Berufswahl des Arbeitnehmers eingeschränkt sein kann, also ein tieferer Grundrechtseingriff

---

81 BVerfG, Beschluss vom 06.07.2010 - 2 BvR 2661/06, NZA 2010, 995, Rn. 51.
82 ErfK/*Schmidt*, GG, Art. 12 Rn. 22.
83 Henssler/Willemsen/Kalb/*Hergenröder*, GG, Art. 12, Rn. 5.
84 BVerfG, Beschluss vom 06.06.2018 - 1 BvL 7/14 -, BVerfGE 149, 126, Rn. 53ff.
85 Henssler/Willemsen/Kalb/*Hergenröder*, GG, Art. 12, Rn. 36.
86 Henssler/Willemsen/Kalb/*Hergenröder*, GG, Art. 12, Rn. 32.

vorliegt.[87] Dementsprechend ist je nach Einzelfall eine strengere Verhältnismäßigkeitsprüfung bei der Rechtfertigung geboten.

Außerdem werden der Bedarf und die Notwendigkeit von Befristung für den Arbeitgeber durch dessen Arbeitsvertragsfreiheit bzw. unternehmerische Freiheit gem. Art. 12 Abs. 1 GG geschützt.[88] Bei dem Verhältnis von Art. 12 GG zu Art. 14 GG ist maßgeblich, ob es um „den Erwerb" oder „das Erworbene" geht.[89] Beim Abschluss von befristeten Arbeitsverträgen geht es um den Erwerb einer Rechtsposition. Grundsätzlich verdrängt demnach der Art. 12 Abs. 1 GG als speziellere Norm den Schutz des Eigentums gem. Art. 14 GG.[90]

Im Rechtsverkehr zwischen Privaten gelten zudem die Prinzipien der Privatautonomie gem. Art. 2 Abs. 1 GG, sodass vertragliche Gestaltungen wie Befristungen grundsätzlich frei möglich sind. Diese Vertrags- und Dispositionsfreiheit des Arbeitgebers wird ebenso im Speziellen durch die in Art. 12 I GG enthaltene Arbeitsvertragsfreiheit geschützt.[91] Eingriffe in die Arbeitsvertragsfreiheit durch die Begrenzung der Befristung von Arbeitsverträgen gem. § 14 TzBfG müssen innerhalb des in Art. 12 Abs. 1 S. 2 GG vorgesehenen Gesetzesvorbehalts erfolgen.[92] Dazu müssen die besonderen Vorgaben an das grundrechtseinschränkende Gesetz eingehalten werden. Neben einem formellen Gesetz muss sich der Eingriff auf ein legitimes Ziel stützen, das für die Allgemeinheit bedeutungsvoll ist, und es muss der Grundsatz der Verhältnismäßigkeit beachtet werden.[93] Hier gilt: „Je intensiver ein Gesetz die Berufsfreiheit einschränkt, desto gewichtiger müssen die Ziele sein, die damit verfolgt werden, und desto strenger ist auch die Kontrolle des BVerfG."[94]

Für den Fall der Begrenzung von Befristung kann ein solches legitimes Ziel die Schutzpflicht des Staates gem. Art. 12 Abs. 1 GG zugunsten des strukturell unterlegenen Arbeitnehmers und das Sozialstaatsprinzip gem. Art. 20 Abs. 1, Art. 28 Abs. 1 GG sein.[95] Dabei muss beachtet werden, dass der Staat bei Schutzpflichten nicht nur die Freiheitsräume des Bürgers achten muss, sondern auch

87 BVerfG, Beschluss vom 06.06.2018 - 1 BvL 7/14 -, BVerfGE 149, 126, Rn. 40.
88 BVerfG, Beschluss vom 06.06.2018 - 1 BvL 7/14 -, BVerfGE 149, 126, Rn. 57.
89 Henssler/Willemsen/Kalb/*Hergenröder*, GG, Art. 12, Rn. 7; *Dieterich*, AuR 2007, 65, 66.
90 *Lakies*, AuR 2018, 500, 501; Henssler/Willemsen/Kalb/*Hergenröder*, GG, Art. 12, Rn. 5.
91 BVerfG, Beschluss vom 06.06.2018 - 1 BvL 7/14 -, BVerfGE 149, 126, Rn. 38.
92 BVerfG, Beschluss vom 06.06.2018 - 1 BvL 7/14 -, BVerfGE 149, 126, Rn. 42.
93 Jarass/Pieroth/*Jarass*, Art. 12 Rn. 28, 33, 40 f.
94 *Dieterich*, AuR 2007, 65, 67.
95 BVerfG, Beschluss vom 06.06.2018 - 1 BvL 7/14 -, BVerfGE 149, 126, Rn. 47.

aktiv den Schutz dieser Freiheitsräume sicherzustellen hat.[96] Mit der Schaffung des TzBfG hat der Gesetzgeber zum Schutz des Arbeitnehmers Grenzen für die Befristung von Arbeitsverträgen gezogen, die nicht nur den Auftrag der Richtlinie, sondern auch seinem verfassungsrechtlichen Schutzauftrag nachkommen, ein gewisses Mindestmaß an Arbeitnehmerschutz zu garantieren.[97] Das BVerfG spricht dabei von einem „Untermaßverbot" im Unterschied zu dem „Übermaßverbot" bei Grundrechtseingriffen – wie bei der Berufsfreiheit des Arbeitnehmers oder der Arbeitsvertragsfreiheit des Arbeitgebers.[98] Dieser Schutzauftrag tritt mit den grundrechtlichen Freiheiten der Arbeitsvertragsparteien in Konflikt, sodass ein angemessener Interessenausgleich erzielt werden muss. Dieser kann über die strenge Verhältnismäßigkeitsprüfung bei der Berufsfreiheit des Arbeitnehmers oder der Arbeitsvertragsfreiheit des Arbeitgebers gem. Art. 12 Abs. 1 GG erreicht werden.

Die Begrenzung von Befristung führt im Einzelfall dazu, dass in das allgemeine Gleichbehandlungsgebot gem. Art. 3 GG eingegriffen wird.[99] Dabei muss bei der Begrenzung von Befristungsmöglichkeiten und der damit verbundenen unterschiedlichen Behandlung zweier Vergleichsgruppen - etwa durch Privilegierung öffentlicher Arbeitgeber durch die Haushaltsbefristung gem. Art. 14 Abs. 1 S. 2 Nr. 7 TzBfG[100] - genau betrachtet werden, ob im konkreten Fall eine Schlechterbehandlung der Vergleichsgruppen vorliegt und ob ein sachlicher Grund für die Unterscheidung vorliegt. An einen solchen Grund richten sich je nach Ausmaß der Ungleichbehandlung unterschiedliche Anforderungen, die von einem bloßen Willkürverbot bis zu einer strengen Verhältnismäßigkeitsprüfung reichen – es gilt also ein gleitender, stufenloser Grundsatz der Verhältnismäßigkeit.[101] Dieser erweist sich als verfassungsrechtliches Ausgleichsinstrument für Ungleichbehandlungen im Befristungsrecht.

---

96 *Möllers*, Juristische Methodenlehre, § 7 Rn. 5 ff.; *Dieterich*, AuR 2007, 65; *Linsenmaier*, RdA 2012, 193, 194.

97 *Linsenmaier*, RdA 2012, 193, 194.

98 *Dieterich*, AuR 2007, 65, 66.

99 *Linsenmaier*, RdA 2012, 193, 194.

100 *Linsenmaier*, RdA 2012, 193, 194.

101 BVerfG, Beschluss vom 23.06.2015 – 1 BvL 13/11, 1 BvL 14/11 -, BVerfGE 139, 285, Rn. 70; BVerfG, Urteil vom 17.12.2014 – 1 BvL 21/12 –, BVerfGE 138, 136, Rn. 122; BVerfG, Beschluss vom 24.03.2015 – 1 BvR 2880/11 –, BVerfGE 139, 1, Rn. 39; BVerfG, Beschluss vom 27.07.2016 – 1 BvR 371/11 –, BVerfGE 142, 353, Rn. 69; BVerfG, Beschluss vom 07.03.2017 – 1 BvR 1314/12 –, BVerfGE 145, 20, Rn. 171.

Es zeigt sich, dass die Interessenlage bei der Begrenzung von Befristung in einem breiten Spannungsfeld zu sehen ist. Die Begrenzung der Befristung von Arbeitsverträgen bewirkt nicht nur den Schutz des Arbeitnehmers, sie kann gleichzeitig auch einen Eingriff in seine Berufsfreiheit gem. Art. 12 Abs. 1 GG bedeuten. Beim Arbeitgeber wird die Arbeitsvertragsfreiheit durch die Begrenzung der Befristung von Arbeitsverträgen verkürzt. Außerdem kann die Begrenzung von Befristung zu einer Verletzung des allgemeinen Gleichheitssatzes sowohl für Arbeitnehmer als auch für Arbeitgeber führen.

Bemerkenswert ist, dass die verfassungsrechtliche Rechtfertigung der Eingriffe beim Arbeitnehmer und beim Arbeitgeber unabhängig vom Einzelfall letztlich im Grundsatz der Verhältnismäßigkeit wurzelt. Die Verhältnismäßigkeitsprüfung wird zum Knotenpunkt bei der Rechtfertigung der Eingriffe in die Freiheiten der Arbeitsvertragsparteien.

c) Das befristungsrechtliche Dogma des Interessenausgleichs zwischen den Arbeitsvertragsparteien als Ausfluss des verfassungsrechtlichen Prinzips der Verhältnismäßigkeit und des Gebots zur Herstellung praktischer Konkordanz

Die zuvor genannten Freiheiten der Arbeitsvertragsparteien erfahren eine Einschränkung durch die Begrenzung von Befristungen im TzBfG, die der Schutzpflicht des Staates zugunsten des strukturell unterlegenen Arbeitnehmers entspricht. Diese Verfassungsgüter müssen bei der Begrenzung von Befristung im Wege der praktischen Konkordanz zu einem schonenden und verhältnismäßigen Ausgleich gebracht werden.[102]

Nach dem Grundsatz der praktischen Konkordanz ist die Grenze der Einschränkung in dem Moment erreicht, in dem die gegenüberstehenden Verfassungswerte jeweils ihre größtmögliche Entfaltung erlangen. Wann diese Grenze erreicht ist und inwieweit Einschränkungen zulässig sind, richtet sich dann nach dem Grundsatz der Verhältnismäßigkeit.[103] Die allgemeine Abwägungsformel im Rahmen der Prüfung der Verhältnismäßigkeit lautet: Je stärker die Beeinträchtigung des einen Prinzips ist, desto größer muss die Wichtigkeit der Erfüllung des anderen sein.[104] Dabei räumt das BVerfG dem Schutzauftrag zugunsten des strukturell unterlegenen Arbeitnehmers und dem Ziel der

---

102 *Preis/Temming*, Individualarbeitsrecht, § 15 Rn. 549; *Dieterich*, AuR 2007, 65, 66.

103 BVerfG, Beschluss vom 19.10.1993 – 1 BvR 567/89, BVerfGE 89, 214, Rn. 53; BVerfG, Beschluss vom 23. Oktober 2013 – 1 BvR 1842/11 –, BVerfGE 134, 204, Rn. 68f.

104 *Alexy*, Theorie der Grundrechte, S. 146.

Beschäftigungsförderung große Bedeutung ein.[105] Diese wichtige Schutzpflicht des Staates wird mit der Berufsfreiheit des Arbeitnehmers und der Arbeitsvertragsfreiheit des Arbeitgebers abgewogen.[106] Zwischen den widerstreitenden Interessen von Arbeitnehmer und Arbeitgeber muss ein Interessenausgleich stattfinden.[107]

Ein schonender Ausgleich bedeutet vor dem befristungsrechtlichen Hintergrund, dass dem einerseits strukturell unterlegenen Arbeitnehmer hinreichender Schutz zu gewähren ist – die Grenze bestimmt das sogenannte Untermaßverbot.[108] Andererseits müssen berechtigte Interessen des Arbeitgebers aber auch des Arbeitnehmers von der Gesetzgebung und der Rechtsprechung durch die Begrenzung von Befristung respektiert werden – es gilt das Übermaßverbot.[109] Das verfassungsrechtliche Spektrum zwischen Übermaß- und Untermaßverbot bietet großen Raum für einen schonenden Ausgleich zwischen den vielschichtigen Interessen von Arbeitnehmer und Arbeitgeber. Dieser Spielraum bzgl. wirtschaftlicher und sozialpolitischer Gestaltungsmöglichkeiten wird durch den Willen des Gesetzgebers ausgefüllt.[110] Schweigt dieser oder beschränkt sich mittels offener Rechtsbegriffe auf vage Wertungsformeln, bieten die Grundrechte immerhin eine Leitlinie und einen Rahmen aus Übermaß- und Untermaßverbot, der bei der verfassungsorientierten Auslegung durch die Gerichte zu berücksichtigen ist.[111]

Dabei ist es möglich, dass die Interessen des Arbeitgebers oder des Arbeitnehmers bei der Begrenzung von Befristung im Einzelfall dominieren können, solange sie sich innerhalb des verfassungsrechtlichen Rahmens bewegen. Verfassungsrechtlich impliziert ist also kein idealer Ausgleich, sondern ein für beide Seiten gewissermaßen „akzeptabler“ Ausgleich.

Ein befristungsrechtliches Dogma vom gerechten Interessenausgleich zwischen den Arbeitsvertragsparteien kann also als Ausfluss des verfassungsrechtlichen Gebots der praktischen Konkordanz bzw. des Prinzips der Verhältnismäßigkeit begriffen werden und bewegt sich im Raum zwischen Übermaß- und Untermaßverbot.

---

105 BVerfG, Beschluss vom 06.06.2018 - 1 BvL 7/14 -, BVerfGE 149, 126, Rn. 47.

106 BVerfG, Beschluss vom 06.06.2018 - 1 BvL 7/14 -, BVerfGE 149, 126, Rn. 53.

107 BVerfG, Beschluss vom 06.06.2018 - 1 BvL 7/14 -, BVerfGE 149, 126, Rn. 42f.

108 *Dieterich*, AuR 2007, 65, 66 f.

109 *Dieterich*, AuR 2007, 65, 67.

110 *Dieterich*, AuR 2007, 65, 67.

111 ErfK/*Schmidt*, GG, Einleitung Rn. 76.

d) *Zwischenergebnis für die verfassungsrechtliche Herleitung des Dogmas des Interessenausgleichs*

Es wird deutlich, dass die Begrenzung von Befristung unterschiedliche verfassungsrechtliche Freiheiten und Prinzipien tangiert, deren Ausgleich durch den Verhältnismäßigkeitsgrundsatz und das Gebot der praktischen Konkordanz vorgegeben werden. Diese verfassungsrechtlichen Wertungen müssen bei der verfassungskonformen oder verfassungsorientierten Auslegung von offenen Rechtsbegriffen und Generalklauseln im Befristungsrecht berücksichtigt werden.

2. Das Ziel der Vermeidung von Missbrauch durch Befristungen in der RL 1999/70/EG als Interessenausgleich zwischen den Arbeitsvertragsparteien

Vor dem Hintergrund der RL 1999/70/EG können offene Rechtsfragen zum TzBfG nicht nur durch die verfassungskonforme Auslegung, sondern auch durch die richtlinienkonforme Auslegung gem. Art. 4 Abs. 3 des Vertrages über die Europäische Union (EUV) i.V.m. Art. 288 Abs. 3 des Vertrages über die Arbeitsweise der Europäischen Union (AEUV) beantwortet werden. Entsprechend Art. 1 der RL 1999/70/EG vom 28.06.1999 hat der Rat der Europäischen Union die Rahmenvereinbarung (RV) der europäischen Sozialpartner EGB, UNICE und CEEP über befristete Arbeitsverträge vom 18.03.1999 vollständig übernommen und gem. § 155 Abs. 2 AEUV in europäisches Recht umgesetzt.[112] Durch die Umsetzung der RL 1999/70/EG im TzBfG ist Deutschland seiner Verpflichtung gem. Art. 288 Abs. 3 AEUV nachgekommen.[113] Damit ist die RL 1999/70/EG nicht nur Vorbild für den Erlass des TzBfG. Sie hat nach dem Gebot zur richtlinienkonformen Auslegung auch essenzielle Bedeutung bei der Auslegung des TzBfG.

a) *Die Wirkung der RL 1999/70/EG für das TzBfG*

Die Verpflichtung der europäischen Mitgliedstaaten zur richtlinienkonformen Auslegung folgt sowohl aus dem allgemeinen Gebot zur Erfüllung unionsrechtlicher Pflichten gem. Art. 4 Abs. 3 S. 2 des Vertrages über die Europäische Union (EUV) als auch aus der Pflicht zur Umsetzung europarechtlicher Richtlinien

112 *Fuchs/Marhold*, Europäisches Arbeitsrecht, 6. Aufl., S. 169.

113 ErfK/*Müller-Glöge*, TzBfG, § 14 Rn. 3.; Staudinger/*Preis*, BGB, § 620 Rn. 17.

gem. Art. 288 Abs. 3 AEUV.[114] Dieses Auslegungsgebot für das deutsche Recht lässt sich so erklären, dass dem nationalen Gesetzgeber unterstellt wird, dass dieser seinem Willen nach und seiner Verpflichtung gemäß eine vorgabenkonforme Umsetzung der europarechtlichen Richtlinie in nationales Recht beabsichtigt hat.[115] Diesen Willen müssen die nationalen Gerichte bei ihrer Entscheidung berücksichtigen. Dazu müssen diese das nationale Recht soweit wie möglich nach Wortlaut und Zweck der Richtlinie auslegen.[116] Der Auslegung des nationalen Rechts ist also die Auslegung der Richtlinie selbst und ihrer Vorgaben für die Umsetzung vorgelagert. Für die Auslegung der Richtlinie ist der Europäische Gerichtshof (EuGH) durch die nationalen Gerichte gem. Art. 267 Abs. 2, Abs. 3 AEUV anzurufen und ist für die verbindliche Auslegung der Richtlinie gem. Art. 267 Abs. 1 AEUV zuständig. Neben der bisher vorgenommenen Auslegung durch den EuGH kann die weitere Auslegung der Richtlinie dazu dienen, das Dogma des gerechten Interessenausgleichs zwischen Arbeitnehmer und Arbeitgeber in der Richtlinie nachzuweisen.

Die richtlinienkonforme Auslegung ist jedoch kein beliebiger Universalschlüssel, um Auslegungsergebnisse im nationalen Recht nach richterlichem Belieben zu korrigieren. Die RL 1999/70/EG entfaltet ihre Wirkung im Wege der richtlinienkonformen Auslegung nur, wenn die methodischen Voraussetzungen und Grenzen eingehalten sind.

Erforderlich ist zunächst, dass die nationale Regelung Auslegungsspielräume enthält.[117] Diesen Auslegungsspielraum bietet das TzBfG an unterschiedlichen Stellen. Dabei ist anerkannt, dass durch die Rechtsprechung des EuGHs - mittels richtlinienkonformer Auslegung - der „sachliche Grund" als offener Rechtsbegriff weiterentwickelt und konkretisiert wird.[118] An diesen Auslegungsspielraum beim „sachlichen Grund" dockt auch die Entwicklung der unionsrechtlich gebotenen Missbrauchskontrolle bei der Sachgrundbefristung durch den EuGH[119] an,

---

114 Preis/Sagen/*Sagan*, Europäisches Arbeitsrecht, § 1 Rn. 143; *Möllers*, Juristische Methodenlehre, § 2 Rn. 60, § 8 Rn. 48; *Haltern*, Europarecht II, Rn. 740 f.; *Haratsch/Koenig/Pechstein*, Europarecht, Rn. 398 f.

115 Preis/Sagan/*Sagan*, § 1 Rn. 150.

116 EuGH, Urteil vom 04.07.2006, C-212/04 (Adeneler u.a.), Slg. 2006, I-6057, Rn. 110; EuGH, Urteil vom 13.11.1990, C- 106/89 (Marlaesing), Slg. 1990, I-4135, I-4158 f., Rn. 6 ff.; EuGH, Urteil vom 10.04.1984, 14/83 (von Colson und Kamann), Slg. 1984, 1891, 1909, Rn. 26 ff.

117 Staudinger/*Honsell*, Eckpfeiler des Zivilrechts, lit. B. Rn. 70.

118 *Chandna-Hoppe*, ZfA 2020, 70, 74.

119 EuGH, Urteil vom 26.01.2012 - C-586/10 (Kücük), NZA 2012, 135, Rn. 34 ff.

die das BAG[120] sogleich als Kontrolle auf institutionellen Rechtsmissbrauch gem. § 242 BGB übernommen hat. Außerdem müssen die methodischen Grenzen der richtlinienkonformen Auslegung beachtet werden. So dürfen der klare Wortlaut und Wille des Gesetzes nach dem Verbot der Auslegung „contra-legem" nicht angetastet werden.[121]

(1) Die Zulässigkeit der unionsrechtskonformen Auslegung des „sachlichen Grundes"

Bei der Konkretisierung und Fortentwicklung des sachlichen Grundes gem. § 14 Abs. 1 TzBfG muss die „contra-legem-Grenze" beachtet werden. Die durch den EuGH in der Rechtssache „Kücük" entwickelte Missbrauchskontrolle bei der Sachgrundbefristung muss sich innerhalb der Auslegungsgrenzen bewegen. Unabhängig davon, ob es sich um eine einstufige Prüfung[122] oder um eine zweistufige Prüfung[123] handelt, bewegt sich die Kontrolle innerhalb des gesetzgeberischen Regelungszwecks und der Wortlautgrenzen des „sachlichen Grundes" gem. § 14 Abs. 1 S. 1 TzBfG und kann somit als „intra legem" eingeordnet werden.

(2) Die Zulässigkeit der unionsrechtskonformen Auslegung des Vorbeschäftigungsverbots

Denkbar ist außerdem, die richtlinienkonforme Auslegung bei der Ausfüllung des Spielraums im Wortlaut „bereits zuvor" gem. § 14 Abs. 2 S. 2 TzBfG zur Herleitung einer einschränkenden Auslegung des Vorbeschäftigungsverbots zu nutzen.[124] Die bisher durch das BVerfG praktizierte verfassungskonform einschränkende Auslegung des § 14 Abs. 2 S. 2 TzBfG kann unionsrechtlich ergänzt werden.

---

120 BAG, Urteil vom 18.7.2012 - 7 AZR 443/09, BAGE 142, 308.

121 EuGH, Urteil vom 04.07.2006, C-212/04 (Adeneler u.a.), Slg. 2006, I-6057, Rn. 110; EuGH, Urteil vom 16.06.2005, C-105/03 (Pupino), Slg. 2005, I-5285 Rn. 44, 47; *Möllers*, Juristische Methodenlehre, § 8 Rn. 49, Rn. 55.

122 Erstmals EuGH, Urteil vom 26.01.2012 - C-586/10 (Kücük), NZA 2012, 135; *Greiner*, ZESAR 2013, 305, 309; *Bayreuther*, NZA 2013, 23, 24f.; *Busemann*, MDR 2015, 314, 316; *Schlachter*, in: FS Wank, S. 504 f.

123 Erstmals BAG, Urteil vom 18.07.2012 – 7 AZR 443/09, BAGE 142, 308.

124 *Greiner*, ZESAR 2013, 305, 306.

(a) Die methodischen Voraussetzungen

Eine richtlinienkonforme Auslegung des Vorbeschäftigungsverbots ist zulässig, wenn sich im Wortlaut „bereits zuvor" ein auslegungsfähiger Spielraum findet und eine unionsrechtskonforme Auslegung nicht gegen den klaren Willen des Gesetzgebers verstößt – Verbot der Auslegung „contra-legem".[125] Diese zwei Fragen haben das BVerfG und das BAG bereits im verfassungsrechtlichen Kontext beantwortet. Obwohl das Verfassungsrecht vom Unionsrecht und dementsprechend auch die Kompetenzen der nationalen Gerichte und des EuGHs streng zu trennen sind, ist für die abstrakte Frage nach einem auslegungsbedürftigen Spielraum und den Wortlaut- und Willensgrenzen des Gesetzgebers nur die Sicht des TzBfG maßgeblich. Die methodische Zulässigkeit und die Grenzen der unionsrechts- und verfassungskonformen Auslegung sind vergleichbar.

Das BVerfG und das BAG kommen übereinstimmend dazu, dass der Wortsinn nicht eindeutig ist: Er schließt weder eine Auslegung als „jemals zuvor" noch eine Auslegung als „unmittelbar zuvor" aus.[126] Danach ist ein auslegungsbedürftiger Spielraum im Wortlaut vorhanden, der nicht nur verfassungsrechtlich, sondern ebenso unionsrechtskonform ausgefüllt werden kann. Das BVerfG hat zudem in seiner Entscheidung klargestellt, dass eine einschränkende Auslegung in bestimmten Ausnahmefällen nicht gegen den grundsätzlichen Willen des Gesetzgebers verstößt, ein lebenslanges Vorbeschäftigungsverbot in § 14 Abs. 2 S. 2 TzBfG zu regeln.[127] Insofern ist auch eine richtlinienkonform einschränkende Auslegung in bestimmten Ausnahmefällen zur Ergänzung des grundsätzlichen gesetzgeberischen Willens zulässig.

(b) Das Verhältnis zur verfassungskonformen Auslegung

Obwohl die Voraussetzungen für eine richtlinienkonforme Auslegung erfüllt sind, irritiert das BVerfG in seiner Entscheidung zum Vorbeschäftigungsverbot mit der Aussage, dass die Frage nach der Einschränkung des Vorbeschäftigungsverbots nicht „unionsrechtlich determiniert ist".[128] Das BVerfG erkennt zwar,

---

125 EuGH, Urteil vom 04.07.2006, C-212/04 (Adeneler u.a.), Slg. 2006, I-6057, Rn. 110; EuGH, Urteil vom 16.06.2005, C-105/03 (Pupino), Slg. 2005, I-5285 Rn. 44, 47; *Möllers*, Juristische Methodenlehre, § 8 Rn. 49, Rn. 55.

126 BVerfG, Beschluss vom 06.06.2018 - 1 BvL 7/14, BVerfGE 149, 126; BAG, Urteil vom 06.04.2011 – 7 AZR 716/09 -, BAGE 137, 275, Rn. 17; BAG, Urteil vom 21.09.2011 – 7 AZR 375/10 -, BAGE 139, 213, Rn. 24.

127 BVerfG, Beschluss vom 06.06.2018 - 1 BvL 7/14, BVerfGE 149, 126, Rn. 62, 82 f.

128 BVerfG, Beschluss vom 06.06.2018 - 1 BvL 7/14, BVerfGE 149, 126, Rn. 29, 31.

dass die RL 1999/70/EG im TzBfG umgesetzt worden ist.[129] Insofern wurde ein möglicher Bezug zum Unionsrecht nicht völlig verkannt. Als tragende Begründung gegen die Bedeutung des Unionsrechts bei der Auslegung von § 14 Abs. 2 S. 2 TzBfG wird jedoch vom BVerfG angeführt, dass ganz offenkundig davon auszugehen sei, dass der nationale Gesetzgeber über einen Umsetzungsspielraum verfüge.[130] Das Unionsrecht enthalte keine konkreten Vorgaben zu Höchstgrenzen der Dauer und Anzahl aufeinanderfolgender befristeter Arbeitsverträge oder zu den Voraussetzungen, unter denen befristete Arbeitsverträge als aufeinanderfolgend zu betrachten wären.[131]

Der bloße Verweis auf den Umsetzungsspielraum des nationalen Gesetzgebers überzeugt nicht. Der zunächst breite Beurteilungsspielraum wird auf Ebene des Unionsrechts gem. § 5 der RV im Anhang der RL 1999/70/EG durch die Zweckkontrolle des EuGHs auf effektive Missbrauchsvermeidung begrenzt.[132] Der Zweck der Missbrauchsvermeidung ist damit ein verbindliches Ziel bei der Umsetzung der RL 1999/70/EG, wodurch Einzelfragen bei der Ausgestaltung des Befristungsschutzes in den Mitgliedstaaten unionsrechtlich determiniert sein können, um Missbrauch durch aufeinanderfolgende befristete Arbeitsverträge zu vermeiden.[133] Damit genügt der Verweis auf den Umsetzungsspielraum für den nationalen Gesetzgeber nicht, um eine unionsrechtliche Determination im Bereich der RL 1999/70/EG auszuschließen. Es muss hinzukommen, dass bei der Einschränkung des Vorbeschäftigungsverbots ein Missbrauch durch aufeinanderfolgende befristete Arbeitsverträge im Sinne des § 5 der RV im Anhang der RL 1999/70/EG ausgeschlossen ist. Hierzu fehlen Ausführungen des BVerfG, sodass diese wichtige Frage in der Entscheidung ungeklärt bleibt.

Das Vorbeschäftigungsverbot gem. § 14 Abs. 2 S. 2 TzBfG unterliegt der Zweckkontrolle der Missbrauchsvermeidung und damit einer möglichen unionsrechtlichen Determination, wenn dieses eine der drei Grenzen in § 5 Nr. 1 der RV im Anhang der RL 1999/70/EG umsetzt oder eine „gleichwertige gesetzliche Maßnahme" darstellt, um Missbrauch durch aufeinanderfolgende befristete Arbeitsverhältnisse zu verhindern.

Das Vorbeschäftigungsverbot gem. § 14 Abs. 2 S. 2 TzBfG kann zunächst als unmittelbare Umsetzung der Grenzen gem. § 5 Nr. 1 lit. b) und c) der RV im

129 BVerfG, Beschluss vom 06.06.2018 - 1 BvL 7/14, BVerfGE 149, 126, Rn. 31.
130 BVerfG, Beschluss vom 06.06.2018 - 1 BvL 7/14, BVerfGE 149, 126, Rn. 31.
131 BVerfG, Beschluss vom 06.06.2018 - 1 BvL 7/14, BVerfGE 149, 126, Rn. 31.
132 Franzen/Gallner/Oetker/*Krebber*, RL 1999/70/EG § 5 Rn. 2.
133 Franzen/Gallner/Oetker/*Krebber*, RL 1999/70/EG § 5 Rn. 15 f.

Anhang der RL 1999/70/EG verstanden werden.[134] Zwar werden durch das Vorbeschäftigungsverbot selbst keine unmittelbaren Grenzen für die Anzahl oder die Dauer sachgrundloser Befristungen bestimmt. § 14 Abs. 2 S. 2 TzBfG regelt nur die Unzulässigkeit einer Befristung gem. § 14 Abs. 2 S. 1 TzBfG, wenn bereits zuvor mit demselben Arbeitgeber ein befristetes oder unbefristetes Arbeitsverhältnis bestanden hat.[135] Jedoch wird die sachgrundlose Befristung des Arbeitnehmers bei demselben Arbeitgeber durch § 14 Abs. 2 S. 2 TzBfG grundsätzlich höchstens auf die einmalige Verwendung innerhalb der Grenzen von § 14 Abs. 2 S. 1 TzBfG gedeckelt. Es konkretisiert also die Reichweite der in § 14 Abs. 2 S. 1 TzBfG genannten Grenzen und dient damit der Begrenzung von Befristungen nach Dauer und Anzahl gem. § 5 Nr. 1 lit. b) und c) der RV im Anhang der RL 1999/70/EG.[136] Folglich ist eine unionsrechtliche Determinierung möglich.

Das Vorbeschäftigungsverbot kann außerdem als gleichwertige gesetzliche Maßnahme eingeordnet werden, wenn dieses ein eigenes Schutzelement ist, dass die Grenzen nach § 5 Nr. 1 lit. a) bis c) der RV im Anhang der RL 1999/70/EG lediglich ergänzt.[137] § 14 Abs. 2 S. 2 TzBfG soll die Grenzen für die Dauer und die Anzahl der sachgrundlosen Befristung gem. § 14 Abs. 2 S. 1 TzBfG vor Umgehung sichern, denn ansonsten wäre durch Unterbrechungen oder Kombination mit Sachgrundbefristungen eine mehrmalige Ausschöpfung der Grenzen von § 14 Abs. 2 S. 1 TzBfG möglich.[138] Das Vorbeschäftigungsverbot kann also auch als eigenes Schutzinstrument verstanden werden, das die Anzahl- und Dauergrenzen gem. § 5 Nr. 1 lit. b) und c) in der RV im Anhang der RL 1999/70/EG zum Schutz vor Missbrauch durch sachgrundlose Befristungen ergänzt.

Dieses Verständnis liegt der Rechtsprechung des BAGs zugrunde, welches bei der sachgrundlosen Befristung eine Missbrauchskontrolle gem. § 242 BGB für solche Fälle durchführt, in denen Personalkarusselle zwischen formal verschiedenen Arbeitgebern zur Umgehung von § 14 Abs. 2 S. 2 BGB eingesetzt werden.[139] Danach kommt es grundsätzlich darauf an, ob „mehrere rechtlich und tatsächlich verbundene Vertragsarbeitgeber in bewusstem und gewolltem Zusammenwirken aufeinanderfolgende befristete Arbeitsverträge mit einem

---

134 Ascheid/Preis/Schmidt/*Backhaus,* TzBfG, § 14 Rn. 579.

135 ErfK/*Müller-Glöge*, TzBfG, § 14 Rn. 93.

136 Ascheid/Preis/Schmidt/*Backhaus,* TzBfG, § 14 Rn. 579.

137 Ascheid/Preis/Schmidt/*Backhaus,* TzBfG, § 14 Rn. 579.

138 ErfK/*Müller-Glöge*, TzBfG, § 14 Rn. 92 f.

139 BAG, Urteil vom 04.12.2013 – 7 AZR 290/12, NZA 2014, 426; BAG, Urteil vom 19.03.2014 – 7 AZR 527/12, NZA 2014, 840; BAG, Urteil vom 24.02.2016 – 7 AZR 712/13, NZA 2016, 758.

Arbeitnehmer ausschließlich deshalb schließen, um auf diese Weise über die nach § 14 Abs. 2 S. 1 TzBfG vorgesehenen Befristungsmöglichkeiten hinaus sachgrundlose Befristungen aneinanderreihen zu können."[140] Das BAG greift somit nicht auf objektive Kriterien wie bei der Kontrolle des sachlichen Grundes auf institutionellen Rechtsmissbrauch zurück, sondern orientiert sich an subjektiven Kriterien gem. § 242 BGB.[141] Es behandelt das Vorbeschäftigungsverbot nach einer anderen Dogmatik als die Missbrauchskontrolle des Sachgrundes und damit als eigene gleichwertige gesetzliche Maßnahme gem. § 5 der RV im Anhang der RL 1999/70/EG.

Mit Blick auf den Wortlaut von § 5 Nr. 1 der RV im Anhang der RL 1999/70/EG könnten Zweifel an der unionsrechtlichen Determinierung entstehen, wenn das Vorbeschäftigungsverbot als eigene gleichwertige gesetzliche Maßnahme verstanden wird. Der Wortlaut nennt nur den Fall, „wenn keine gleichwertigen Maßnahmen zur Missbrauchsvermeidung bestehen". Der Wortlaut beschränkt sich jedoch nicht nur auf Maßnahmen, die bei der Erstumsetzung der Richtlinie bestanden.[142] Der EuGH bezieht auch solche Maßnahmen bei der Missbrauchskontrolle mit ein, die im Zeitpunkt der Kontrolle das Gesamtbild des Befristungsschutzes nachträglich ergänzen.[143] Insofern ist die richterrechtliche Einschränkung des Vorbeschäftigungsverbots gem. § 14 Abs. 2 S. 2 TzBfG auch nach Umsetzung der Richtlinie im TzBfG kontrollfähig.

Unabhängig davon, ob das Vorbeschäftigungsverbot als Ergänzung von § 5 Nr. 1 lit. b) und c) der RV im Anhang der RL 1999/70/EG oder als eigenständige gleichwertige gesetzliche Maßnahme verstanden wird, muss grundsätzlich nach dem Gebot der richtlinienkonformen Auslegung der Zweck der Missbrauchsvermeidung erreicht werden. Insbesondere eine starke einschränkende Auslegung des Vorbeschäftigungsverbots ermöglicht Missbrauch gem. § 1 lit. b), § 5 der RV im Anhang der RL 1999/70/EG, da die Gefahr besteht, dass die zeitlichen und zahlenmäßigen Grenzen gem. § 14 Abs. 2 S. 1 TzBfG durch die mehrfache Ausschöpfung umgangen werden. Es muss zwischen unionsrechtlich zulässiger und missbräuchlicher Einschränkung des Vorbeschäftigungsverbots differenziert

140 BAG, Urteil vom 04.12.2013 – 7 AZR 290/12, NZA 2014, 426, Rn. 25; BAG, Urteil vom 19.03.2014 – 7 AZR 527/12, NZA 2014, 840, Rn. 25; BAG, Urteil vom 24.02.2016 – 7 AZR 712/13, NZA 2016, 758, Rn. 39.

141 Ascheid/Preis/Schmidt/*Backhaus*, TzBfG, § 14 Rn. 577.

142 Franzen/Gallner/Oetker/*Krebber*, RL 1999/70/EG § 5 Rn. 12.

143 Franzen/Gallner/Oetker/*Krebber*, RL 1999/70/EG § 5 Rn. 13.

werden.[144] Die Reichweite der Einschränkung des Vorbeschäftigungsverbots ist damit unabhängig von der Frage nach der Einordnung in § 5 der RV im Anhang der RL 1999/70/EG unionsrechtlich determiniert. Ohne Ergänzungen der Ausführungen des BVerfG,[145] wann das Unionsrecht Bedeutung für die Einschränkung des Vorbeschäftigungsverbots gewinnt, überzeugt der Hinweis auf die fehlende unionsrechtliche Determinierung nicht.

(c) Die Anwendbarkeit der RL 1999/70/EG

Die unionsrechtliche Determinierung würde allerdings fehlen, wenn die RL 1999/70/EG auf die Regelung des Vorbeschäftigungsverbots keine Anwendung findet. Gem. § 1 b) und § 5 der RV im Anhang der RL 1999/70/EG ist die Zweckkontrolle auf „aufeinanderfolgende befristete Arbeitsverträge" beschränkt, sodass Erstbefristungen kontrollfrei sind.[146] In der Rahmenvereinbarung im Anhang der RL 1999/70/EG bezieht sich § 5 Nr. 1 lit. a) auf die Verlängerung des befristeten Arbeitsverhältnisses, § 5 Nr. 1 lit. b) regelt eine Höchstdauer aufeinanderfolgender Arbeitsverhältnisse und § 5 Nr. 1 lit. c) verlangt die Regelung der maximal zulässigen Zahl der Verlängerungen befristeter Arbeitsverhältnisse.[147]

Die Einschränkung des Vorbeschäftigungsverbots betrifft die Frage, wann ein Arbeitnehmer außerhalb der Grenzen des § 14 Abs. 2 S. 1 TzBfG erneut ohne sachlichen Grund bei demselben Arbeitgeber befristet werden darf. Bei einer solchen (Wieder-) Einstellung fehlt in den meisten Fällen wegen einer zeitlichen Unterbrechung zur ersten Beschäftigung eine Verkettung der befristeten Arbeitsverträge.[148] Wird das Vorbeschäftigungsverbot als selbstständige gleichwertige gesetzliche Maßnahme verstanden, die die Zulässigkeit einer erneuten Erstbefristungen regelt, liegt das Vorbeschäftigungsverbot und die Frage nach seiner Einschränkung außerhalb des unionsrechtlichen Anwendungsbereichs.[149]

Allerdings können das Vorbeschäftigungsverbot und ebenso die Frage nach der Einschränkung des Vorbeschäftigungsverbots als unmittelbare Umsetzung

---

144 Einzelheiten zur unionsrechtskonformen Auslegung beim Vorbeschäftigungsverbot unter C) III 2. a) (2) (b).

145 BVerfG, Beschluss vom 06.06.2018 - 1 BvL 7/14, BVerfGE 149, 126, Rn. 31.

146 Franzen/Gallner/Oetker/*Krebber*, RL 1999/70/EG § 5 Rn. 5; Preis/Sagan/*Brose*, § 13 Rn. 130.

147 Franzen/Gallner/Oetker/*Krebber*, RL 1999/70/EG § 5 Rn. 5.

148 Preis/Sagan/*Brose*, § 13 Rn. 181.

149 Preis/Sagan/*Brose*, § 13 Rn. 181.

der Grenzen von § 5 Nr. 1 lit. b) und c) der RV im Anhang der RL 1999/70/EG verstanden werden.[150]

Aus der Perspektive des Unionsrechts hat der deutsche Gesetzgeber mit § 14 Abs. 2 S. 1 TzBfG die zeitlichen und zahlenmäßigen Grenzen zulässiger sachgrundloser Befristung gem. § 5 Nr. 1 lit. b) und c) der RV im Anhang der RL 1999/70/EG festgelegt. Nach der Wertung des Gesetzgebers besteht für sachgrundlose Befristungen außerhalb dieser Grenzen Missbrauchsgefahr, sodass diese unzulässig sind. Die Überschreitung der zeitlichen oder zahlenmäßigen Grenzen gem. § 14 Abs. 2 S. 1 TzBfG durch mehrfache Ausschöpfung nach kurzen Unterbrechungen wird durch das Vorbeschäftigungsverbot gem. § 14 Abs. 2 S. 2 verhindert. Unabhängig davon, ob zuvor die Grenzen von § 14 Abs. 2 S. 1 TzBfG ausgeschöpft wurden oder eine andere Vorbeschäftigung vorliegt, sind nach einer Unterbrechung weitere sachgrundlose Befristungen gem. § 14 Abs. 2 S. 2 TzBfG grundsätzlich ausgeschlossen.[151] Das Vorbeschäftigungsverbot erstreckt somit die zeitlichen und zahlenmäßigen Grenzen der sachgrundlosen Befristung lebenslang auf alle Arbeitsverträge des Arbeitnehmers mit demselben Arbeitgeber, damit Missbrauch im Bereich der sachgrundlosen Befristung ausgeschlossen ist. Die sachgrundlosen Befristungen innerhalb dieses gesetzlichen Rahmens sind stets nur als aufeinanderfolgende Befristungen zulässig und liegen im Anwendungsbereich des Unionsrechts. Das Vorbeschäftigungsverbot begrenzt die letzte zulässige Befristung gem. § 14 Abs. 2 S. 1 TzBfG und liegt damit im Anwendungsbereich der RL 1999/70/EG.

Die Frage nach der Einschränkung des Vorbeschäftigungsverbots darf nicht von den unionsrechtlichen Wertungen für zeitliche und zahlenmäßige Grenzen abgespalten werden, selbst wenn es um die Zulässigkeit einer Erstbefristung geht. Das gebietet der unionsrechtliche Effektivitätsgrundsatz („effet utile"), wonach das Vorbeschäftigungsverbot objektiven Missbrauchsmaßstäben wie bei der Sachgrundbefristung unterliegen muss, um effektiven Schutz des Arbeitnehmers vor Missbrauch zu gewährleisten.[152] Wird das Vorbeschäftigungsverbot so verstanden, dass es an eine erneute Erstbefristung ansetzt, ist das Unionsrecht mit den objektiven Missbrauchsmaßstäben nicht anwendbar. Es unterliege dann nach der Rechtsprechung des BAGs einem eigenständigen subjektiven Missbrauchsbegriff, der aber selbst durch an objektive Indizien anknüpfende erleichterte Beweislastregeln den effektiven Arbeitnehmerschutz erschwere und

---

150 Ascheid/Preis/Schmidt/*Backhaus*, TzBfG, § 14 Rn. 579.

151 ErfK/*Müller-Glöge*, TzBfG, § 14 Rn. 93.

152 Ascheid/Preis/Schmidt/*Backhaus*, TzBfG, § 14 Rn. 579.

zulasten des Arbeitnehmers keine adäquate Risikoverteilung biete, so die Bewertung in der Literatur.[153] Effektiveren Missbrauchsschutz für den Arbeitnehmer erzielt eine objektive Missbrauchskontrolle wie bei der Sachgrundbefristung.[154]

Außerdem zeigt der Blick auf die Gesetzessystematik von § 14 TzBfG, dass das Vorbeschäftigungsverbot weniger als selbstständige gesetzliche Maßnahme zur Missbrauchsvermeidung umgesetzt wurde. Der zweite Satz von § 14 Abs. 2 TzBfG konkretisiert vielmehr die Grenzen von § 14 Abs. 2 S. 1 TzBfG. Als gleichwertige gesetzliche Maßnahme zur Missbrauchsvermeidung hätte das Vorbeschäftigungsverbot auch von der sachgrundlosen Befristung systematisch losgelöst und als eigener Absatz kodifiziert werden können. Davon hat der Gesetzgeber aber keinen Gebrauch gemacht, selbst als § 14 Abs. 2a TzBfG eingefügt wurde, der auch auf § 14 Abs. 2 S. 2 TzBfG verweist.

Zudem folgen dem § 14 Abs. 2 S. 2 TzBfG ein dritter und vierter Satz, bei denen es um von den Grenzen gem. § 14 Abs. 2 S. 1 TzBfG abweichende Vereinbarungen durch einen Tarifvertrag geht. Der § 14 Abs. 2 S. 2 TzBfG wird also durch Regelungen zur zeitlichen und zahlenmäßigen Begrenzung i.S.v. § 5 Nr. 1 lit. b) und c) der RV im Anhang der RL 1999/70/EG eingerahmt. Das spricht dafür, dass auch § 14 Abs. 2 S. 2 TzBfG ein Teil der zeitlichen und zahlenmäßigen Grenzen ist. Dies wird durch den Verweis gem. § 14 Abs. 2a S. 4 TzBfG auf § 14 Abs. 2 S. 2 bis S. 4 TzBfG bestätigt, der S. 2 bis S. 4 zusammenfasst.

Das Vorbeschäftigungsverbot ist als Teil der Umsetzung von § 5 Nr. 1 lit. b) und c) der RV im Anhang der RL 1999/70/EG in § 14 Abs. 2 TzBfG zu verstehen, sodass auch die Einschränkung des Vorbeschäftigungsverbots nach Maßgabe der Missbrauchsvermeidung gem. § 1 lit. b), § 5 Nr. 1 der RV im Anhang der RL 1999/70/EG erfolgen muss.

(d) Das Verschlechterungsverbot

Ein weiteres Hindernis bei der Frage der Zulässigkeit der unionsrechtskonformen Einschränkung des Vorbeschäftigungsverbots kann sich aus § 8 Nr. 3 der RV im Anhang der RL 1999/70/EG ergeben. Die Umsetzung der Rahmenvereinbarung darf nicht als Rechtfertigung für die Senkung des allgemeinen Niveaus des Arbeitnehmerschutzes in dem von dieser Vereinbarung erfassten Bereich dienen. Der Anwendungsbereich dieses Verschlechterungsverbots erfasst nicht

153 Ascheid/Preis/Schmidt/*Backhaus*, TzBfG, § 14 Rn. 579; *Greiner*/*Senk*, RdA 2019, 236, 239; *Greiner*, DB 2014, 1987, 1990; *vom Stein*, NJW 2015, 369, 373 f.

154 Ascheid/Preis/Schmidt/*Backhaus,* TzBfG, § 14 Rn. 579.

nur die Fälle der Kettenbefristungen, sondern auch erstmalige Befristungen,[155] sodass das Verschlechterungsverbot unstreitig für die Einschränkung des Vorbeschäftigungsverbots anwendbar ist. Der EuGH gibt eine Prüfung in zwei Schritten vor, bei der zuerst zu fragen ist, ob tatsächlich eine Senkung des allgemeinen Niveaus vorliegt, und sodann zu klären bleibt, ob die Verschlechterung im Zusammenhang mit der Umsetzung der Richtlinie erfolgt ist.[156]

Ob die unionsrechtskonform einschränkende Auslegung des Vorbeschäftigungsverbots eine das Arbeitnehmerschutzniveau senkende Maßnahme darstellt, kann dabei bereits bestritten werden. So bietet das unbegrenzte Vorbeschäftigungsverbot für den Arbeitnehmer nicht nur Schutz vor Missbrauch durch sachgrundlose Befristungen, sondern versperrt ihm umgekehrt auch bei einer weit zurückliegenden, sehr kurzen oder völlig andersgearteten Vorbeschäftigung den erneuten Einstieg durch sachgrundlose Befristung bei demselben Arbeitgeber.[157] Insofern stellt die einschränkende Auslegung des Vorbeschäftigungsverbots in diesen Fällen sogar eine Verbesserung der Position des Arbeitnehmers dar, wenn das Interesse des Arbeitnehmers an einer erneuten sachgrundlosen Befristung sein Schutzinteresse überwiegt. Die formale Verschlechterung des Arbeitnehmerschutzniveaus durch die einschränkende Auslegung wird demnach positiv ausgeglichen. § 8 Nr. 3 der RV im Anhang der RL 1999/70/EG steht der unionsrechtskonformen einschränkenden Auslegung des Vorbeschäftigungsverbots nicht entgegen.

(3) *Zwischenergebnis für die Zulässigkeit der unionsrechtskonformen Auslegung*

Bei der Auslegung des TzBfG findet sich Spielraum im gesetzlichen Wortlaut des § 14 Abs. 1 S. 1 und Abs. 2 S. 2 TzBfG, der durch die richtlinienkonforme Auslegung gefüllt werden kann. Zur Bestimmung, inwiefern die richtlinienkonforme Auslegung auf die Grenzen der Befristung im TzBfG wirkt, muss die Richtlinie als solche ausgelegt werden.

b) *Das Gebot zum Interessenausgleich in der RL 1999/70/EG*

Der Zweck der Missbrauchsvermeidung hat in der Rahmenvereinbarung im Anhang der RL 1999/70/EG einen herausragenden Stellenwert und wird an

---

155 Preis/Sagen/*Brose,* § 13 Rn. 210.
156 Preis/Sagen/*Brose,* § 13 Rn. 211.
157 *Greiner,* ZESAR 2013, 305, 306.

vielen Stellen in der Rahmenvereinbarung hervorgehoben.[158] Auch in der Rechtsprechung des EuGHs zur Auslegung von § 5 der RV im Anhang der RL 1999/70/EG steht der Zweck der Missbrauchsvermeidung zur Begrenzung von Kettenbefristungen im Zentrum.[159] Der in jeder Befristungsrestriktion erkennbare Eingriff in die unionsrechtlich gewährleistete Vertragsfreiheit des Arbeitnehmers als wichtigste Ausprägung der Berufsfreiheit gem. Art. 15 Abs. 1 Grundrechtscharta (GRC) und in die Unternehmerfreiheit des Arbeitgebers gem. Art. 16 GRC werde durch den Zweck der Missbrauchsvermeidung legitimiert und zugleich begrenzt, so Greiner.[160] Unionsrechtlich ist der Zweck der Missbrauchsvermeidung dabei also Grund und gleichzeitig Grenze für die Begrenzung von Kettenbefristungen.

Bei der Auslegung der Richtlinie stellt sich die Frage, wie weit die Bedeutung des Zwecks der Missbrauchsvermeidung reicht und inwiefern die Richtlinie diesen konkretisiert. Insbesondere gilt es zu untersuchen, ob dieser Zweck auch einen gerechten Interessenausgleich zwischen den Arbeitsvertragsparteien bedingt oder lediglich ein einseitiges Instrument zum Schutz des Arbeitnehmers darstellt. Wenn der Zweck der Missbrauchsvermeidung einen gerechten Interessenausgleich beinhaltet, ist das Dogma eines gerechten Interessenausgleichs nicht nur Ausfluss des verfassungsrechtlichen Prinzips der Verhältnismäßigkeit, sondern auch verbindlich umzusetzender Inhalt der RL 1999/70/EG.

(1) Das Verhältnis von Richtlinie und Rahmenvereinbarung

Bevor der Frage nach der Konkretisierung des Zwecks der Missbrauchsvermeidung durch Auslegung der Richtlinie nachgegangen werden kann, stellt sich die Vorfrage, welches Gesetzesmaterial in der Richtlinie für die Auslegung dieses Zwecks maßgeblich ist. Die RL 1999/70/EG setzt sich aus zwei Teilen zusammen: Im ersten Teil findet sich die Richtlinie als solche und im zweiten Teil die Rahmenvereinbarung von EGB, UNICE sowie CEEP vom 18.03.1999. Die RL 1999/70/EG setzt gem. Art. 155 Abs. 2 S. 1 2. Alt. AEUV die Rahmenvereinbarung von EGB, UNICE sowie CEEP über befristete Arbeitsverträge vom 18.03.1999 in europäisches Recht um und verhilft ihr so zu verbindlicher rechtlicher Wirkung gegenüber den Mitgliedstaaten.[161] Die Richtlinie wird durch

158 Erwägungsgrund 14 in der RL 1999/70/EG, Erwägungsgrund Nr. 7 der RV im Anhang der RL 1999/70/EG, § 1 und § 5 der RV im Anhang der RL 1999/70/EG.

159 EuGH, Urteil vom 26.01.2012 - C-586/10 (Kücük), NZA 2012, 135.

160 *Greiner*, ZESAR 2013, 305, 306.

161 Franzen/Gallner/Oetker/*Krebber*, Art. 4 RL 1999/70/EG Rn. 1.

Erwägungsgründe und die Rahmenvereinbarung durch eine Präambel mit „allgemeinen Erwägungen“ eingeleitet. Der materiell-rechtliche Inhalt ergibt sich jedoch allein aus der Rahmenvereinbarung.[162] Maßgeblich für die Auslegung des materiell-rechtlich verbindlichen Inhalts sind also nur die Paragraphen der Rahmenvereinbarung und die Präambel zur Rahmenvereinbarung samt der in ihr enthaltenen „allgemeinen Erwägungen“. Der Richtlinienteil ist nicht maßgeblich, da die Organe der EU, die eine Vereinbarung der Sozialpartner durchführen, deren Inhalt – auch durch eine bestimmte Auslegung – nicht ändern dürfen.[163] Die Erwägungsgründe in der Richtlinie geben nur Aufschluss darüber, warum der Rat der Europäischen Union der Rahmenvereinbarung unionsrechtliche Verbindlichkeit verliehen hat.[164] Zur Untersuchung des Zwecks der Missbrauchsvermeidung darf damit nur die Rahmenvereinbarung ausgelegt werden.

(2) Die Rahmenvereinbarung in der RL 1999/70/EG als Kompromiss der Sozialpartner

Zunächst können die historische Auslegung und der Rechtscharakter der Rahmenvereinbarung bei der Beantwortung der Frage helfen, ob die Rahmenvereinbarung einseitiges Arbeitnehmerschutzrecht vorgibt oder einen Interessenausgleich zwischen Arbeitnehmer und Arbeitgeber bezweckt.

Historisch gesehen ist die Rahmenvereinbarung dabei das Ergebnis eines langdauernden Prozesses und sozialen Dialogs gewesen, in dem Richtlinienvorschläge des Rates aus dem Jahr 1982 ebenso wie dessen geänderte Fassung zwei Jahre später und ein erneuter Vorstoß im Jahr 1990 erfolglos blieben. Die branchenübergreifenden Sozialpartner auf europäischer Ebene UNICE, CEEP und EGB schlossen im Jahr 1999 eine Sozialpartnervereinbarung zu den Rahmenbedingungen für befristete Arbeitsverträge, welche der Rat auf Vorschlag der Kommission mit der RL 1999/70/EG durchführte.[165] Die Entwicklung der Rahmenvereinbarung als langwierig verhandelter Kompromiss legt nahe, dass das in der Rahmenvereinbarung Vereinbarte stets vor dem Hintergrund der Interessen der Arbeitnehmer- und der Arbeitgeberseite auszulegen ist.

Schon zu Beginn des Entstehungsprozesses der Rahmenvereinbarung beim außerordentlichen Gipfeltreffen über Beschäftigungsfragen in Luxemburg stand

---

162 Preis/Sagan/*Brose*, § 13 Rn. 1; Franzen/Gallner/Oetker/*Krebber*, Art. 4 RL 1999/70/EG Rn. 1 f.; *Fuchs/Marhold*, Europäisches Arbeitsrecht, S. 113.

163 Preis/Sagan/*Brose*, § 13 Rn. 8.

164 Franzen/Gallner/Oetker/*Krebber*, Art. 4 RL 1999/70/EG Rn. 2.

165 Preis/Sagan/*Brose*, § 13 Rn. 2.

ausweislich der Nr. 5 der allg. Erwägungen in der Präambel der Rahmenvereinbarung das Ziel im Mittelpunkt, nicht nur einseitiges „Arbeitnehmerschutzrecht“[166] zu schaffen, sondern gerade ein „ausgewogenes Verhältnis zwischen Flexibilität (für den Arbeitgeber) und Sicherheit (für den Arbeitnehmer)“[167] zu erreichen. Die Sozialpartner haben die Notwendigkeit erkannt, die für die Gesamtwirtschaft und die Arbeitgeber positiven Auswirkungen von befristeten Arbeitsverträgen mit dem Schutz des Arbeitnehmers vor rechtsmissbräuchlicher Befristung abzuwägen.[168]

Zudem spricht die Form als Rahmenvereinbarung für einen Interessenausgleich. Es fänden sich in der Rahmenvereinbarung nur zögerliche Grundtendenzen wieder, die jahrelang die Entwicklung eines europäischen Mindeststandards für Befristungen begleitet hätten, stellt Brose fest.[169] Dies wird darauf zurückgeführt, dass die Arbeitgeberseite, für die das Interesse an Flexibilität im Vordergrund stünde, den Forderungen der Gewerkschaftsseite, die Befristungen nur stark eingeschränkt zuzulassen, nur geringfügig nachgekommen sei.[170] Indem nur Mindeststandards für Schutzvorschriften vorgegeben werden, ist neben dem Gestaltungsspielraum für den Gesetzgeber auch Raum für einen Interessenausgleich geschaffen worden.

Konzeptionell rechtfertigt sich dies durch zwei Gedanken, die sich in Abs. 3 der Präambel und Nr. 10 der allgemeinen Erwägungen in der Präambel der Rahmenvereinbarung widerspiegeln. Der Raum für die nationalen Gesetzgeber entspricht zunächst der praktischen Notwendigkeit, den Mitgliedstaaten bei der Umsetzung der Vereinbarung die Einpassung in die nationalrechtlichen, sektoralen und saisonalen Besonderheiten zu ermöglichen. Zudem ergänzen die Sozialpartner in Abs. 3 der Präambel noch, dass der allgemeine Rahmen aber auch dazu dient, „die Inanspruchnahme befristeter Arbeitsverträge auf einer für Arbeitgeber und Arbeitnehmer akzeptablen Grundlage“[171] zu ermöglichen. Der Rahmencharakter der Vereinbarung dient demnach nicht nur dem praktischen Bedürfnis, die Anwendung der Vereinbarung auf die nationale, saisonale oder sektorale Situation abzustimmen, sondern bietet einer Abwägung der Interessen

166 Palandt/*Weidenkaff*, Einf. v. § 611 Rn. 81.

167 Nr. 5 der Allgemeinen Erwägungen in der Präambel der Rahmenvereinbarung in der RL 1999/70/EG.

168 Nr. 5 der allgemeinen Erwägungen in der Präambel der Rahmenvereinbarung.

169 Preis/Sagan/*Brose*, § 13 Rn. 3.

170 Preis/Sagan/*Brose*, § 13 Rn. 3.

171 Abs. 3 der Präambel in der Rahmenvereinbarung der RL 1999/70/EG.

der Arbeitsvertragsparteien Raum und bezweckt deren Ausgleich. Der Charakter als Rahmenvereinbarung verstärkt den historischen Befund, dass die Rahmenvereinbarung als Interessenausgleich zwischen den Arbeitsvertragsparteien zu verstehen ist.

(3) Herleitung des Gebots zum Interessenausgleich aus dem Zweck der Missbrauchsvermeidung

Das Ziel der Verhinderung von Missbrauch zeichnet gemäß § 1 lit. b) der RV in der RL 1999/79/EG eine teleologische Grenze für die Befristung von Arbeitsverträgen. Jedoch geht aus dem Wortlaut von § 1 und § 5 der RV im Anhang der RL 1999/70/EG nicht präzise hervor, wann ein Missbrauch durch aufeinanderfolgende befristete Arbeitsverträge vorliegt.[172]

Der EuGH umschreibt den Rechtsbegriff des Missbrauchs mit der „Prekarisierung der Lage der Beschäftigten“[173]. Die Verhinderung von Missbrauch durch die Begrenzung aufeinanderfolgender befristeter Arbeitsverhältnisse dient demnach unmittelbar dem Schutz der Arbeitnehmer vor dieser „Prekarisierung“. Die Interessen des Arbeitgebers werden scheinbar nicht berücksichtigt. Der EuGH tausche jedoch nur den unbestimmten Rechtsbegriff des Rechtsmissbrauchs durch den nicht weniger nebulösen Rechtsbegriff der „Prekarisierung“ aus, der aber nicht viel mehr als ein modisches Schlagwort zur Umschreibung von Arbeitsbeziehungen darstelle, die nicht den vollen rechtlichen Schutz des sozial wünschenswerten Normalarbeitsverhältnisses genießen würden, kritisiert Greiner.[174] Damit bleibt die Frage nach dem inhaltlichen Kern des Rechtsmissbrauchsvorwurfs weitgehend unbeantwortet. Die Schwierigkeiten bei der Begriffsbestimmung resultieren dabei aus der methodischen Herangehensweise, mit der der EuGH hier versucht, den Missbrauchsvorwurf zu konkretisieren. Eine begriffliche Konkretisierung des Missbrauchs mit „Prekarisierung“ ist bei der Vielzahl der möglichen Missbrauchskonstellationen schwer möglich. Bei der Missbrauchskontrolle von Kettenbefristungen bedient sich der EuGH daher weniger der eigenen begrifflichen Konkretisierung und stellt vielmehr auf alle

---

172 Franzen/Gallner/Oetker/*Krebber*, RL 1999/70/EG § 1 Rn. 8, § 5 Rn. 2.

173 EuGH, Urteil vom 04.07.2006, C-212/04 (Adeneler u.a.), Slg. 2006, I-6057, Rn. 63; EuGH, Urteil vom 23. April 2009, C-378/07 bis C-380/07 (Angelidaki u. a.), Slg. 2009, I-3071, Rn. 73; EuGH, Urteil vom 26.01.2012 - C-586/10 (Kücük), NZA 2012, 135 Rn. 25.

174 Greiner, ZESAR 2013, 305, 310.

Umstände des Einzelfalls ab.[175] Der inhaltliche Kern des Rechtsmissbrauchs bleibt dabei aber weiterhin unklar.

(a) Unionsgrundrechtskonforme Auslegung des „Missbrauchs"

Deutlicher wird das Bild vom Rechtsbegriff des Missbrauchs, wenn der gesamte „Rahmen" der RV im Anhang der RL 1999/70/EG in den Blick genommen wird. Es ist nicht nur der Text der Rahmenvereinbarung maßgeblich. Auch die Unionsgrundrechte als Teil des europäischen Primärrechts entfalten Wirkung für die Rahmenvereinbarung.[176] Dabei können die Auslegungsspielräume in der Richtlinie grundrechtskonform ausgefüllt werden.[177] Diese Auslegungsspielräume finden sich insbesondere bei der Ausfüllung des Rechtsbegriffs des Missbrauchs in § 1 lit. b) und § 5 Nr. 1 der RV im Anhang der RL 1999/70/EG. Die Rahmenvereinbarung nennt dabei zwei Grenzen für die Zulässigkeit der Befristung von Arbeitsverträgen, die sich in Zusammenschau mit den Unionsgrundrechten abzeichnen und eine Systematisierung in drei Bereiche erlauben.

Innerhalb der Grenzen befindet sich ein Bereich, in dem die Befristung von Arbeitsverträgen aus Perspektive des Unionsrechts zulässig ist. In diesem Bereich stehen das Schutzinteresse des Arbeitnehmers und das Flexibilitätsinteresse des Arbeitgebers in einem „Gleichgewicht" gemäß Abs. 1 der Präambel in der RV der RL 1999/70/EG, sodass die Inanspruchnahme von befristeten Arbeitsverträgen auf einer „akzeptablen Grundlage" gem. Abs. 3 der Präambel für beide Arbeitsvertragsparteien erfolgt.

Auf der einen Seite wird dieser mittlere Bereich zulässiger Befristung begrenzt, indem nur verhältnismäßig durch die Begrenzung von Befristung in die Unternehmerfreiheit des Arbeitgebers gem. Art. 15 und 16 GRC eingegriffen werden darf. Jenseits dieser Verhältnismäßigkeitsgrenze befindet sich also ein zweiter Bereich, in dem das Schutzinteresse des Arbeitnehmers das Interesse des Arbeitgebers an Befristungen unverhältnismäßig überwiegt, weil die Befristung von Arbeitsverträgen zu stark begrenzt wird. Außerdem ist die Begrenzung der Befristung von Arbeitsverträgen dazu geeignet, nicht nur zugunsten, sondern auch zulasten des Arbeitnehmers zu wirken. Neben das Schutzinteresse vor Missbrauch tritt das Interesse des Arbeitnehmers, einen befristeten Arbeitsvertrag als Einstieg in eine Beschäftigung und als Alternative zur Arbeitslosigkeit zu erhalten. In die Berufsfreiheit des Arbeitnehmers gem. Art. 15 GRC und

175 EuGH, Urteil vom 26.01.2012 - C-586/10 (Kücük), NZA 2012, 135, Rn. 40.
176 Greiner, ZESAR 2013, 305, 306.
177 *Möllers*, Juristische Methodenlehre, § 2 Rn. 68, § 8 Rn. 18.

in die unternehmerische Freiheit des Arbeitgebers gem. Art. 16 GRC darf nur unter Beachtung der Regeln des Art. 52 GRC – insbesondere des Verhältnismäßigkeitsgrundsatzes gem. Art. 52 Abs. 1 GRC – eingegriffen werden.[178] Die Verhältnismäßigkeitsgrenze sichert damit die Interessen der Arbeitnehmer und Arbeitgeber, für sie wirtschaftlich notwendige Befristungen vereinbaren zu können.

Auf der anderen Seite wird der Bereich zulässiger Befristung durch die Missbrauchsgrenze bei Kettenbefristungen begrenzt. Spiegelbildlich zur Unverhältnismäßigkeitsgrenze für Eingriffe in die Unionsgrundrechte von Arbeitnehmern und Arbeitgebern ist diese Missbrauchsgrenze erreicht, wenn in die Schutzpflicht zugunsten des Arbeitnehmers gem. Art. 15 Abs. 1 GRC unverhältnismäßig durch die gesetzliche Zulassung der Befristung von Arbeitsverträgen eingriffen wird. Dies ist der Fall, wenn die Interessen des Arbeitgebers und des Arbeitnehmers an der Zulassung von für sie wirtschaftlich nützlichen Befristungen das Bedürfnis des Arbeitnehmers an Schutz vor Missbrauch durch Befristungen unverhältnismäßig überwiegen. Zu beachten ist, dass Art. 15 Abs. 1 GRC zwar Schutzpflichten für den Arbeitnehmer bereithält, diese aber nur greifen, wenn die Art. 27 bis 32 GRC keine speziellere Regelung enthalten.[179]

Teilweise wird wegen des Zusammenhangs zwischen Befristungsrecht und Kündigungsschutz Art. 30 GRC sachlich für anwendbar erklärt.[180] Dagegen spricht aber, dass durch die RL 1999/70/EG kein allgemeiner Schutz vor Entlassungen garantiert wird. Zudem erfolgt die Beschränkung von Befristungen nicht allgemein als Schutz vor der Umgehung des Kündigungsschutzes.[181] Das Befristungsrecht definiert sich nicht mehr über die Umgehung des Kündigungsschutzes, sondern nimmt auch im Unionsrecht eine eigenständige Rolle ein.[182] Damit ist Art. 30 GRC im Bereich der RL 1999/70/EG keine speziellere Regelung zu Art. 15 GRC.

Zudem könnte Art. 31 GRC spezieller als Art. 15 GRC sein. „Würdige Arbeitsbedingung" gem. Art. 31 Abs. 1 GRC ist allerdings eng zu verstehen und erfasst nicht den Missbrauch durch die Befristung von Arbeitsverträgen, sondern Fälle

---

178 *Jarass*, GRC, Art. 15 Rn. 32 f., Art. 16 Rn. 24 f.

179 *Jarass*, GRC, Art. 15 Rn. 12.

180 Franzen/Gallner/Oettker/*Krebber*, RL 1999/70/EG, Art. 4 Rn. 33; Callies/Ruffert/*Krebber*, GRC, Art. 30 Rn. 3.

181 Franzen/Gallner/Oetker/*Schubert*, GRC, Art. 30 Rn. 19.

182 Franzen/Gallner/Oetker/*Krebber*, Art. 4 RL 1999/70/EG Rn. 3, § 1 RL 1999/70/EG Rn. 2.

sexueller Belästigungen am Arbeitsplatz und die Verhinderung von verwerflichen oder ausgesprochen feindseligen und beleidigenden Handlungen gegen einzelne Arbeitnehmer.[183]

Die mangels spezieller Schutzpflicht anwendbare allgemeine Schutzpflicht zugunsten der Arbeitnehmer gem. Art. 15 Abs. 1 GRC wird jedoch nicht schrankenlos gewährt. Die Eingriffe in die Schutzpflicht können gerechtfertigt sein, wenn sie u.a. gem. Art. 52 GRC verhältnismäßig erfolgen.[184] Damit bestimmt letztlich der Verhältnismäßigkeitsgrundsatz gem. Art. 52 GRC die Grenze hin zum Missbrauch durch Befristung.

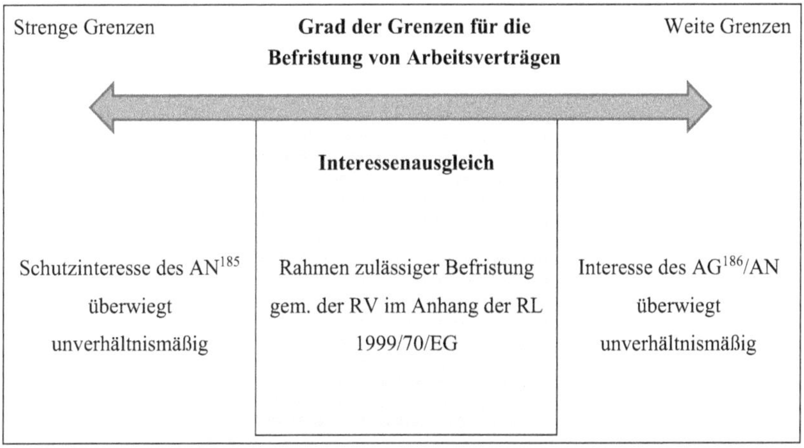

Der Überblick über das gesamte Interessenspektrum bei der Begrenzung von Befristung in der RL 1999/70/EG und die grundrechtskonforme Auslegung der in der RL 1999/70/EG genannten Grenzen ermöglicht, die Missbrauchsgrenze gem. § 1 lit. b) und § 5 der RV im Anhang der RL 1999/70/EG klar zu definieren. Für die Missbrauchsgrenze ist insbesondere die Verhältnismäßigkeitsprüfung bei Eingriffen in die Schutzpflicht zugunsten der Arbeitnehmer gem. Art. 15 Abs. 1, Art. 52 Abs. 1 GRC maßgeblich. Die Grenze der Verhältnismäßigkeit ist wertungsmäßig erreicht, wenn die Interessen von Arbeitnehmer und Arbeitgeber an der Zulassung von für sie wirtschaftlich nützlichen Befristungen unverhältnismäßig die Arbeitnehmerschutzinteressen überwiegen. Dabei sind

183 *Jarass*, GRC, Art. 31 Rn. 8.
184 *Jarass*, GRC, Art. 15 Rn. 15 f., Rn. 32.

die kollidierenden Unionsgrundrechte von Arbeitnehmer und Arbeitgeber in ein angemessenes Gleichgewicht zu bringen.[185]

Insofern kann kritisiert werden, dass der unbestimmte Rechtsbegriff des „Missbrauchs“ erneut durch das wertungsoffene Kriterium der Verhältnismäßigkeit ersetzt wird und damit keine rechtssichere und trennscharfe Begrenzung liefert. Allerdings bietet ein solches Richtlinienverständnis mit dem Kriterium der Unverhältnismäßigkeit dogmatische Klarheit, wann Missbrauch vorliegt und ist nicht bloß ein sprachliches Synonym für den Befristungsmissbrauch. Dass der EuGH in seiner Rechtsprechung zur Bestimmung des Rechtsmissbrauchs bei Befristungsketten „alle Umstände des Falls einschließlich der Zahl und der Gesamtdauer der in der Vergangenheit mit demselben Arbeitgeber geschlossenen Befristungen“[186] abwägt und damit gewissermaßen eine Verhältnismäßigkeitsprüfung gem. Art. 52 Abs. 1 GRC vornimmt, kann auch mit der unionsgrundrechtskonformen Auslegung des Rechtsbegriffs des Missbrauchs gem. § 1 b), § 5 in der RV im Anhang der RL 1999/70/EG begründet werden.

Es wird deutlich, dass bei der unionsrechtlichen Begrenzung der Befristung von Arbeitsverträgen stets die Interessen beider Arbeitsvertragsparteien eine Rolle spielen. Der Richtlinienzweck der Missbrauchsvermeidung sichert also nicht nur das Arbeitnehmerinteresse an Sicherheit. Die Missbrauchsgrenze bestimmt sich in unionsgrundrechtskonformer Auslegung über das Prinzip der Verhältnismäßigkeit gem. Art. 15 Abs. 1, Art. 52 Abs. 1 GRC durch Abwägung der Arbeitnehmerinteressen an Schutz vor Missbrauch durch Befristungen mit dem Interesse des Arbeitgebers an flexiblen und bedarfsgerechten Befristungsmöglichkeiten und dem Arbeitnehmerinteresse an befristeter Einstellung.

Dieses Dogma des Interessenausgleichs stützt sich jedoch nicht nur primärrechtlich auf die Unionsgrundrechte, es spiegelt sich auch in der Auslegung der Richtlinie selbst wider (vgl. (b)). In einem weiteren Schritt (vgl. (c)) soll untersucht werden, ob die Auslegung der RV in der RL 1999/70/EG innerhalb ihrer Rahmenlinien – also im mittleren Bereich – die genaue Gestalt des Interessenausgleichs konkretisiert.

(b) Der Zweck der Missbrauchsvermeidung als Interessenausgleich

Das Prinzip des Interessenausgleichs kann nicht nur aus der grundrechtskonformen Auslegung des Rechtsbegriffs des Missbrauchs in § 1 lit. b), § 5 der RV im Anhang der RL 1999/70/EG abgeleitet werden. Dieses findet sich auch

185 *Jarass*, GRC, Art. 52 Rn. 43.

186 EuGH, Urteil vom 26.01.2012 - C-586/10 (Kücük), NZA 2012, 135 Rn. 56.

in der Auslegung der übrigen RV im Anhang der RL 1999/70/EG wieder. Bei dem Prinzip des Interessenausgleichs handelt es sich um den inneren Kern des materiell-rechtlichen Inhalts der RL 1999/70/EG, sodass hierfür die Auslegung des Textes der Rahmenvereinbarung und nicht der vorangestellte Richtlinientext maßgeblich ist.[187]

Die RV in der RL 1999/70/EG nennt in § 1 die allgemeinen Zweckbestimmungen: Die Nichtdiskriminierung befristet Beschäftigter (vgl. § 1 lit. a)) und die Verhinderung von Missbrauch durch aufeinanderfolgende befristete Arbeitsverträge (vgl. § 1 lit. b)). Diese bilden somit die wichtigsten Ziele der RV im Anhang der RL 1999/70/EG, die in § 4 und § 5 der RV konkretisiert werden.[188] Die allgemeinen Zweckbestimmungen der RV im Anhang der RL 1999/70/EG finden sich in Abs. 3 S. 2 der Präambel erneut. Bemerkenswert ist aber, dass die Sozialpartner hier von der negativen Formulierung in § 1 der RV abgewichen sind und eine positive Formulierung gewählt haben: „Gleichbehandlung" und „Inanspruchnahme befristeter Arbeitsverträge auf einer für Arbeitgeber und Arbeitnehmer akzeptablen Grundlage". Die Zweckbestimmung der „Verhinderung von Missbrauch" wird von den Sozialpartnern positiv in die „Inanspruchnahme befristeter Arbeitsverträge auf einer für Arbeitgeber und Arbeitnehmer akzeptablen Grundlage" umformuliert. Damit wird der Bereich nicht missbräuchlicher Befristung als Interessenausgleich zwischen Arbeitnehmer und Arbeitgeber umschrieben. Dies spricht dafür, dass die Sozialpartner den Interessenausgleich als positive Kehrseite zum Befristungsmissbrauch und damit als wesentliches Merkmal des Rahmens zulässiger Befristung sehen.

Dies fügt sich auch in den Wortlaut von Abs. 2 der Präambel ein: „Befristete Arbeitsverträge (können) unter bestimmten Umständen den Bedürfnissen von Arbeitgeber und Arbeitnehmer entsprechen". Diese „bestimmten Umstände" werden dann im hieran anschließenden, dritten Absatz der Präambel als „akzeptable Grundlage" und „Gleichbehandlung" konkretisiert.

Das Spektrum des Interessenausgleichs wird von den Sozialpartnern an weiteren Stellen in der RV in der RL 1999/70/EG verdeutlicht. In Abs. 1 der Präambel wird der Interessenausgleich als „Gleichgewicht zwischen Flexibilität der Arbeitszeit" für den Arbeitgeber und „Sicherheit" für den Arbeitnehmer umschrieben. Bei der Nr. 5 der allgemeinen Erwägungen in der Präambel der

187 Preis/Sagan/*Brose*, § 13 Rn. 1; Franzen/Gallner/Oetker/*Krebber*, Art. 4 RL 1999/70/EG Rn. 1 f.; *Fuchs/Marhold*, Europäisches Arbeitsrecht, S. 113.

188 Preis/Sagan/*Brose*, § 13 Rn. 9; Franzen/Gallner/Oetker/*Krebber*, Art. 4 RL 1999/70/EG Rn. 14.

RV der RL 1999/70/EG ist ein „ausgewogenes Verhältnis zwischen Flexibilität und Sicherheit“ erneut als Prämisse bei der Erarbeitung der Rahmenvereinbarung ausgewiesen. Die Nr. 8 der allgemeinen Erwägungen in der Präambel der RV der RL 1999/70/EG stellt klar, dass dieser Interessenausgleich bei der Zulassung befristeter Arbeitsverträge möglich und nicht ausgeschlossen ist.

Neben dem Bereich des Missbrauchs in § 1 b) und § 5 der RV im Anhang der RL 1999/70/EG skizzieren die Sozialpartner auch den Bereich zulässiger Befristung, in dem nach der Zielvorstellung ein verbesserter Interessenausgleich erreicht werden soll (vgl. Abs. 1 der Präambel). Dass die Sozialpartner umgekehrt auch den Bereich des unzulässigen Eingriffs in die Unternehmerfreiheit gem. Art. 16 GRC berücksichtigt haben, zeigt die besondere Betonung der wirtschaftlichen Notwendigkeit von Befristungen in Nr. 5 und 8 der allgemeinen Erwägungsgründe in der Präambel der RV im Anhang der RL 1999/70/EG. Hierunter kann auch das Interesse des Arbeitnehmers gefasst werden, durch Befristung erleichtert zu Beschäftigung zu gelangen. Die Sozialpartner vervollständigen damit in der Rahmenvereinbarung das Gesamtbild des Interessenausgleichs in der RL 1999/70/EG. Dieses wird nicht nur durch die unionsgrundrechtskonforme Auslegung vorgegeben, sondern bestätigt sich auch in der Auslegung des Wortlauts der Rahmenvereinbarung.

Auch in der Rechtsprechung des EuGHs zur Auslegung der RV in der RL 1999/70/EG findet sich das Element des Interessenausgleichs wieder. Bei der Missbrauchskontrolle ist es zunächst erforderlich, dass alle Umstände des Falls geprüft werden.[189] Dies lässt grundsätzlich Raum für eine Abwägung der Interessen beider Arbeitsvertragsparteien.

Bei der Sachgrundbefristung ist bei der Missbrauchskontrolle im Fall der Vertretung maßgeblich, ob der Bedarf beim Arbeitgeber ein zulässiger vorübergehender oder ein möglicherweise unzulässiger dauerhafter ist.[190] Aber selbst wenn der Arbeitgeber seinen ständigen Vertretungsbedarf durch den Abschluss unbefristeter Verträge decken kann, folgt daraus nicht, dass der Arbeitgeber stets missbräuchlich handelt.[191] Auch der ständige Vertretungsbedarf kann damit im Einzelfall einen zulässigen Vertretungsbedarf darstellen. Dem Arbeitgeberinteresse wird hier also selbst im Fall des grundsätzlich dauerhaften Bedarfs Raum

---

189 EuGH, Urteil vom 23. April 2009, C-378/07 bis C-380/07 (Angelidaki u. a.), Slg. 2009, I-3071, Rn. 157; EuGH, Urteil vom 26.01.2012 - C-586/10 (Kücük), NZA 2012, 135 Rn. 40.

190 EuGH, Urteil vom 26.01.2012 - C-586/10 (Kücük), NZA 2012, 135 Rn. 54 ff.

191 EuGH, Urteil vom 26.01.2012 - C-586/10 (Kücük), NZA 2012, 135 Rn. 50.

gewährt. Nach dem EuGH[192] gehe es über das Ziel der RL 1999/70/EG hinaus, bei größeren Unternehmen zwingend den Abschluss unbefristeter Arbeitsverträge zu verlangen. Der EuGH verdeutlicht damit die Grenze für Eingriffe in die Unternehmerfreiheit der Arbeitgeber, die er mit einer zu restriktiven Rechtsprechung bei der Missbrauchskontrolle überschreiten würde.

Das Arbeitgeberinteresse an für ihn wirtschaftlich notwendiger Befristung wird durch den EuGH mit dem Arbeitnehmerschutzinteresse auf Ebene der Missbrauchskontrolle in Abwägung gebracht. Trotz eines Sachgrundes – z.B. dem Vertretungsbedarf – wächst mit der steigenden Zahl und Dauer der Befristungen mit demselben Arbeitnehmer auch das individuelle Schutzbedürfnis des Arbeitnehmers.[193] Der EuGH[194] betont, dass § 5 der RV im Anhang der RL 1999/70/EG dem Ziel diene, den wiederholten Rückgriff auf befristete Arbeitsverträge als eine Quelle potenziellen Missbrauchs einzugrenzen. Das bedeutet, dass eine Befristung nach einer gewissen Zahl und Dauer der Verlängerungen aus Gründen des Arbeitnehmerschutzes unzulässig ist, selbst wenn diese stets durch ein berechtigtes Interesse des Arbeitgebers gerechtfertigt ist.

Auch wenn der EuGH den Interessenausgleich nicht explizit nennt, zeigt die Art und Weise der Anwendung von § 5 der RV im Anhang der RL 1999/70/EG, dass weder Arbeitgeberinteressen noch Arbeitnehmerinteressen absoluten Vorrang haben, sondern eine Abwägung durch die Betrachtung des Einzelfalls vorzunehmen ist.

(c) Die Konkretisierung des Interessenausgleichs

Ausgehend vom Konzept des Interessenausgleichs stellt sich die Folgefrage, welche Anforderungen laut Rahmenvereinbarung für einen solchen Interessenausgleich gelten. Dabei sind verschiedene Deutungsvarianten möglich. Zunächst kann der Interessenausgleich als strenger – also idealer und stets ausgewogener – Interessenausgleich verstanden werden. Außerdem ist ein Interessenausgleich denkbar, der ein breiteres Spektrum von Arbeitnehmer- und Arbeitgeberinteressen umfasst. Innerhalb dieses Spektrums können die Interessen der Arbeitnehmer oder der Arbeitgeber je nach Einzelfall ein für die andere Seite noch akzeptables Übergewicht erreichen. Das akzeptable Übergewicht darf aber nicht zu einem unverhältnismäßigen Übermaß werden. Zuletzt wird eine dritte Variante des Interessenausgleichs vertreten, der den Interessen des Arbeitnehmers

192 EuGH, Urteil vom 26.01.2012 - C-586/10 (Kücük), NZA 2012, 135 Rn. 54.
193 EuGH, Urteil vom 26.01.2012 - C-586/10 (Kücük), NZA 2012, 135 Rn. 40.
194 EuGH, Urteil vom 26.01.2012 - C-586/10 (Kücük), NZA 2012, 135 Rn. 25.

an Schutz vor Befristungsmissbrauch stets Vorrang gewährt, trotzdem aber ein Mindestmaß an Arbeitgeberinteressen berücksichtigt.[195]

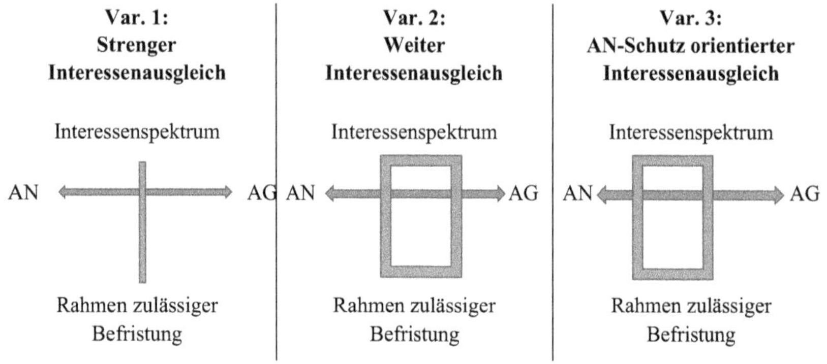

Das jeweilige Verständnis vom Interessenausgleich ist entscheidend für die Bestimmung der unionsrechtlichen Grenze zum Bereich missbräuchlicher Befristung. Alles, was außerhalb des zulässigen Rahmens – also des Interessenausgleichs – liegt, ist auf der einen Seite entweder missbräuchliche Befristung zulasten des Arbeitnehmers oder auf der anderen Seite ein unverhältnismäßiger Eingriff in die unternehmerische Freiheit des Arbeitgebers oder die Berufsfreiheit des Arbeitnehmers.

Die erste Variante des Rahmens des Interessenausgleichs geht vom unmittelbaren Wortsinn eines „Interessenausgleichs" aus, und interpretiert diesen streng als einen idealen Interessenausgleich zwischen Arbeitgeber und Arbeitnehmer. Diese erste Variante lässt durch den exakten Ausgleich der widerstreitenden Interessen keinen Spielraum für Tendenzen zugunsten des Arbeitnehmers oder des Arbeitgebers offen, sondern verlangt stets eine genaue Abwägung jedes Einzelfalls. Dieses Verständnis vom Interessenausgleich entspricht aber nicht der Zielsetzung und Funktion der RL 1999/70/EG. Es soll keine starre Vorgabe für eine Umsetzung der Richtlinie 1999/70/EG gesetzt werden, sondern den Mitgliedstaaten soll ein Umsetzungsspielraum verbleiben, wirksam den Missbrauch durch die Begrenzung von Befristung auszuschließen und einen Interessenausgleich zu erzielen (vgl. Nr. 10 der allgemeinen Erwägungen in der Präambel der

195 Preis/Sagan/*Brose*, § 13 Rn. 10.

RV und § 5 der RV). Aus den „vagen Handlungsanordnungen“[196] der Richtlinie kann kein strenger Interessenausgleich abgeleitet werden.

Dabei gilt auch zu berücksichtigen, dass sich der unionsrechtliche Rahmen nicht nur aus der RV im Anhang der RL 1999/70/EG speist, sondern auch die Unionsgrundrechte den unionsrechtlich zulässigen Rahmen für Befristungen konturieren. Die gerichtliche Kontrolldichte bzgl. der Unionsgrundrechte ist reduziert, weil das Unionsrecht dem Grundrechtsverpflichteten in der RL 1999/70/EG einen Ermessens- und Beurteilungsspielraum einräumt.[197] Die erste Deutungsvariante des strengen Interessenausgleichs lässt sich somit auch vor dem Hintergrund der Unionsgrundrechte nicht halten.

Im Sinne der Richtlinie 1999/70/EG ist das Prinzip des Interessenausgleichs anders zu verstehen. Die Missbrauchsgrenze ist bei der Befristung so zu wählen, dass die zulässigen Befristungen Arbeitnehmerschutzinteressen in verhältnismäßiger Weise einschränken und dabei mit dem Interesse des Arbeitgebers an notwendiger unternehmerischer Flexibilität in Abwägung bringt. Der gerechte Interessenausgleich im Sinne der Richtlinie ist also nicht in allen Einzelfällen vollständig ausgewogen. Die Missbrauchsgrenze als Unverhältnismäßigkeitsgrenze i.S.v. Art. 15 Abs. 1, 52 Abs. 1 GRC regelt ein nicht zu unterschreitendes Untermaß an Arbeitnehmerschutz. Umgekehrt kann der Arbeitnehmerschutz keine übermäßige Begrenzung von Befristung rechtfertigen, ansonsten würde dies unverhältnismäßig in die unternehmerische Freiheit des Arbeitgebers gem. Art. 16 GRC eingreifen. Zwischen diesem Untermaß und Übermaß an Arbeitnehmerschutz erstreckt sich der Rahmen der nach der RL 1999/70/EG zulässigen Befristung von Arbeitsverträgen, in dem sowohl Arbeitgeberinteressen überwiegen als auch Arbeitnehmerinteressen dominieren können. Die genaue Gestalt dieses Rahmens für den Interessenausgleich kann aber nach der zweiten oder dritten Deutungsvariante jeweils unterschiedlich ausfallen.

Die arbeitnehmerorientierte Variante des Interessenausgleichs begründet die Höherstufung der Arbeitnehmerinteressen mit dem Ziel, dass befristete Arbeitsverhältnisse die Ausnahme sein sollten und unbefristeten Arbeitsverhältnissen als übliche Form gem. Nr. 6 der allg. Erwägungen in der Präambel und Abs. 2 der Präambel der RV im Anhang der RL 1999/70/EG zu sichern seien, um den Arbeitnehmer effektiv vor Diskriminierung und Missbrauch zu schützen.[198] Befristungen würden nur „unter bestimmten Umständen“ gem. Abs. 2 der

196 Preis/Sagan/*Brose*, § 13 Rn. 132.

197 *Jarass*, GRC, Art. 15 Rn. 18, Art. 16 Rn. 29.

198 Preis/Sagan/*Brose*, § 13 Rn. 10.

Präambel der RV in der RL 1999/70/EG den Bedürfnissen von Arbeitgebern und Arbeitnehmern entsprechen.[199] Diese Umstände gäben ein klares Stufenverhältnis zugunsten des Schutzinteresses der Arbeitnehmer und zulasten des Flexibilitätsinteresses der Arbeitgeber vor.[200] Dieses Stufenverhältnis sichere, dass Befristungen gegenüber unbefristeten Arbeitsverträgen die Ausnahme bleiben würden, und bewirke für den Fall, dass Befristung grundsätzlich ein berechtigtes Anliegen darstelle, den Schutz des Arbeitnehmers vor Diskriminierung und Missbrauch.[201] Dahinter stehe auch der Gedanke, dass mit der Befristung die Gefahr einhergehe, dass der Kündigungsschutz umgangen werde.[202]

Dabei erscheint zunächst der Verweis auf den Kündigungsschutz als wenig überzeugend im unionsrechtlichen Kontext. Während die Sachgrundbefristung im deutschen Recht richterrechtlich aus Gründen des Schutzes vor der Umgehung des im Kündigungsrecht garantierten Bestandsschutzes ins Leben gerufen wurde, fehlt auf der Ebene des Unionsrechts ein allgemeines Kündigungsschutzkonzept.[203] Insofern könne der Umgehungsschutz die Existenz eines unionsrechtlichen Befristungsschutzes nicht begründen, folgert Hanau.[204] Der Gedanke des Umgehungsschutzes liefert im Unionsrecht daher keine Rechtfertigung für ein Stufenverhältnis zwischen Arbeitnehmerinteressen und Arbeitgeberinteressen.

Dieses Stufenverhältnis wird außerdem in das Verständnis von „unter bestimmten Umständen" und „ausgewogenes Verhältnis zwischen Flexibilität und Sicherheit" hineingelesen.[205] Aufgrund der Weite des Wortlauts der Präambel in der RV sind an dieser Stelle durch unterschiedliche Lesarten unterschiedliche Auslegungsvarianten möglich. Dem Wortlaut „unter bestimmten Umständen" liegt zunächst die Anerkennung der Sozialpartner bezüglich der grundsätzlichen Zulässigkeit der Befristung von Arbeitsverträgen zugrunde, auch wenn die Zulässigkeit von weiteren Voraussetzungen abhängt.[206] Dies wird an anderen Stellen in Nr. 8, 10 und 11 der allgemeinen Erwägungen in der Präambel der RV durch die Sozialpartner wiederholt.[207] Der weitere Wortsinn ist durch die Lesart sowohl interpretationsfähig als auch interpretationsbedürftig.

---

199 Preis/Sagan/*Brose*, § 13 Rn. 10.
200 Preis/Sagan/*Brose*, § 13 Rn. 10.
201 Preis/Sagan/*Brose*, § 13 Rn. 10.
202 Preis/Sagan/*Brose*, § 13 Rn. 10.
203 Franzen/Gallner/Oetker/*Krebber*, § 1 RL 1999/70/EG Rn. 2.
204 *Hanau*, NZA 2000, 1045.
205 Preis/Sagan/*Brose*, § 13 Rn. 10.
206 Franzen/Gallner/Oetker/*Krebber*, § 1 RL 1999/70/EG Rn. 3.
207 Franzen/Gallner/Oetker/*Krebber*, § 1 RL 1999/70/EG Rn. 3.

Ein arbeitnehmerorientierter Interessenausgleich versteht „unter bestimmten Umständen" als einen besonderen Hinweis auf das Schutzinteresse des Arbeitnehmers vor Missbrauch und Diskriminierung. Dieses Verständnis ist nicht zwingend. Nach einer anderen Lesart kann sowohl der Schutz der Arbeitnehmer als auch die Berücksichtigung notwendiger Interessen des Arbeitgebers „Umstand" für eine zulässige Befristung sein. Die genaue Bedeutung des Abs. 2 der Präambel in der RV muss durch die Zusammenschau mit der restlichen Rahmenvereinbarung erschlossen werden.

Dazu kann der Charakter der RV im Anhang der RL 1999/70/EG betrachtet werden, die nur den äußeren Rahmen für das Befristungsrecht setzen soll, und den Mitgliedstaaten Umsetzungsspielraum belässt (vgl. der anschließende Abs. 3 der Präambel, ebenso Nr. 10 der allgemeinen Erwägungen in der Präambel der RV und Abs. 3 der Präambel der RV). Der Charakter der Rahmenvereinbarung erlaubt keinen Rückschluss darauf, ob „bestimmte Umstände" einen arbeitnehmerorientierten Interessenausgleich oder einen weiten, akzeptablen Interessenausgleich meinen.

Wird ausschließlich auf den Arbeitnehmerschutz beim Verständnis von „unter bestimmten Umständen" abgestellt, würde das bedeuten, dass die Bedürfnisse an Befristung für den Arbeitgeber unabhängig von der Reichweite der Begrenzung von Befristung erfüllt sind. Dies ist aber ausweislich der Präambel und der allgemeinen Erwägungsgründe in der RV nicht der Fall. An Abs. 2 schließt Abs. 3 an, der das Ziel der Missbrauchsvermeidung und den Grundsatz der Nichtdiskriminierung positiv benennt. Unter Einhaltung dieser Umstände bzw. Ziele hat der Arbeitnehmer ein Bedürfnis an befristeter Beschäftigung. Hier tritt aber noch im Abs. 3 der Verweis der Sozialpartner auf die „besonderen Gegebenheiten der jeweiligen nationalen, sektoralen und saisonalen Situation" dazu. Dieser zielt auf einzelne Besonderheiten, die das Bedürfnis des Arbeitgebers an Befristung begründen. Diese arbeitgeberorientierten Umstände sind also auch mit „bestimmte Umstände" gemeint, die laut den Sozialpartnern auch bei der Begrenzung der Befristung von Arbeitsverträgen berücksichtigt werden müssen. Damit wird nicht nur das Bedürfnis der Arbeitnehmer bei „bestimmte Umstände" einbezogen, sondern in der Rahmenvereinbarung kommen gleichermaßen starke arbeitsmarktpolitische Schutzelemente zum Ausdruck.[208]

Dieses Verständnis lässt sich noch mit den allgemeinen Erwägungsgründen Nr. 5 bis 8 untermauern. Hier kann an verschiedenen Punkten festgemacht werden, dass für die Sozialpartner nicht nur die Interessen der Arbeitnehmer

208 Franzen/Gallner/Oetker/*Krebber*, § 1 RL 1999/70/EG Rn. 4.

maßgeblich sind, sondern auch die Interessen der Arbeitgeber. In Nr. 5 wird die Bedeutung von Befristung für die Produktivität und Wettbewerbsfähigkeit der Unternehmen betont, sodann aber auch gleich ins Verhältnis mit dem Schutzbedürfnis des Arbeitnehmers gerückt. In Nr. 6 wird dann jedoch zugunsten der Arbeitnehmer klargestellt, dass unbefristete Arbeitsverträge die bessere Beschäftigungsform für Arbeitnehmer sind und damit die Regel sein sollten. Gleichzeitig verbessere die unbefristete Beschäftigung die Leistungsfähigkeit des Arbeitnehmers, sodass die Sozialpartner hier zumindest auch Arbeitgeberinteressen berücksichtigen. Die Nr. 7 verweist mit „objektiven Gründen" auf das tatsächliche Bedürfnis des Arbeitgebers nach befristeter Beschäftigung. Dies helfe bei der Verhinderung von Befristungsmissbrauch zulasten des Arbeitnehmers. In Nr. 8 wird dann auf das Interesse der Arbeitgeber an Befristung verwiesen, welches für bestimmte Branchen charakteristisch ist und den Interessen beider Vertragsparteien entsprechen kann.

Es wird deutlich, dass die Sozialpartner die Schutzinteressen der Arbeitnehmer und die wirtschaftlichen Interessen der Arbeitgeber stets in Zusammenhang miteinander und in Abwägung gegeneinander bringen. Insofern muss selbst das Verständnis eines arbeitnehmerorientierten Interessenausgleichs ein Mindestmaß an Arbeitgeberinteressen berücksichtigen. Absoluter Arbeitnehmerschutz ist der RV im Anhang der RL 1999/70/EG fremd.

Ähnliche Schwierigkeiten finden sich bei der Auslegung des Wortsinns von „ausgewogenes Verhältnis zwischen Flexibilität und Sicherheit" in Nr. 5 der allgemeinen Erwägungen in der Präambel der Rahmenvereinbarung. Hier eröffnet der Wortlaut erneut Auslegungsspielraum, was „ausgewogen" meint. Dies kann einerseits „ausgewogen" im Sinne von gleich gewichteten Interessen zwischen Arbeitnehmer und Arbeitgeber bedeuten. Andererseits deckt „ausgewogen" auch das Verständnis, dass die Interessen nicht unausgewogen, aber auch nicht völlig gleich gewichtet sind. „Ausgewogen" bildet dann ein Interessenspektrum ab. Dieses Verständnis würde sowohl die zweite als auch die dritte Variante des Interessenausgleichs einschließen.

Eine ähnliche Formulierung findet sich in Abs. 1 der Präambel der RV im Anhang der RL 1999/70/EG, wo von einem „besseren Gleichgewicht zwischen Flexibilität der Arbeitszeit und Sicherheit der Arbeitnehmer" gesprochen wird. Hierbei handelt es sich nicht um eine reine Wiederholung des Regelungsziels, denn diese Formulierung ist konkreter als „ausgewogenes Verhältnis". Auf den ersten Blick widerspricht „besseres Gleichgewicht" der Auslegungsvariante des arbeitnehmerorientierten Interessenausgleichs, wenn „besser" als möglichst gutes Gleichgewicht verstanden wird. Demnach würden die Sozialpartner auch ein möglichst „ausgewogenes Verhältnis" zwischen den Interessen der

Arbeitsvertragsparteien erreichen wollen, was der zweiten Auslegungsvariante mit dem Ziel eines akzeptablen Interessenausgleichs entspricht. „Ausgewogen" im Sinne der RV im Anhang der RL 1999/70/EG meint also „möglichst ausgewogen" oder „nicht außer Verhältnis".

Auf den zweiten Blick kann aber auch ein arbeitnehmerorientierter Interessenausgleich ein besseres Gleichgewicht zwischen Flexibilität der Arbeitszeit und Sicherheit der Arbeitnehmer herstellen. Wird hier das strukturelle „Ungleichgewicht"[209] zwischen Arbeitnehmer und Arbeitgeber zugrunde gelegt, so ist der Weg für die Arbeitnehmerinteressen hin zu einem Ausgleich mit den Arbeitgeberinteressen länger als umgekehrt. Dieses Ungleichgewicht findet sich grundsätzlich beim Abschluss des unbefristeten Arbeitsvertrags wieder.[210] Auch beim Abschluss eines befristeten Arbeitsvertrages befindet sich der Arbeitnehmer in einer unterlegenen Verhandlungsposition. Mit seinem Angebot kann der Arbeitgeber dem Arbeitnehmer die Bedingungen des Vertrages diktieren, zu denen er eingestellt wird. Dazu gehören auch Art und Dauer der Befristung. Da die Vorzüge, die aus einer Vertragsbefristung erwachsen, überwiegend in der Flexibilität für die Arbeitgeberseite bestehen, ist eine Mehrfachbefristung meist nicht im Interesse des Arbeitnehmers.[211] Wird dies als Ausgangssituation für den Interessenausgleich angenommen, ist der Weg zu einem Ausgleich für die Arbeitnehmerinteressen deutlich länger als für die Interessen des Arbeitgebers. Ein arbeitnehmerorientierter Ausgleich kann das Ergebnis eines besseren Gleichgewichts oder eines ausgewogenen Verhältnisses zwischen Arbeitnehmer- und Arbeitgeberinteressen erreichen, wenn der arbeitnehmerorientierte Interessenausgleich als Weg zum Ziel zu einem akzeptablen Interessenausgleich für beide Arbeitsvertragsparteien verstanden wird. Auf diese Weise können die Deutungsvarianten des akzeptablen Interessenausgleichs und des arbeitnehmerorientierten Interessenausgleichs vereint werden.

Schließlich wird die Erzielung eines arbeitnehmerorientierten Interessenausgleichs als notwendig dargestellt, um den Zweck der Sicherung unbefristeter Arbeitsverträge als Regelform gegenüber befristeten Arbeitsverträgen als Ausnahme zu erfüllen und den Schutz des Arbeitnehmers vor Diskriminierung und Missbrauch durch Befristung sicherzustellen.[212] Dabei birgt die Berücksichtigung der Interessen der Arbeitgeber immer die Gefahr, dass die Befristung

---

209 *Junker*, GK Arbeitsrecht, § 1 Rn. 9 f.; ErfK/*Preis*, § 611 a BGB Rn. 574.

210 *Junker*, GK Arbeitsrecht, § 1 Rn. 10; ErfK/*Preis*, § 611 a BGB Rn. 574.

211 Wank, RdA 2010, 193, 199.

212 Preis/Sagan/*Brose*, § 13 Rn. 10.

des Arbeitsvertrags nicht nur den notwendigen Bedürfnissen des Arbeitgebers entspricht, sondern auch darüber hinausgeht. Ausweislich des Abs. 2 der Präambel und der Nr. 6 der allgemeinen Erwägungen in der RV sollen unbefristete Arbeitsverträge die übliche Form der Beschäftigung bleiben, sodass befristete Arbeitsverträge nur die Ausnahme sein dürfen.[213] Zum Erreichen dieses Ziels ist eine hinreichende Begrenzung der Befristung von Arbeitsverträgen erforderlich. Was eine hinreichende Begrenzung darstellt, bestimmen das Nichtdiskriminierungsverbot und die Missbrauchsgrenzen bei der Befristung. Unter diesen „bestimmten Umständen" der Nichtdiskriminierung und der Missbrauchsvermeidung entsprechen befristete Beschäftigungsverträge den Bedürfnissen von Arbeitgebern und Arbeitnehmern (vgl. Abs. 2 der Präambel zur RV in der RL 1999/70/EG). Im dritten Absatz der Präambel wird dies dadurch konkretisiert, dass befristete Arbeitsverträge auf einer für Arbeitgeber und Arbeitnehmer akzeptablen Grundlage ermöglicht werden sollen. Eine für beide Seiten akzeptable Begrenzung ist damit nach den Sozialpartnern hinreichend, um den Ausnahmecharakter des befristeten Arbeitsvertrages zum Normalarbeitsverhältnis zu sichern. Die Priorisierung von Arbeitnehmerschutzinteressen ist dazu nicht vorgesehen. Im Rahmen der Auslegung der Richtlinie überzeugt das Verständnis eines für beide Arbeitsvertragsseiten akzeptablen Interessenausgleichs als Konkretisierung des Ziels der RV im Anhang der RL 1999/70/EG. Dabei ist aber das Arbeitnehmerschutzinteresse in besonderer Weise zu würdigen, damit das strukturelle Machtungleichgewicht zwischen den Arbeitsvertragsparteien ausgeglichen werden kann. Zur Vermeidung des Missbrauchs durch Befristungen muss bei der Umsetzung der RL 1999/70/EG in den Mitgliedstaaten ein solcher Interessenausgleich erzielt werden.

(d) Zwischenergebnis für die unionsrechtliche Herleitung des Gebots zum Interessenausgleich

Die Auslegung der Richtlinie 1999/70/EG offenbart ein Gesamtbild, dass neben den Bereich zulässiger Befristung auch den Bereich missbräuchlicher Befristung auf der einen Seite und unverhältnismäßiger Begrenzung von Befristung auf der anderen Seite kennt. Das Ziel des Unionsrechts ist es damit, einen Interessenausgleich bei der Befristung von Arbeitsverhältnissen herzustellen. Dieser muss sowohl für Arbeitnehmer als auch für Arbeitgeber akzeptabel sein, wobei die Arbeitnehmerinteressen in besonderer Weise zu würdigen sind. Dies wird nicht

---

213 Franzen/Gallner/Oetker/*Krebber*, § 1 RL 1999/70/EG Rn. 3, Rn. 10; Preis/Sagan/*Brose*, § 13 Rn. 10.

nur durch die unionsgrundrechtskonforme Auslegung vorgegeben, sondern bestätigt sich auch in der Auslegung des Wortlauts der Rahmenvereinbarung. Schließlich geht das Prinzip des Interessenausgleichs auch mit der Auslegung der RL 1999/70/EG durch den EuGH konform.

c) *Die Konkurrenz der verfassungsrechtlichen Implikationen mit den unionsrechtlichen Vorgaben*

Sowohl das Unionsrecht als auch das Verfassungsrecht entfalten mit ihren Vorgaben Wirkung für das TzBfG. Dabei zeigt der Vergleich der methodischen Voraussetzungen der unionsrechtskonformen und verfassungskonformen Auslegung, dass beide einen auslegungsbedürftigen Spielraum benötigen und zudem nicht gegen den klaren Wortlaut und Regelungswillen des Gesetzgebers wirken dürfen - Verbot der Auslegung „contra-legem“[214]. Durch diese Überschneidung bei den Auslegungsvoraussetzungen ist an unterschiedlichen Stellen im TzBfG prinzipiell sowohl eine verfassungskonforme als auch eine unionsrechtskonforme Auslegung denkbar, sodass sich die Frage nach der Konkurrenz der verfassungsrechtlichen und unionsrechtlichen Vorgaben stellt.

Zur Klärung dieser Konkurrenzfrage kann das von BVerfG judizierte Kooperationsverhältnis dienen.[215] Dabei handelt es sich um ein ausdifferenziertes System der Aufgabenverteilung zwischen den Gerichten.[216] Der EuGH entscheidet über die Auslegung und Verwerfung des Unionsrechts, während die nationalen Gerichte für die Auslegung des nationalen Rechts zuständig sind.[217] Das BVerfG besitzt dabei das Normverwerfungsmonopol für das nationale Recht, welches beinhaltet, dass das BVerfG die verfassungswidrige Norm für nichtig erklären kann gem. §§ 78 S. 1, 95 Abs. 3 S. 1 BVerfGG, wenn eine verfassungskonforme Auslegung als milderes Mittel ausscheidet.[218] Jedes Gericht besitzt also einen ihm zugewiesenen Zuständigkeitsbereich, der grundsätzlich der Nachprüfung durch das jeweils andere Gericht entzogen ist.[219]

---

214 EuGH, Urteil vom 04.07.2006, C-212/04 (Adeneler u.a.), Slg. 2006, I-6057, Rn. 110; EuGH, Urteil vom 16.06.2005, C-105/03 (Pupino), Slg. 2005, I-5285 Rn. 44, 47; *Möllers*, Juristische Methodenlehre, § 8 Rn. 49, Rn. 55.

215 BVerfG, Urteil vom 12.10.1993 – 2 BvR 2134/92, BVerfGE 89, 155.

216 Franzen/Gallner/Oetker/*Höpfner*, AEUV, Art. 267 Rn. 2.

217 Franzen/Gallner/Oetker/*Höpfner*, AEUV, Art. 267 Rn. 1.

218 *Möllers*, Juristische Methodenlehre, § 7 Rn. 30, 35.

219 Franzen/Gallner/Oetker/*Höpfner*, AEUV, Art. 267 Rn. 2.

Für den Fall, dass sowohl Verfassung als auch Unionsrecht Wirkung für eine Norm entfalten, praktiziert das BVerfG eine Zurücknahme der eigenen Zuständigkeit, wenn die Norm, die Gegenstand der Vorlage gem. Art. 100 Abs. 1 GG ist, vollständig unionsrechtlich determiniert ist.[220] Diese Überschneidung der Wirkung findet sich grundsätzlich auch im TzBfG. Während die Erstbefristung aus Perspektive des Unionsrechts kontrollfrei ist, bedürfen aufeinanderfolgende befristete Arbeitsverträge gem. § 5 der RV im Anhang der RL 1999/70/EG einer Missbrauchskontrolle.[221] Dies konkurriert mit den verfassungsrechtlichen Implikationen, die für das gesamte TzBfG gelten.[222] Im Bereich aufeinanderfolgender befristeter Arbeitsverträge ist damit eine Rücknahme der eigenen Zuständigkeit durch das BVerfG angezeigt. In Sachen Vorbeschäftigungsverbot verzichtet das BVerfG jedoch auf eine Zurücknahme der eigenen Kompetenzen.[223] Ohne hinreichende und differenzierte Begründung der nach Ansicht des BVerfG fehlenden unionsrechtlichen Determinierung kann aus dem gewünschten Kooperationsverhältnis zwischen dem BVerfG und dem EuGH ein faktisches „Konkurrenzverhältnis“[224] entstehen, das weder klare Zuständigkeiten noch rechtssichere Urteile bietet.

Dieser zuletzt durch den EuGH und das BVerfG[225] zum Staatsanleihekaufprogramm der EZB ausgetragene Streit ist nunmehr auch im Befristungsrecht angekommen. Der EuGH hat in seinem Urteil vom 11.02.2021 den Anwendungsvorrang des § 5 Nr. 1 der RV im Anhang der RL 1999/70/EG vor einer diesem widersprechenden Verfassungsvorschrift bejaht.[226] Der Streit wird im Bereich des Befristungsrechts aber erst sein ganzes Potenzial entfesseln, wenn der jeweilige verfassungsrechtliche und der unionsrechtliche Rahmen zu unterschiedlichen Auslegungsergebnissen gelangen. Befinden sich beide Rahmen im Gleichklang, beschränkt sich der Streit lediglich auf formale gerichtliche Kompetenztitel, entbehrt aber inhaltlicher Differenzen. In diesem Fall kann das BVerfG durch die Rücknahme der eigenen Kompetenz zum Kooperationsverhältnis

---

220 BVerfG, Beschluss vom 06.06.2018 - 1 BvL 7/14 -, BVerfGE 149, 126 – 160, Rn. 29.

221 Franzen/Gallner/Oetker/*Krebber*, RL 19999/70/EG, § 5 Rn. 5.

222 Ausführlich zur Frage nach der Überschneidung der verfassungsrechtlichen und unionsrechtlichen Implikationen beim Vorbeschäftigungsverbot unter B) II 2. a).

223 BVerfG, Beschluss vom 06.06.2018 - 1 BvL 7/14 -, BVerfGE 149, 126, Rn. 29, 31.

224 Franzen/Gallner/Oetker/*Höpfner*, AEUV, Art. 267 Rn. 2.

225 BVerfG, Urteil vom 05.05.2020 - 2 BvR 859/15, 2 BvR 980/16, 2 BvR 2006/15, 2 BvR 1651/15, NJW 2020, 1647.

226 EuGH, Urteil vom 11.02.2021, C-760/18, NZA 2021, 333, Rn. 74 f.

zurückkehren. Voraussetzung hierfür ist, dass sich die inhaltlichen Vorgaben aus Verfassung und Unionsrecht gleichen.

Dabei zeigt der Blick auf das Verfassungsrecht sowie das Unionsrecht, dass diese im Wesentlichen einen weiten Spielraum bei der Begrenzung von Befristung für den Gesetzgeber belassen, um einen Interessenausgleich zwischen Arbeitnehmerschutz einerseits und Arbeitnehmer- sowie Arbeitgeberinteressen an Befristung andererseits zu erreichen. Starre Vorgaben fehlen in der Richtlinie und sind auch dem Verfassungsrecht fremd. Grundsätzlich ist damit die Überschneidung für den Rahmen zulässiger Befristung groß und führt in vielen Fällen zur Konformität der verfassungsrechtlichen und unionsrechtlichen Auslegung. Die Frage nach dem Verhältnis beider Rahmenlinien wird aber dann akut, wenn die Randbereiche der Rahmenlinien betrachtet werden. Sowohl im Unionsrecht als auch im Verfassungsrecht sind die Grenzen des Spielraums für den Gesetzgeber klar bestimmt bzw. bestimmbar. Insofern lassen sich in diesen Grenzfällen Vorgaben aus der jeweiligen Auslegung ableiten. In diesem Randbereich kann ein genauer Vergleich zeigen, ob die Rahmenlinien passgenau übereinander liegen oder in Einzelfällen zu unterschiedlichen Ergebnissen gelangen können.

Das Unionsrecht nennt in der Rahmenvereinbarung der RL 1999/70/EG auf der einen Seite die Missbrauchsgrenze als äußersten Rahmen zum Schutz des Arbeitnehmers. Verfassungsrechtliches Pendant dazu ist das Untermaßverbot bei der Schutzpflicht des Staates zugunsten des Arbeitnehmers gem. Art. 12 Abs. 1 GG. Dieses Verbot ist dann verletzt, wenn nicht mehr von einem verhältnismäßigen Interessenausgleich zwischen der Schutzpflicht einerseits und den entgegenstehenden Freiheiten von Arbeitnehmer und Arbeitgeber andererseits gesprochen werden kann.[227] Unionsrechtlich darf das Interesse des Arbeitnehmers und des Arbeitgebers nicht außer Verhältnis zum Schutzinteresse des Arbeitnehmers gem. Art. 15 Abs. 1, Art. 52 Abs. 1 GRC stehen. Hier muss von einem angemessenen, verhältnismäßigen Ausgleich gesprochen werden können, damit die unionsrechtliche Missbrauchsgrenze nicht überschritten ist.

Auf der anderen Seite erkennt die RV im Anhang der Richtlinie 1999/70/EG die durch die Unternehmerfreiheit geschützten Interessen des Arbeitgebers und durch die durch die Berufsfreiheit geschützten Interessen des Arbeitnehmers gem. Art. 15 und Art. 16 GRC an (vgl. Präambel der RV). In die Berufsfreiheit des Arbeitnehmers gem. Art. 15 GRC und in die unternehmerische Freiheit des Arbeitgebers gem. Art. 16 GRC darf nur unter Beachtung der Regeln des Art. 52

227 Dieterich, AuR 2007, 65, 66.

GRC eingegriffen werden – insbesondere des Grundsatzes der Verhältnismäßigkeit gem. Art. 52 Abs. 1 GRC. Dieser Grundsatz bildet auch eine wesentliche verfassungsrechtliche Grenze für Eingriffe in die Berufsfreiheit von Arbeitnehmer und Arbeitgeber gem. Art. 12 Abs. 1 GG.

Entscheidend für die Frage, ob sich die verfassungsrechtlichen und die unionsrechtlichen Grenzen für Befristungen im Einzelfall decken, ist der Vergleich zwischen den unionsrechtlichen und den verfassungsrechtlichen Anforderungen an die Gewährleistung der Verhältnismäßigkeit. Dabei wird die Verhältnismäßigkeitsprüfung auf der Ebene des Unionsgrundrechts unterteilt in die Prüfung des legitimen Zwecks, der Geeignetheit, der Erforderlichkeit und der Angemessenheit.[228] Auf der Ebene der deutschen Verfassung wird die Prüfung in gleicher Weise untergliedert.[229] Unabhängig von Nuancen bei der Abwägung der kollidierenden Freiheiten, die in der Natur der individuellen richterlichen Würdigung angelegt sind, erscheinen die Ausgangspunkte der Verhältnismäßigkeitsprüfungen durchweg vergleichbar, sodass durch die verfassungsrechtlichen und unionsrechtlichen Vorgaben in Grenzfällen keine unterschiedlichen Ergebnisse angezeigt sind.

Ein inhaltlicher Konflikt von verfassungsrechtlichen und unionsrechtlichen Vorgaben ist wegen der vergleichbaren Prüfungsprogramme nicht indiziert. Insofern ist im Bereich von aufeinanderfolgenden befristeten Arbeitsverträgen nach dem bisher praktizierten Kooperationsverhältnis eine Rücknahme der eigenen Zuständigkeit durch das BVerfG angezeigt. Die Frage nach der Konkurrenz der unterschiedlichen Rahmenlinien erfasst somit nur die Kompetenzebene, während der Interessenausgleich als Wirkungsinhalt beider Rahmenlinien unabhängig von der Konkurrenzfrage eine einheitliche Perspektive für das Befristungsrecht im TzBfG eröffnet.

3. Das Dogma des gerechten Interessenausgleichs in den gesetzlichen Strukturen des TzBfG

Das Prinzip des Interessenausgleichs entfaltet sich im TzBfG dort, wo eine Generalklausel oder ein unbestimmter Rechtsbegriff Auslegungsspielraum bietet. Dieser Spielraum ist unter Beachtung des verfassungsrechtlich und unionsrechtlich gebotenen Interessenausgleichs auszufüllen. Auch in Fällen, in denen der

228 Franzen/Gallner/Oetker/*Schubert*, GRC, Art. 52 Rn. 48 ff.; *Jarass*, GRC, Art. 52 Rn. 36.
229 v. Mangoldt/Klein/Starck/*Sommermann*, Art. 20 Rn. 314.

gesetzliche Wortlaut klar und bestimmt ist, lässt sich das Gebot des gerechten Interessenausgleichs als gesetzgeberisches Handlungsmotiv identifizieren.

a) Das Merkmal „sachlicher Grund" als offener Rechtsbegriff

In § 14 Abs. 1 S. 1 TzBfG wird die Zulässigkeit von Befristung grundsätzlich von dem Vorliegen eines „sachlichen Grundes" abhängig gemacht.[230] Als unbestimmter Rechtsbegriff bietet der „sachliche Grund" Auslegungsspielraum.[231] Dieser wird durch die nicht abschließend aufgelisteten Regelbeispiele gem. § 14 Abs. 1 S. 1 TzBfG konkretisiert.[232] Neben den benannten Regelbeispielen gibt es auch unbenannte Fälle, in denen von der Rechtsprechung ein die Befristung rechtfertigender sachlicher Grund anerkannt wird.[233] Bei der Auslegung und Anwendung der benannten und unbenannten Sachgründe ist insbesondere das Unionsrecht samt RL 1999/70/EG zu beachten.[234]

(1) Der Interessenausgleich in den benannten Regelbeispielen

Das Prinzip des Interessenausgleichs kann zunächst im Bereich der in § 14 Abs. 1 S. 2 TzBfG aufgelisteten Sachgründe belegt werden. Allerdings sind die Sachgründe gem. § 14 Abs. 1 S. 2 TzBfG auf den ersten Blick entweder durch einen besonderen Bedarf des Arbeitgebers gekennzeichnet und damit unmittelbar an seinen Interessen ausgerichtet (vgl. Nr. 1, 3, 4, 5, 7) oder die Befristung ist sachlich an den Interessen des Arbeitnehmers orientiert und damit gerechtfertigt (vgl. Nr. 2, 6).

Dass sich in den sachlichen Gründen trotzdem ein Interessenausgleich widerspiegelt, kann durch die Geschichte des Befristungsrechts erklärt werden, wonach das Sachgrunderfordernis als Umgehungsschutz zum Kündigungsschutzrecht diente.[235] Der Sachgrund musste die objektive Umgehung

---

230 ErfK/*Müller-Glöge*, TzBfG, § 14 Rn. 4; MüKo/*Hesse*, TzBfG, § 14 Rn. 12; Ascheid/Preis/Schmidt/*Backhaus*, TzBfG, § 14 Rn. 15.

231 ErfK/*Müller-Glöge*, TzBfG, § 14 Rn. 4; MüKo/*Hesse*, TzBfG, § 14 Rn. 9; Ascheid/Preis/Schmidt/*Backhaus*, TzBfG, § 14 Rn. 28.

232 ErfK/*Müller-Glöge*, TzBfG, § 14 Rn. 5; MüKo/*Hesse*, TzBfG, § 14 Rn. 9; Ascheid/Preis/Schmidt/*Backhaus*, TzBfG, § 14 Rn. 116.

233 ErfK/*Müller-Glöge*, TzBfG, § 14 Rn. 5; MüKo/*Hesse*, TzBfG, § 14 Rn. 78; Ascheid/Preis/Schmidt/*Backhaus*, TzBfG, § 14 Rn. 115 ff.

234 ErfK/*Müller-Glöge*, TzBfG, § 14 Rn. 4; Ascheid/Preis/Schmidt/*Backhaus*, TzBfG, § 14 Rn. 43.

235 ErfK/*Müller-Glöge*, TzBfG, § 14 Rn. 2.

der Normen des Kündigungsschutzes rechtfertigen.[236] Aus der historischen Perspektive wurde der Ausgleich gesucht zwischen Arbeitnehmerschutz (Kündigungsschutzrecht) und Arbeitgeberinteressen an Befristung in den von der Rechtsprechung entwickelten Fallgruppen für einen „sachlichen Grund". Nachdem sich das Befristungsrecht durch die Neuregelung im TzBfG hin zur richtlinienbasierten Eigenständigkeit weiterentwickelt hat,[237] kann der „sachliche Grund" gem. § 14 Abs. 1 TzBfG jedoch nicht mehr einzig aus dieser historischen Perspektive verstanden werden.

Die Grundlage für die Regelungen im TzBfG ist die Rahmenvereinbarung in der RL 1999/70/EG. Dabei ist die gemeinsame Zielsetzung aller Instrumente des Befristungsschutzes die Vermeidung von Missbrauch durch aufeinanderfolgende befristete Arbeitsverhältnisse gem. § 5 Nr. 1 der RV im Anhang der RL 1999/70/EG. Es muss ein akzeptabler Ausgleich zwischen der Arbeitnehmerschutzpflicht vor Missbrauch einerseits und den Freiheiten des Arbeitnehmers und des Arbeitgebers andererseits erzielt werden. Durch den Einsatz unterschiedlicher sachlicher Gründe als Schranke gegen Missbrauch werden also nicht bloß die Interessen der Arbeitgeber (vgl. Nr. 1, 3, 4, 5 und 7) gewürdigt. Schon beim Merkmal des „sachlichen Grundes" ist die richtlinienkonforme Auslegung angezeigt, sodass der EuGH in seiner Rechtsprechung Voraussetzungen für die einzelnen Sachgründe entwickelt und fortgebildet hat.[238]

Demnach ist der Begriff „sachlicher Grund" laut EuGH[239] so zu verstehen, dass dieser genau bezeichnete, konkrete Umstände meine, die eine bestimmte Tätigkeit kennzeichnen würden und daher in diesem speziellen Zusammenhang die Verwendung aufeinanderfolgender befristeter Arbeitsverträge rechtfertigen könnten. Diese Umstände könnten sich etwa aus der besonderen Art der Aufgaben ergeben, zu deren Erfüllung die entsprechenden Verträge geschlossen

---

236 MüKo/*Hesse,* BGB, § 620 Rn. 1.

237 MüKo/*Hesse,* TzBfG, § 14 Rn.; ErfK/*Müller-Glöge,* § 14 Rn. 7; Laux/Schlachter/*Schlachter*, § 14 Rn. 6; *Preis/Temming*, Individualarbeitsrecht, § 68, Rn. 3232; Boecken/Joussen/*Boecken*, § 14 Rn. 28; *Thüsing*, europäisches Arbeitsrecht, S. 158 Rn. 26; Ascheid/Preis/Schmidt/*Backhaus,* TzBfG, § 14 Rn. 11.

238 ErfK/*Müller-Glöge*, TzBfG, § 14 Rn. 4; *Chandna-Hoppe*, ZfA 2020, 70, 74.

239 EuGH, Urteil vom 23.04.2009, C-378/07 bis C-380/07 (Angelidaki u. a.), Slg. 2009, I-3071, Rn. 96; EuGH, Urteil vom 26.01.2012 - C-586/10 (Kücük), NZA 2012, 135 Rn. 27; EuGH, Urteil vom 13.03.2014 - C-190/13 (Samohano), NZA 2014, 475 Rn. 45; EuGH, Beschluss vom 21.09.2016 - C-614/15 (Popescu), NZA 2016, 1323 Rn. 49; EuGH, Urteil vom 19.03.2020, C-103/18, C-429/18 (Sanchez Ruiz), ECLI:EU:C:2020:219 Rn. 66.

worden sind und deren Wesensmerkmalen oder ggf. aus der Verfolgung eines legitimen sozialpolitischen Ziels durch einen Mitgliedstaat.[240]

Diese weiteren Voraussetzungen begrenzen den Gehalt der einzelnen Sachgründe im Sinne des Arbeitnehmerschutzes, sodass schon im Bereich der Sachgründe gem. § 14 Abs. 1 S. 2 Nr. 1, 3, 4, 5, 7 TzBfG, deren Vorliegen zunächst an Arbeitgeberinteressen ausgerichtet wird, ein Interessenausgleich mit dem Schutzinteresse des Arbeitnehmers ermöglicht wird. Im Fall der Sachgründe gem. § 14 Abs. 1 S. 2 Nr. 2, 6 TzBfG knüpft der Sachgrund als solcher grundsätzlich an ein Bedürfnis des Arbeitnehmers zur Befristung des Arbeitsvertrages an, und entspricht zudem dem Flexibilisierungsinteresse des Arbeitgebers, der zum Ende der Befristung frei über den weiteren Einsatz des Arbeitnehmers entscheiden kann. Bei diesen Sachgründen bewirken die besonderen Anforderungen der Rechtsprechung des EuGHs, dass auch der Arbeitnehmerschutz berücksichtigt wird.

Eine Befristung gem. § 14 Abs. 1 S. 2 Nr. 8 TzBfG ist durch die Interessen beider Parteien gerechtfertigt, wenn sie in einem gerichtlichen Vergleich festgelegt wird.[241] Das gegenseitige Nachgeben im gerichtlichen Vergleich verwirklicht damit einen Interessenausgleich zwischen Arbeitnehmerschutz und Arbeitgeberinteressen. Um eine missbräuchliche Ausnutzung dieses Sachgrundes zu verhindern, muss der Vergleich aber der Beilegung einer Beendigungsstreitigkeit dienen.[242]Auf diese Weise wird der durch den gerichtlichen Vergleich formal erzielte Interessenausgleich auch effektiv vor Missbrauch geschützt.

Sodann schließt sich bei mit Sachgrund befristeten Kettenarbeitsverträgen im Fall der Vertretungsbefristung gem. § 14 Abs. 1 S. 2 Nr. 3 TzBfG nach der Rechtsprechung des EuGHs und des BAGs eine Missbrauchskontrolle an. Der EuGH versteht die Missbrauchskontrolle als Bestandteil der Voraussetzung eines „sachlichen Grundes" und damit als immanentes Merkmal. Das BAG sieht die Missbrauchskontrolle als zweiten Prüfungsschritt in Form einer Kontrolle auf institutionellen Rechtsmissbrauch gem. § 242 BGB.[243] Die Kontrolle auf

240 EuGH, Urteil vom 23.04.2009, C-378/07 bis C-380/07 (Angelidaki u. a.), Slg. 2009, I-3071, Rn. 96; EuGH, Urteil vom 26.01.2012 - C-586/10 (Kücük), NZA 2012, 135 Rn. 27; EuGH, Urteil vom 13.03.2014 - C-190/13 (Samohano), NZA 2014, 475 Rn. 45; EuGH, Beschluss vom 21.09.2016 - C-614/15 (Popescu), NZA 2016, 1323 Rn. 49; EuGH, Urteil vom 19.03.2020, C-103/18, C-429/18 (Sanchez Ruiz), ECLI:EU:C:2020:219 Rn. 66.

241 ErfK/*Müller-Glöge*, TzBfG, § 14 Rn. 75.

242 ErfK/*Müller-Glöge*, TzBfG, § 14 Rn. 75.

243 *Bayreuther*, NZA 2013, 23, 24 f.; *Greiner*, ZESAR 2013, 305, 309; *Bonnani/Schmidt*, ArbRB 2013, 216, 217.

institutionellen Rechtsmissbrauch beinhalte drei Stufen, so das BAG.[244] Diese wird auch als „Ampelmodell“[245] bezeichnet. Ausgangspunkt für die vom BAG festgeschriebenen quantitativen Angaben stellen die in § 14 Abs. 2 S. 1 TzBfG aufgeführten Grenzwerte einer sachgrundlosen Befristung dar.[246] Nach § 14 Abs. 2 S. 1 TzBfG können sachgrundlose Befristungen bis zu einer Gesamtdauer von maximal zwei Jahren bei einer maximal dreimaligen Verlängerungsmöglichkeit abgeschlossen werden. Diese Grenzen skizzieren den für den Gesetzgeber grundsätzlich unschädlichen Bereich aufeinanderfolgender befristeter Arbeitsverträge.[247] Erst ein erhebliches Überschreiten dieser Werte kann zu dem Schluss einer rechtsmissbräuchlichen Gestaltung der Befristung führen.[248]

Demzufolge kann auf der ersten Stufe, der „Grünphase“[249], von der Befristung eines Arbeitsverhältnisses in zulässiger Weise Gebrauch gemacht werden und es besteht kein gesteigerter Anlass zu einer Missbrauchskontrolle, solange das Arbeitsverhältnis nicht die Gesamtdauer von sechs Jahren überschreitet und zugleich nicht mehr als neun Vertragsverlängerungen vereinbart wurden.[250]

Auf der zweiten Stufe, der „Gelbphase“[251], ist bei einer alternativen oder kumulativen mehrfachen Überschreitung der Grenzwerte des § 14 Abs. 2 S. 1 TzBfG eine umfassende Missbrauchskontrolle geboten.[252] Eine solche liegt vor, wenn die Gesamtdauer des befristeten Arbeitsverhältnisses acht Jahre überschreitet oder mehr als zwölf Verlängerungen des befristeten Arbeitsverhältnisses vereinbart wurden oder aber die Gesamtdauer des befristeten Arbeitsverhältnisses sechs Jahre überschreitet und zudem mehr als neun Vertragsverlängerungen vereinbart wurden.[253] Dann hängt es zunächst vom Vortrag des Arbeitnehmers ab, ob tatsächlich ein Rechtsmissbrauch anzunehmen ist.[254]

---

244 BAG, Urteil vom 18.07.2012 - 7 AZR 443/09, NZA 2012, 1351 Rn. 48; BAG, Urteil 26.10.2016 - 7 AZR 135/15, NZA 2017, 382, Rn. 24 ff.

245 *Kiel*, JbArbR 2013, 25, 45 ff.

246 BAG, Urteil vom 18.07.2012 - 7 AZR 443/09, NZA 2012, 1351 Rn. 48; BAG, Urteil vom 26.10.2016 - 7 AZR 135/15, NZA 2017, 382, Rn. 24 ff.

247 BAG, Urteil vom 18.07.2012 - 7 AZR 443/09, NZA 2012, 1351, Rn. 57.

248 BAG, Urteil vom 24.08.2016 - 7 AZR 41/15, NZA 2017, 307, Rn. 32.

249 *Kiel*, JbArbR 2013, 25, 47.

250 BAG, Urteil vom 26.10.2016 - 7 AZR 135/15, NZA 2017, 382, Rn. 26.

251 *Kiel*, JbArbR 2013, 25, 47.

252 BAG, Urteil vom 26.10.2016 - 7 AZR 135/15, NZA 2017, 382, Rn. 27.

253 BAG, Urteil vom 26.10.2016 - 7 AZR 135/15, NZA 2017, 382, Rn. 27.

254 BAG, Urteil vom 26.10.2016 - 7 AZR 135/15, NZA 2017, 382, Rn. 27.

Werden die Grenzwerte des § 14 Abs. 2 S. 1 TzBfG alternativ oder kumulativ in besonders gravierendem Maß überschritten, kann eine missbräuchliche Ausnutzung der Sachgrundbefristung indiziert sein und es liegt gemäß der dritten Stufe eine „Rotphase“[255] vor.[256] Von einem solchen indizierten Rechtsmissbrauch ist auszugehen, wenn die Gesamtdauer des Arbeitsverhältnisses zehn Jahre überschreitet, mehr als fünfzehn Vertragsverlängerungen vereinbart wurden, oder wenn mehr als zwölf Vertragsverlängerungen bei einer Gesamtdauer von mehr als acht Jahren vereinbart wurden.[257] Dem Arbeitgeber wird hierbei jedoch die Möglichkeit eingeräumt, die Annahme eines indizierten Rechtsmissbrauchs durch Vortrag besonderer Umstände zu entkräften.[258]

Durch dieses Ampelmodell des BAGs wird dem mit zunehmender Dauer und Anzahl der Befristungen ansteigenden Schutzinteresse des Arbeitnehmers entsprochen, indem für den Arbeitnehmer die Darlegungs- und Beweislast für einen Rechtsmissbrauch erleichtert wird.[259] Diese Arbeitnehmerschutzinteressen werden jedoch selbst auf der Stufe der „Rotphase“ nicht absolut gewährt, sondern mit dem Interesse des Arbeitgebers an der Vereinbarung von befristeten Arbeitsverträgen abgewogen. Die Kontrolle auf institutionellen Rechtsmissbrauch durch das BAG ermöglicht den verfassungsrechtlich und unionsrechtlich gebotenen Interessenausgleich.

(2) Die Wahrung des Interessenausgleichs in unbenannten Fällen

Der Einfluss des Unionsrechts erstreckt sich auch auf die unbenannten Fälle des „sachlichen Grundes“ gem. Art. 14 Abs. 1 S. 1 TzBfG. Aus den in § 14 Abs. 1 S. 2 TzBfG genannten Regelbeispielen folgt eine derartige Konkretisierung des unbestimmten Rechtsbegriffs „sachlicher Grund“, dass nur solche Gründe anzuerkennen sind, die in ihrem Gewicht den ausdrücklich benannten gleichwertig sind.[260] Sie müssen den in § 14 Abs. 1 zum Ausdruck kommenden Wertungsmaßstäben entsprechen.[261] Insofern lassen sich die unionsrechtlichen Vorgaben an die geschriebenen Sachgründe auch auf die Anforderungen an ungeschriebene

255 *Kiel*, JbArbR 2013, 25, 47.

256 BAG, Urteil vom 26.10.2016 - 7 AZR 135/15, NZA 2017, 382, Rn. 28.

257 BAG, Urteil vom 26.10.2016 - 7 AZR 135/15, NZA 2017, 382, Rn. 28.

258 BAG, Urteil vom 26.10.2016 - 7 AZR 135/15, NZA 2017, 382, Rn. 28.

259 *Bayreuther*, NZA 2013, 23, 25; *Bonnani/Schmidt*, ArbRB 2013, 216, 218.

260 BAG, Urteil vom 09.12.2009 - 7 AZR 399/08, BAGE 132, 344; BAG, Urteil vom 12.06.2019 - 7 AZR 428/17, NZA 2019, 1423 Rn. 29.

261 BAG, Urteil vom 11.09.2013 - 7 AZR 107/12, NZA 2014, 150 Rn. 29.

Sachgründe übertragen. Das bedeutet, dass auch in den Tatbeständen der unbenannten Fallgruppen des Sachgrundes ein Interessenausgleich zwischen Arbeitnehmerschutz und dem Interesse von Arbeitnehmer und Arbeitgeber an der Vereinbarung von befristeten Arbeitsverträgen geboten ist.

b) Die verfassungskonforme Ausgestaltung von § 14 Abs. 2 S. 2 TzBfG

Gerade beim Problem des nach dem Wortlaut unbeschränkten Vorbeschäftigungsverbots gem. § 14 Abs. 2 S. 2 TzBfG zeigt sich, dass der Interessenkonflikt nicht nur zwischen Arbeitnehmerschutz und Arbeitgeberinteressen, sondern auch zwischen Arbeitnehmerschutz einerseits und der Berufsfreiheit des Arbeitnehmers andererseits existiert.[262] Die verfassungsrechtliche Dimension des Interessenkonflikts manifestiert sich hier auf der einfachgesetzlichen Ebene in § 14 Abs. 2 S. 2 TzBfG, sodass die gesetzliche Regelung in bestimmten Grenzfällen einer richterrechtlichen, verfassungskonformen Korrektur bedarf.

So hat das BAG zunächst entschieden, dass kein unbeschränktes Vorbeschäftigungsverbot gilt, sondern nach einer Karenzzeit von drei Jahren eine erneut sachgrundlose Befristung möglich ist.[263] Dieser Rechtsprechung hat das BVerfG eine Absage erteilt, jedoch in bestimmten Ausnahmefällen ein Abweichen vom unbegrenzten Vorbeschäftigungsverbot als notwendig erachtet.[264] Die Fachgerichte müssen frühere Arbeitsverhältnisse unberücksichtigt lassen, wenn die Vorbeschäftigung sehr lange zurückliegt, ganz andersgeartet oder von sehr kurzer Dauer war.[265] Der nach dem Wortlaut des Vorbeschäftigungsverbots uneingeschränkte Schutz des Arbeitnehmers wird in besonderen Fällen durch einschränkende Auslegung abgeschwächt. Maßgeblich für die einschränkende Auslegung ist, ob ein lebenslanges Vorbeschäftigungsverbot einen unzumutbaren Eingriff in die Berufsfreiheit des Arbeitnehmers darstellt.[266] Dabei wird das Schutzinteresse des Arbeitnehmers mit dem Interesse des Arbeitnehmers an befristeter Beschäftigung in Abwägung gebracht.

Die verfassungskonforme Einschränkung des Vorbeschäftigungsverbots kann zudem durch die Abwägung der Schutzpflicht zugunsten des Arbeitnehmers mit der Arbeitsvertragsfreiheit des Arbeitgebers gem. Art. 12 Abs. 1 GG gerechtfertigt werden. Der Arbeitgeber kann den Arbeitnehmer zwar grundsätzlich

262 ErfK/*Müller-Glöge*, TzBfG, § 14 Rn. 98.
263 BAG, Urteil vom 06.04.2011 – 7 AZR 716/09, NJW 2011, 2750.
264 BVerfG, Beschluss vom 06.06.2018 - 1 BvL 7/14 -, BVerfGE 149, 126.
265 ErfK/*Müller-Glöge*, TzBfG, § 14 Rn. 98.
266 BVerfG, Beschluss vom 06.06.2018 - 1 BvL 7/14, BVerfGE 149, 126, Rn. 54.

nach einer sachgrundlosen Befristung gem. § 14 Abs. 2 S. 1 TzBfG über eine Sachgrundbefristung nach § 14 Abs. 1 TzBfG oder unbefristet weiterbeschäftigen. Verlässt der Arbeitnehmer aber den Betrieb des Arbeitgebers für eine nicht unerhebliche Zeit, war seine Vorbeschäftigung beim Arbeitgeber von sehr kurzer Dauer oder ganz andersgeartet, so nähert sich die Interessenlage beider Arbeitsvertragsparteien bei der zweiten sachgrundlos befristeten Wiedereinstellung der Interessenlage bei der ersten sachgrundlos befristeten Einstellung an.[267] Insofern können auch die Arbeitgeberinteressen an sachgrundloser Befristung berücksichtigt werden und sie können unter Beachtung der vom BVerfG vorgegebenen Kriterien mit den Arbeitnehmerschutzinteressen in Abwägung gebracht werden, wann für den Arbeitgeber eine Ausnahme vom dem nach dem Wortlaut unbeschränkten Vorbeschäftigungsverbot zu machen ist. So wird der verfassungsrechtlich vorgegebene Interessenausgleich nicht nur in Person des Arbeitnehmers, sondern ebenso zwischen Arbeitnehmer und Arbeitgeber in § 14 Abs. 2 S. 2 TzBfG erzielt.

III. Zwischenergebnis: Das Dogma des Interessenausgleichs als Schlüssel für neue Perspektiven im Befristungsrecht

Letztlich muss das Ziel des Befristungsrechts sein, einen möglichst weitgehenden Sozialschutz zu erreichen, und zugleich eine möglichst große Vertragsfreiheit und Flexibilität für die Arbeitnehmer und Unternehmen zu gewährleisten.[268] Die Erzielung eines für beide Seiten akzeptablen Interessenausgleichs ist nicht nur allgemeines Gerechtigkeitsprinzip, sondern vielmehr ein verantwortlicher Auftrag an den Gesetzgeber und die Gerichte, das verfassungsrechtliche und unionsrechtliche Gebot des Interessenausgleichs durch Auslegung oder Neuregelung des Befristungsrechts zu verwirklichen. Insbesondere für die richterliche Auslegung gilt aber, dass das zulässige Maß nicht überschritten werden darf - Verbot der Auslegung contra legem[269], sodass „manch ‚kreativer' Zugriff auf den tatsächlichen oder auch nur vermeintlichen Willen des Gesetzgebers versperrt"[270] ist. Dies beachtend kann die verfassungskonforme und richtlinienkonforme

267 *Chandna-Hoppe*, ZfA 2020, 70, 91.
268 *Wank*, RdA 2010, 193, 207.
269 EuGH, Urteil vom 04.07.2006, C-212/04 (Adeneler u.a.), Slg. 2006, I-6057, Rn. 110; EuGH, Urteil vom 16.06.2005, C-105/03 (Pupino), Slg. 2005, I-5285 Rn. 44, 47; *Möllers*, Juristische Methodenlehre, § 8 Rn. 49, Rn. 55.
270 *Bayreuther*, NZA 2018, 905, 907.

Auslegung des TzBfG zum „Türöffner“ für neue Perspektiven bei der Begrenzung im Befristungsrecht werden.

C) Die Grenzen des Befristungsrechts

Die Grenzen des Befristungsrechts ergeben sich mehrdimensional aus den unterschiedlichen Rechtsquellen des Befristungsrechts. Hierzu zählen neben dem TzBfG auch das Grundgesetz und das Unionsrecht. Das Dogma des Interessenausgleichs bei der Begrenzung der Befristung von Arbeitsverträgen soll dabei helfen, die bestehenden Grenzen des geltenden Befristungsrechts zu konturieren und diese weiterzuentwickeln.

I. Die verfassungsrechtlichen Grenzen für die Befristung von Arbeitsverträgen

Das Untermaßverbot bestimmt verfassungsrechtliche Mindeststandards an Arbeitnehmerschutz bei der Begrenzung von Befristung und stützt sich auf die vom Staat zu gewährleistende Schutzpflicht zugunsten des strukturell unterlegenen Arbeitnehmers gem. Art. 12 Abs. 1 GG.[271] Dieser verfassungsrechtlichen Grenze für die Befristung von Arbeitsverträgen stehen die Freiheiten von Arbeitnehmer und Arbeitgeber gegenüber, befristete Arbeitsverträge abzuschließen.[272] Arbeitgeber haben ein Interesse an einer befristeten Einstellung zum Zweck der Erprobung des Arbeitnehmers, um wirtschaftlich notwendige Anpassungen am Personalbedarf vornehmen zu können und um nicht langfristig gebunden zu sein.[273] Da die besonderen Anforderungen an das Kündigungsverfahren – wie Kündigungsfristen, Kündigungstermine, Anhörung des Betriebsrats, Sozialauswahl – und die Risiken eines Kündigungsschutzverfahrens entfallen würden, sei der Abschluss eines befristeten Vertrages die einfachere und risikoärmere Variante, stellt Wank fest.[274] Auch Arbeitnehmer haben ein Interesse an der Befristung von Arbeitsverträgen, wenn ihnen auf diese Weise der Zugang zu einer Beschäftigung ermöglicht wird und die Befristung auf lange Sicht als Brücke zur unbefristeten Beschäftigung fungiert.[275] Das Gebot der Verhältnismäßigkeit von

---

271 *Dieterich,* AuR 2007, 65, 66.

272 *Dieterich*, AuR 2007, 65, 66.

273 BVerfG, Beschluss vom 06.06.2018 - 1 BvL 7/14, BVerfGE 149, 126, Rn. 57, 60, 62; *Wank*, RdA 2010, 193, 199.

274 *Wank*, RdA 2010, 193, 199.

275 BVerfG, Beschluss vom 06.06.2018 - 1 BvL 7/14, BVerfGE 149, 126, Rn. 62; *Wank*, RdA 2010, 193, 199.

Eingriffen in diese Freiheiten von Arbeitnehmer und Arbeitgeber bildet das verfassungsrechtliche Übermaßverbot und damit eine zweite verfassungsrechtliche Grenze für die Befristung von Arbeitsverträgen.

Untermaß- und Übermaßverbot definieren eine „geräumige Rahmenordnung“[276], die dem Gesetzgeber innerhalb dieser Grenzen Spielraum bietet, einen Interessenausgleich durch die gesetzliche Regelung der Grenzen für die Befristung von Arbeitsverträgen zu erreichen.[277] Bewegt sich die gesetzgeberische Entscheidung in diesem Rahmen, geht diese mit der Verfassung konform. Nur ausnahmsweise darf die gesetzgeberische Entscheidung durch die Rechtsprechung konkretisiert werden, wenn der Gesetzgeber die Wertungsaufgabe an die Gerichte durch die Verwendung von Generalklauseln oder unbestimmten Rechtsbegriffen weitergibt.[278] Diese Generalklauseln und offenen Rechtsbegriffe sind im Lichte der Grundrechte auszulegen.[279] Zudem bietet die verfassungskonforme Auslegung als milderes Mittel zur Verfassungswidrigkeit für die Gerichte die Möglichkeit, Korrekturen innerhalb der methodischen Zulässigkeit durchzuführen.[280]

Für den Fall der verfassungskonformen Auslegung des TzBfG betont das BVerfG, dass der Gesetzgeber zwischen dem verfassungsrechtlichen Untermaß- und Übermaßverbot großen Gestaltungsspielraum habe.[281] Es sei den Gerichten gem. Art. 20 Abs. 3, Art. 2 Abs. 1 GG verwehrt, diese Regelung des Gesetzgebers durch eigene Rechtsfortbildung zu ersetzen, wenn der Gesetzgeber seinen Gestaltungsspielraum verfassungskonform gebrauche.[282] Nur dann, wenn die gesetzgeberische Entscheidung den verfassungsrechtlichen Rahmen zwischen Untermaß und Übermaß verlässt, darf die gesetzgeberische Entscheidung durch die verfassungskonforme Auslegung korrigiert werden. Damit ergeben sich aus den verfassungsrechtlichen Grenzen für die Befristung von Arbeitsverträgen nur ausnahmsweise konkrete Vorgaben.

In seiner Entscheidung zum Vorbeschäftigungsverbot hat das BVerfG[283] eine solche Ausnahme angenommen, indem es das nach dem Wortlaut des § 14

276 *Dieterich*, AuR 2007, 65, 66.

277 *Greiner*, ZESAR 2014, 357.

278 *Dieterich*, AuR 2007, 65.

279 BVerfG, Beschluss vom 15.01.1958 - 1 BvR 400/51, BVerfGE 7, 198; BVerfG, Beschluss vom 11.04.2018 - 1 BvR 3080/09, BVerfGE 148, 267.

280 BVerfG, Beschluss vom 07.05.1953 – 1 BvL 104/52, BVerfGE 2, 266, 288; ErfK/*Schmidt*, GG, Einleitung Rn. 76; *Möllers*, Juristische Methodenlehre, § 7 Rn. 47 f.

281 BVerfG, Beschluss vom 06.06.2018 - 1 BvL 7/14, BVerfGE 149, 126 Rn. 43, 49, 60.

282 BVerfG, Beschluss vom 06.06.2018 - 1 BvL 7/14, BVerfGE 149, 126 Rn. 60, 73.

283 BVerfG, Beschluss vom 06.06.2018 - 1 BvL 7/14, BVerfGE 149, 126.

Abs. 2 S. 2 TzBfG unbeschränkte Vorbeschäftigungsverbot verfassungskonform einschränkend auslegt. Ein unbegrenztes Vorbeschäftigungsverbot stelle demnach im Fall der Unzumutbarkeit ein verfassungsrechtlich unzulässiges Übermaß an Arbeitnehmerschutz zulasten der Berufsfreiheit des Arbeitnehmers und der Arbeitsvertragsfreiheit des Arbeitgebers gem. Art. 12 Abs. 1 GG dar.[284] In besonderen Fällen, in denen die Vorbeschäftigung sehr lange zurückliegt, ganz andersgeartet sei oder nur von sehr kurzer Dauer wäre, sei das Vorbeschäftigungsverbot gem. § 14 Abs. 2 S. 2 TzBfG verfassungskonform einschränkend auszulegen.[285] Das Übermaßverbot kann also im Einzelfall konkrete Vorgaben an die verfassungskonforme Auslegung liefern, sodass eine einschränkende oder extensive Auslegung des TzBfG geboten ist.

Aus der Verfassung könnten weitere Grenzen für die Befristung von Arbeitsverträgen bei der Auslegung des offenen Rechtsbegriffs „Sachgrund" gem. § 14 Abs. 1 S. 1 TzBfG abgeleitet werden. Während bei der Frage nach der Einschränkung des Vorbeschäftigungsverbots das Übermaßverbot maßgeblich ist, muss bei der Zulassung möglicher sachlicher Gründe vor allem das verfassungsrechtlich gewährleistete Untermaß an Arbeitnehmerschutz gem. Art. 12 Abs. 1 GG eingehalten werden. Der Gesetzgeber definiert den „sachlichen Grund" gem. § 14 Abs. 1 S. 1 TzBfG nicht, sondern nennt in § 14 Abs. 1 S. 2 TzBfG nur Regelbeispiele.[286] Bei der Auslegung des Spielraums im Wortlaut der Generalklausel und bei der Auslegung der Regelbeispiele sind die verfassungsrechtlichen Wertungen zu beachten.[287] Durch die Auslegung der Generalklausel des sachlichen Grundes gem. § 14 Abs. 1 S. 1 TzBfG im Lichte der Verfassung können neue unbenannte Fälle eines sachlichen Grundes anerkannt werden, da die aufgezählten Regelbeispiele in § 14 Abs. 1 S. 2 TzBfG nicht abschließend sind.[288]

---

284 BVerfG, Beschluss vom 06.06.2018 - 1 BvL 7/14, BVerfGE 149, 126 Rn. 62.

285 BVerfG, Beschluss vom 06.06.2018 - 1 BvL 7/14, BVerfGE 149, 126 Rn. 63.

286 ErfK/*Müller-Glöge*, TzBfG, § 14 Rn. 5; MüKo/*Hesse*, TzBfG, § 14 Rn. 9; Ascheid/Preis/Schmidt/*Backhaus*, TzBfG, § 14 Rn. 116.

287 Ascheid/Preis/Schmidt/*Backhaus*, TzBfG, § 14 Rn. 42.

288 BAG, Urteil vom 13.10.2004 – 7 AZR 218/04, NZA 2005, 401; BAG, Urteil vom 16.03.2005 – 7 AZR 289/04, AP TzBfG § 14 Nr. 16, 30; BAG, Urteil vom 11.09.2013 – 7 AZR 107/12, AP TzBfG § 14 Nr. 110; BAG, Urteil vom 14.01.2015 – 7 AZR 880/13, AP TVöD § 33 Nr. 2; BAG, Urteil vom 18.03.2015 – 7 AZR 115/13, NZA-RR 2015, 569; BAG, Urteil vom 20.01.2016 – 7 AZR 340/14, NZA 2016, 755; BAG, Urteil vom 21.03.2017 – 7 AZR 207/15, BAGE 158, 266; BAG, Urteil vom 16.01.2018 – 7 AZR 21/16, AuR 2018, 306; BAG, Urteil vom 12.06.2019 – 7 AZR 428/17, NZA 2019, 1423; ErfK/*Müller-Glöge*, TzBfG, § 14 Rn. 5; MüKo/*Hesse*, TzBfG, § 14 Rn. 9; Ascheid/Preis/Schmidt/*Backhaus*, TzBfG, § 14 Rn. 116.

Allerdings praktiziert das BVerfG in den Fällen unionsrechtlicher Determination eine Zurücknahme der eigenen Kompetenz.[289] Der Zweck der Missbrauchsvermeidung gem. § 1 lit. b), § 5 Nr. 1 lit. a) der RV im Anhang der RL 1999/70/EG sichert auf der Ebene des Unionsrechts ein Untermaß an Arbeitnehmerschutz, sodass die Sachgrundbefristung grundsätzlich unionsrechtlich determiniert ist. Dementsprechend ist eine Zurücknahme der Kompetenz des BVerfG geboten, sodass die unionsrechtlichen Vorgaben bei der Begrenzung der Sachgrundbefristung im Vordergrund stehen. Bei der Frage nach der einschränkenden Auslegung des Vorbeschäftigungsverbots kann eine Kooperation zwischen den verfassungsrechtlichen und unionsrechtlichen Vorgaben stattfinden.[290]

Nur im Bereich des verfassungsrechtlichen Übermaß- und Untermaßverbots ergeben sich verfassungsrechtliche Grenzen und damit konkrete Vorgaben für die Befristung von Arbeitsverträgen. Nach dem BVerfG ist dabei das nach dem Wortlaut des § 14 Abs. 2 S. 2 TzBfG unbeschränkte Vorbeschäftigungsverbot verfassungskonform einschränkend auszulegen.[291]

II. Die unionsrechtlichen Grenzen für die Befristung von Arbeitsverträgen

Während die erste Befristung eines Arbeitsvertrages aus der Perspektive des Unionsrechts kontrollfrei ist, zielt die RL 1999/70/EG auf die Vermeidung von Missbrauch durch aufeinanderfolgende befristete Arbeitsverträge.[292] Für diese „Kettenarbeitsverträge" bildet das Ziel der Missbrauchsvermeidung gem. § 1 lit. b) und § 5 der RV im Anhang der RL 1999/70/EG eine teleologische Grenze.

Die effektive Einhaltung dieser Grenze ist über das Gebot zur richtlinienkonformen Auslegung wichtigste Zielsetzung bei der Auslegung der nationalen Umsetzung, sodass auslegungsbedürftige Spielräume soweit wie möglich im Sinne der Richtlinie auszufüllen sind.[293] Die unionsrechtliche Missbrauchsgrenze

---

289 BVerfG, Beschluss vom 06.06.2018 - 1 BvL 7/14, BVerfGE 149, 126 Rn. 29.

290 Einzelheiten zur Kooperation bei der einschränkenden Auslegung unter C) III. 2. a) (2) (b).

291 BVerfG, Beschluss vom 06.06.2018 - 1 BvL 7/14, BVerfGE 149, 126.

292 Franzen/Gallner/Oetker/*Krebber*, RL 1999/70/EG § 5 Rn. 5; Preis/Sagan/*Brose*, § 13 Rn. 130.

293 EuGH, Urteil vom 04.07.2006, C-212/04 (Adeneler u.a.), Slg. 2006, I-6057, Rn. 110; EuGH, Urteil vom 13.11.1990, C- 106/89 (Marlaesing), Slg. 1990, I-4135, I-4158 f., Rn. 6 ff.; EuGH, Urteil vom 10.04.19984, 14/83 (von Colson und Kamann), Slg. 1984, 1891, 1909, Rn. 26 ff.

entfaltet hierdurch auch mittelbar Wirkung im TzBfG. Um zu bestimmen, wann diese Missbrauchsgrenze im Sinne der Richtlinie erreicht ist, muss nicht nur die RV im Anhang der RL 1999/70/EG selbst ausgelegt werden, sondern ist ihrerseits unionsgrundrechtskonform im Lichte der GRC auszulegen. Dabei wird deutlich, dass die Missbrauchsgrenze ein nicht zu unterschreitendes Untermaß an Arbeitnehmerschutz absichert. Dieses bestimmt sich durch die Abwägung der Schutzpflicht zugunsten des Arbeitnehmers gem. Art. 15 Abs. 1 GRC mit der unternehmerischen Freiheit des Arbeitgebers gem. Art. 16 GRC und der Berufsfreiheit des Arbeitnehmers gem. Art. 15 Abs. 1 GRC. Bei der Begrenzung der Befristung von Arbeitsverträgen durch die Missbrauchsgrenze muss im Einzelfall bewertet werden, wann ein Eingriff in die Schutzpflicht des Arbeitnehmers verhältnismäßig erfolgt oder missbräuchlich ist.

1. Das Schrankenpotenzial der RL 1999/70/EG

Die RV im Anhang der RL 1999/79/EG gibt keinen starren Maßnahmenkatalog als Schablone für die Umsetzung vor, sondern bietet den Mitgliedstaaten Umsetzungsoptionen gem. § 5 der RV im Anhang der RL 1999/70/EG.[294] Bei der Auslegung der Richtlinie stellt sich daher die Frage, ob trotz des Charakters der Rahmenvereinbarung und des Umsetzungsspielraums überhaupt ein Kern an verbindlich umzusetzenden Inhalten und konkreten Grenzen vorgeschrieben wird.

a) Die Wortlautauslegung der RV im Anhang der Richtlinie 1999/70/EG

Ausgangspunkt kann die Auslegung des Wortlauts der Richtlinie sein. Die Frage nach dem verbindlichen Charakter und den konkreten Grenzen befasst sich mit dem materiell-rechtlichen Inhalt der RL 1999/70/EG, sodass für die Auslegung ausschließlich der Text der Rahmenvereinbarung maßgeblich ist.[295]

(1) Die Begrenzung nach Sachgrund, Dauer und Anzahl der Befristung

§ 5 Nr. 1 lit. a) bis c) der RV im Anhang der RL 1999/70/EG nennt mit „sachlichen Gründe, die die Verlängerung solcher Verträge oder Verhältnisse rechtfertigen", der „maximal zulässigen Dauer aufeinanderfolgender befristeter

294 Preis/Sagan/*Brose*, § 13 Rn. 1 ff.

295 Preis/Sagan/*Brose*, § 13 Rn. 1; Franzen/Gallner/Oetker/*Krebber*, Art. 4 RL 1999/70/EG Rn. 1 f.; *Fuchs*/*Marhold*, Europäisches Arbeitsrecht, S. 113.

Arbeitsverträge oder -verhältnisse" und der „zulässigen Zahl der Verlängerung solcher Verträge oder Verhältnisse" drei Maßnahmen, durch deren Einsatz der „Missbrauch durch aufeinanderfolgende befristete Arbeitsverträge oder -verhältnisse" vermieden werden soll. Diese drei Instrumente bilden die zur Missbrauchsvermeidung einzusetzenden Grenzen für die Zulässigkeit der Befristung von Arbeitsverträgen.[296]

Aus dem Wortlaut „eine oder mehrere der folgenden Maßnahmen" gem. § 5 Nr. 1 der RV im Anhang der RL 1999/70/EG ergeben sich allerdings keine konkreten Vorgaben, wie die in § 5 Nr. 1 lit. a) bis c) der RV im Anhang der RL 1999/70/EG genannten Instrumente einzusetzen sind, um Missbrauch durch aufeinanderfolgende befristete Arbeitsverträge zu vermeiden. Diese müssen nicht kumulativ eingesetzt werden, es genügt, wenn alternativ eine der dort genannten Maßnahmen oder miteinander kombinierte Modelle ergriffen werden, wenn dadurch der Missbrauch durch aufeinanderfolgende befristete Arbeitsverträge ausgeschlossen wird.[297] Dabei sind die einzelnen Instrumente nach dem Wortlaut nicht weiter bestimmt, denn es fehlt an einer Angabe möglicher sachlicher Gründe, der insgesamt maximal zulässigen Dauer oder der maximal zulässigen Anzahl von Verlängerungen befristeter Arbeitsverhältnisse.[298] Aus dem Wortlaut ergibt sich keine klare unmittelbare Grenze für die Befristung von Arbeitsverträgen, sodass die genaue Gestaltung der Grenzen im nicht unerheblichen Ermessen der Mitgliedstaaten bei der Umsetzung der Richtlinie liegt.[299]

(2) Bestehende gleichwertige gesetzliche Maßnahmen

§ 5 Nr. 1 der RV im Anhang der RL 1999/70/EG bietet zusätzlich zu den benannten Instrumenten zur Umsetzung des Zwecks der Missbrauchsvermeidung die Möglichkeit, auf „bestehende gleichwertige gesetzliche Maßnahmen" zu setzen, um Missbrauch zu vermeiden. Dabei kann der Wortlaut „bestehende" so verstanden werden, dass die Maßnahmen entweder schon vor der Umsetzung der RL 1999/70/EG bestanden oder erst im Zeitpunkt der späteren Kontrolle der wirksamen Umsetzung der Richtlinie bestehen.[300]

---

296 Franzen/Gallner/Oetker/*Krebber*, RL 1999/70/EG, § 5 Rn. 1.

297 Preis/Sagan/*Brose*, § 13 Rn. 138; Franzen/Gallner/Oetker/*Krebber*, RL 1999/70/EG, § 5 Rn. 3; *Krebber*, EuZA 2017, 3, 4.

298 Preis/Sagan/*Brose*, § 13 Rn. 131; *Krebber*, EuZA 2017, 3, 5.

299 Preis/Sagan/*Brose*, § 13 Rn. 131; *Krebber*, EuZA 2017, 3, 22.

300 Franzen/Gallner/Oetker/*Krebber*, RL 1999/70/EG, § 5 Rn. 12; *Krebber*, EuZA 2017, 3, 5.

„Gleichwertige gesetzliche Maßnahmen“ können etwa bestimmte Rechtsfolgen sein, zum Beispiel die mit der zunehmenden Zahl aufeinanderfolgender befristeter Arbeitsverträge steigende finanzielle Entschädigung oder die Umwandlung der Befristung in ein unbefristetes Arbeitsverhältnis nach einer gewissen Befristungsdauer.[301] Zudem sind auch solche gleichwertigen gesetzlichen Maßnahmen denkbar, die den Schutz der Instrumente gem. § 5 Nr. 1 lit. a) bis c) der RV im Anhang der RL 1999/70/EG ergänzen.[302]

Damit wird das Ermessen der Mitgliedstaaten erweitert, Maßnahmen zur Umsetzung der Richtlinie zu erlassen, die effektiv Missbrauch durch aufeinanderfolgende befristete Arbeitsverträge ausschließen. Während die zuvor genannten Schutzinstrumente auf bestimmte Schutzmodelle zugespitzt seien, würden diese durch die konturenlose Ergänzung „bestehende gleichwertige gesetzliche Maßnahmen“ an Schärfe verlieren, stellt Krebber fest.[303] Das Maß an Verbindlichkeit beschränkt sich auch im Bereich dieser bestehenden gleichwertigen gesetzlichen Maßnahmen gem. § 5 Nr. 1 der RV im Anhang der RL 1999/70/EG nur darauf, effektiv zur Vermeidung von Missbrauch beizutragen.[304] Aus dem Wortlaut selbst kann keine klare Grenze für die Befristung von Arbeitsverträgen abgeleitet werden.

(3) Mindeststandards und Verschlechterungsverbot

In § 8 der RV im Anhang der RL 1999/70/EG werden Umsetzungsbestimmungen aufgelistet, die mehr als nur formale Umsetzungsvoraussetzungen enthalten. Diese regeln, dass für Arbeitnehmer günstigere Regelungen zulässig sind gem. § 8 Nr. 1 der RV im Anhang der RL 1999/70/EG, das allgemeine Niveau des Arbeitnehmerschutzes aber nicht anlässlich der Umsetzung der Richtlinie abgesenkt werden darf gem. § 8 Nr. 3 der RV im Anhang der RL 1999/70/EG. Es lohnt sich, genauer zu betrachten, ob der materielle Inhalt dieser Umsetzungsbestimmungen dem Wortlaut nach dazu geeignet ist, die Zulässigkeit der Befristung von Arbeitsverträgen zu begrenzen.

Zunächst setzt § 8 Nr. 1 der RV im Anhang der RL 1999/70/EG durch die unionsrechtliche Missbrauchsgrenze einen Mindeststandard für den Arbeitnehmerschutz, von dem zugunsten des Arbeitnehmerschutzes abgewichen werden darf.[305] Diese Regelung hat nur deklaratorische Wirkung und es hätte dieser

301 Franzen/Gallner/Oetker/*Krebber*, RL 1999/70/EG, § 5 Rn. 10.

302 Franzen/Gallner/Oetker/*Krebber*, RL 1999/70/EG, § 5 Rn. 10.

303 Krebber, EuZA 2017, 3, 5.

304 Preis/Sagan/*Brose*, § 13 Rn. 134; *Krebber*, EuZA 2017, 3, 16.

305 Preis/Sagan/*Brose*, § 13 Rn. 207.

vor dem Hintergrund der Umsetzungsverpflichtung gem. Art. 155 Abs. 2 i.V.m. Art. 153 Abs. 2 lit. b) AEUV nicht bedurft.[306] Die Festlegung von Mindeststandards kann eher als Aufforderung an die Mitgliedstaaten verstanden werden, den ihnen durch die Richtlinie vorgegebenen Rahmen auszunutzen, also nicht nur das mindestens notwendige Untermaß an Arbeitnehmerschutz umzusetzen, sondern die Situation befristet Beschäftigter auch ohne unionsrechtlichen Zwang zu verbessern.[307] Klare Vorgaben für die Begrenzung der Befristung von Arbeitsverträgen ergeben sich aus § 8 Nr. 1 der RV im Anhang der RL 1999/70/EG jedoch nicht.

Das Verschlechterungsverbot gem. § 8 Nr. 3 der RV im Anhang der RL 1999/70/EG soll verhindern, dass die Mitgliedstaaten unter dem Vorwand der Umsetzung der Richtlinie das arbeitsrechtliche Schutzniveau absenken.[308] Mit diesem Verschlechterungsverbot wird der Zweck verfolgt, die Akzeptanz der europäischen Politik innerhalb der EU zu stärken.[309] Bestehen in den Mitgliedstaaten bereits höhere Standards an Arbeitnehmerschutz, als diese durch das in der RL 1999/70/EG notwendige Untermaß vorgegeben werden, wirkt das Verschlechterungsverbot als Schranke für Lockerungen bei der Begrenzung der Befristung von Arbeitsverträgen, die anlässlich der Umsetzung der RL 1999/70/EG erfolgen. Es bleibt also bei der bisherigen Begrenzung und dem damit verbundenen höheren Standard an Arbeitnehmerschutz, sodass der bisherige Standard grundsätzlich durch das Verschlechterungsverbot zementiert wird. Weitere Verbesserungen für den Arbeitnehmerschutz bleiben nach § 8 Nr. 1 der RV im Anhang der RL 1999/70/EG möglich. Das Verbot der Verschlechterung gem. § 8 Nr. 3 der RV im Anhang der RL 1999/70/EG normiert aber selbst keine klare Grenze für die Befristung von Arbeitsverträgen, sondern ist immer relativ zum jeweiligen Standard an Arbeitnehmerschutz in den Mitgliedstaaten zu sehen. Diese Relativität erschwert die Annahme einer klaren Grenze erheblich. So ist zunächst stets ein Blick auf das allgemeine Schutzniveau in den Mitgliedstaaten zu richten, sodass einzelne Verschlechterungen nicht entscheidend sind und durch Verbesserungen an anderen Stellen ausgeglichen werden können.[310] Zudem ist bisher

306 Franzen/Gallner/Oetker/*Krebber*, RL 1999/70/EG, § 8 Rn. 10.

307 Preis/Sagan/*Brose*, § 13 Rn. 208.

308 *Greiner*, EuZA 2011, 74, 80.

309 Preis/Sagan/*Brose*, § 13 Rn. 209.

310 Preis/Sagan/*Brose*, § 13 Rn. 211; Franzen/Gallner/Oetker/*Krebber*, RL 1999/70/EG, § 8 Rn. 7 f.

ungeklärt, ab wann es sich um eine relevante Verschlechterung im Sinne von § 8 Nr. 3 der RV im Anhang der RL 1999/70/EG handelt.[311]

Auch ist die primärrechtliche Zulässigkeit des über die Richtlinie hinaus verbreiteten Prinzips des Verschlechterungsverbots fraglich,[312] wenn es nicht mehr um die Harmonisierung von Mindeststandards, sondern die Festschreibung von Höchststandards geht.[313] Gerade bei einem höheren Niveau an Arbeitnehmerschutz erscheint das Verschlechterungsverbot eher als wenig belastbare und verlässliche Grenze. Insofern sei das Verschlechterungsverbot als ein Transparenzgebot der Umsetzung zu verstehen, so Thüsing.[314]

Dies führt Krebber zu dem Ergebnis, dass die Umsetzung der Richtlinie im nationalen Recht nur dann sicher gegen § 8 Nr. 3 der RV im Anhang der RL 1999/70/EG verstoße, wenn das mitgliedstaatliche Schutzniveau durch die Änderung insgesamt unter das von der Befristungsrahmenvereinbarung verlangte Schutzniveau absinken würde.[315] Dies ist dann aber bereits über die Missbrauchsgrenze gem. § 5 der RV im Anhang der RL 1999/70/EG abgesichert. Die praktische Bedeutung des Verschlechterungsverbots sei damit gering, so Krebber.[316] Eine klare Grenze für die Befristung von Arbeitsverträgen lässt sich auch aus dem Wortlaut des Verschlechterungsverbots gem. § 8 Nr. 3 der RV im Anhang der RL 1999/70/EG vor dem Hintergrund der Umsetzung der Richtlinie im TzBfG nicht ableiten.

(4) Keine Grenzen aus dem unmittelbaren Wortlaut der Richtlinie

Die RV im Anhang der RL 1999/70/EG räume den Mitgliedstaaten nach ihrem Wortlaut bei der Umsetzung weitreichende Freiräume ein, beschreibt Krebber.[317] Dabei werde die klassische Regelungstechnik einer Richtlinie i.S.v. Art. 288 Abs. 3 AEUV verwendet.[318] Eine unmittelbare Wirkung der nach dem Wortlaut vagen Vorgabe der RV im Anhang der RL 1999/70/EG scheide daher von vornherein aus.[319] Nach der allgemeinen Richtliniendogmatik gem. Art. 288 Abs. 3 AEUV wird die Erreichung des mit der Richtlinie verfolgten Zwecks der

---

311 Preis/Sagan/*Brose*, § 13 Rn. 212.

312 Preis/Sagan/*Brose*, § 13 Rn. 209.

313 MüKo/*Thüsing*, AGG, § 15 Rn. 33.

314 MüKo/*Thüsing*, AGG, § 15 Rn. 33.

315 Franzen/Gallner/Oetker/*Krebber*, RL 1999/70/EG, § 8 Rn. 8.

316 Franzen/Gallner/Oetker/*Krebber*, RL 1999/70/EG, § 8 Rn. 8.

317 *Krebber*, EuZA 2017, 3, 22.

318 *Krebber*, EuZA 2017, 3, 5.

319 *Krebber*, EuZA 2017, 3, 5.

Vermeidung von Missbrauch durch aufeinanderfolgende befristete Arbeitsverträge zur primärrechtlichen Verpflichtung der Mitgliedstaaten und rückt in den Mittelpunkt der Umsetzung der RL 1999/70/EG.

b) Die Missbrauchskontrolle als teleologische Grenze für die Befristung von Arbeitsverträgen

Der EuGH hat klar gemacht, dass trotz des Umsetzungsspielraums für den Gesetzgeber das Ziel der Missbrauchsvermeidung gem. § 1 lit. b) und § 5 der RV im Anhang der RL 1999/70/EG und dessen effektive Umsetzung gewährleistet sein muss.[320] Zu diesen Schutzzweck tritt, laut § 1 lit. a) der RV, im Anhang der RL 1999/70/EG der Grundsatz der Nichtdiskriminierung befristeter Arbeitnehmer hinzu, um die Qualität befristeter Arbeitsverhältnisse zu verbessern. Damit ist der Richtlinienzweck als umzusetzendes Ziel der Richtlinie i.S.v. Art. 288 Abs. 3 AEUV mustergültig bestimmt.[321] Aus dieser abstrakten Zweckbestimmung können aber zunächst keine konkreten Voraussetzungen für die Begrenzung des Befristungsrechts abgeleitet werden. Vielmehr bedarf es einer umfassenden Missbrauchskontrolle, um sich der Missbrauchsgrenze im Einzelfall zu nähern, und zwar durch Abwägung von Schutzpflichten zugunsten des Arbeitnehmers mit der Berufsfreiheit des Arbeitgebers und der Arbeitnehmer.

Der nach dem Wortlaut eher unverbindliche niedrigschwellige Kompromiss der Sozialpartner könne durch den in der Rechtsprechung des EuGHs konkretisierten Zweck der Missbrauchsvermeidung teleologisch verengt werden, legt Krebber dar.[322] Methodisch stützt sich diese Verengung der unionsrechtlichen Vorgaben nicht nur auf reines Richterrecht, sondern ergibt sich aus der Auslegung der RV im Anhang der RL 1999/70/EG. Dabei stellt sich die Frage, ob neben den vom EuGH entwickelten Anforderungen an die Kontrolle von aufeinanderfolgenden Sachgrundbefristungen weitere teleologische Verengungen möglich sind.

(1) Der Zweck der Missbrauchsvermeidung als absolute Grenze für die Befristung von Arbeitsverträgen

Die in § 5 Nr. 1 lit. a) bis c) der RV im Anhang der RL 1999/70/EG genannten Instrumente sind teleologisch durch den Zweck der Missbrauchsvermeidung

320 EuGH, Urteil vom 26.01.2012 - C-586/10 (Kücük), NZA 2012, 135 Rn. 26.
321 *Krebber*, EuZA 2017, 3, 5.
322 Preis/Sagan/*Brose*, § 13 Rn. 217.

gem. § 1 lit b) der RV im Anhang der RL 1999/70/EG verbunden.[323] Aus dieser Verbindung wird von Krebber geschlossen, dass aufeinanderfolgende befristete Arbeitsverhältnisse irgendwann missbräuchlich seien.[324] Dieser dogmatische Anker der Begrenzung von Befristung im Unionsrecht wird daraus abgeleitet, dass es gem. § 5 i.V.m. § 1 lit. b) der RV im Anhang der RL 1999/70/EG zwingend vorgeschrieben sei, dass die Mitgliedstaaten Mehrfachbefristungen in irgendeiner Art und Weise begrenzen.[325] Mit jeder Verlängerung des befristeten Arbeitsverhältnisses nähert sich das befristete Arbeitsverhältnis dem so gesehen unausweichlichen Schicksal des Missbrauchs an.

Obwohl der Missbrauch als Konsequenz eines jeden Einsatzes befristeter Arbeitsverhältnisse drohe, stelle die RV im Anhang der RL 1999/70/EG jedoch klar, dass befristete Arbeitsverhältnisse ihre Berechtigung haben und wegen der Missbrauchsgefahr zwar reguliert werden müssten, aber nicht vollständig untersagt würden, so Schlachter.[326] Insbesondere Arbeitnehmer und Arbeitgeber haben ein Interesse an den Vorteilen befristeter Arbeitsverträge. Dieses Interesse findet ebenfalls Rückhalt in Art. 15 Abs. 1 und 16 GRC. Unionsgrundrechtskonform ausgelegt, ist die Missbrauchsgrenze dann erreicht, wenn das mit der Zulassung von Befristung verfolgte Interesse von Arbeitnehmer und Arbeitgeber an der Vereinbarung von Befristung den bewirkten Eingriff in die Schutzpflicht zugunsten des Arbeitnehmers gem. Art. 15 Abs. 1 GRC nicht mehr auf Ebene der Verhältnismäßigkeit rechtfertigen kann.

Nach Krebber liege aus Sicht des Unionsrechts der Moment erster Unsicherheit für den Arbeitnehmer im Ablauf der ersten Befristung, da ein einzelner befristeter Arbeitsvertrag, der für eine sehr lange Dauer geschlossen werde, mehr Sicherheit gewähren könne als ein unbefristetes Arbeitsverhältnis.[327] Nach der Rechtslage im deutschen Befristungsrecht sei der Bestandsschutz im lang befristeten Arbeitsverhältnis gem. § 15 Abs. 3 TzBfG gegenüber unbefristeten Arbeitsverhältnissen sogar noch optimiert, weil die ordentliche Kündigung vorbehaltlich einer anderen vertraglichen Vereinbarung ausgeschlossen sei, stellt Greiner fest.[328] Dabei könne dem Arbeitnehmer die Entscheidung, einmal ein

323 *Greiner*, ZESAR 2013, 305, 306.

324 Franzen/Gallner/Oettker/*Krebber*, RL 1999/70/EG, § 1 Rn. 9.

325 Franzen/Gallner/Oettker/*Krebber*, RL 1999/70/EG, § 1 Rn. 9; *Krebber*, EuZA 2017, 3, 22.

326 *Schlachter*, in: FS Wank, S. 506.

327 *Krebber*, EuZA 2017, 3, 16; *Greiner*, ZESAR 2013, 305, 310 f.

328 *Greiner*, ZESAR 2013, 305, 311.

lang befristetes Arbeitsverhältnis einzugehen, durchaus zugetraut werden.[329] Trotz der schlechteren Arbeitsmarktchancen sei das Ende der Befristung für den Arbeitnehmer absehbar, und dieser könne sich hierauf frühzeitig einstellen.[330] Damit ist die erste Befristung eines Arbeitsvertrages grundsätzlich weit von einer prekären oder missbräuchlichen Vertragsgestaltung entfernt.

Schwieriger wird die Situation für den Arbeitnehmer bei der Verlängerung des befristeten Arbeitsvertrages. Hierzu ist grundsätzlich eine Einigung beider Parteien über die Befristungsabrede erforderlich, die zwei übereinstimmende Willenserklärungen der Arbeitsvertragsparteien voraussetzt.[331] Die Befristungsabrede liegt damit außerhalb des alleinigen Einflusses des Arbeitnehmers. Da der Arbeitgeber dem Arbeitnehmer strukturell überlegen ist und dies zu einem gestörten Verhandlungsgleichgewicht zwischen den Parteien führt,[332] entscheidet faktisch der Arbeitgeber über die Verlängerung der Befristung. Beim Auslaufen der Befristung erhält der Arbeitnehmer zudem keinen Kündigungsschutz.[333] Schließlich hat ein älterer Arbeitnehmer schlechtere Chancen auf dem Arbeitsmarkt.[334] Die Perspektive auf diese prekäre Situation führt schon während der Befristung zu einer anwachsenden Unsicherheit beim Arbeitnehmer. Dementsprechend wächst mit der steigenden Zahl der Verlängerungen der Befristung auch die Schutzpflicht zugunsten des Arbeitnehmers.[335]

Die fortlaufende Verlängerung der Befristung kann aber auch als Vertrauenssignal des Arbeitgebers an den Arbeitnehmer verstanden werden, das sich mit fortlaufenden Verlängerungen des befristeten Arbeitsvertrages verstärkt.[336] Insofern kann argumentiert werden, dass dem Arbeitnehmer durch die steigende Zahl der Verlängerungen sein Nutzen für den Arbeitgeber bestätigt wird und er auf den Fortbestand des Arbeitsverhältnisses über die Befristung hinaus vertrauen darf, sodass seine Unsicherheit im Hinblick auf die Verlängerung der Befristung seines Arbeitsvertrages abnimmt.

Die Erwartung des Arbeitnehmers richte sich bei mehrmaligen Verlängerungen jedoch nicht nur auf eine erneute Verlängerung der Befristung, sondern könne sich auch auf eine Entfristung seines Arbeitsvertrages erstrecken, da die

329 *Greiner*, ZESAR 2013, 305, 311.
330 *Greiner*, ZESAR 2013, 305, 311.
331 BAG, Urteil vom 13.06.2007 – 7 AZR 759/06, AP TzBfG § 14 Nr. 37, Rn. 21.
332 *Preis*, Grundfragen der Vertragsgestaltung im Arbeitsrecht, S. 291 f.
333 *Greiner*, ZESAR 2013, 305, 311.
334 *Greiner*, ZESAR 2013, 305, 311.
335 EuGH, Urteil vom 26.01.2012 - C-586/10 (Kücük), NZA 2012, 135 Rn. 40.
336 *Schlachter*, in: FS Wank, S. 509.

mehrmaligen Verlängerungen belegen würden, dass ein langfristiger Bedarf für seine Mitarbeit im Unternehmen bestehe, folgert Schlachter.[337] Das Zusammenspiel aus der wachsenden Anzahl und Dauer der mit dem Arbeitgeber vereinbarten Befristungen stärkt kontinuierlich die grundsätzlich berechtigte Stabilitätserwartung des Arbeitnehmers. Schlachter ist der Ansicht, dass diese Stabilitätserwartung dementsprechend das Schutzbedürfnis des Arbeitnehmers verstärke.[338] Wird die berechtigte Stabilitätserwartung durch das Ausbleiben der Verlängerung enttäuscht, schlägt das Vertrauen in den Bestand der Beschäftigung in erhebliche Unsicherheit für den Arbeitnehmer um. Für den Arbeitnehmer ist die befristete Beschäftigung regelmäßig seine Existenzgrundlage, die dieser nunmehr ohne Einhaltung des Kündigungsschutzes verliert.[339] Greiner zufolge habe der entsprechend der Zahl und Dauer der Befristungen gealterte Arbeitnehmer zudem schlechtere Chancen auf dem Arbeitsmarkt.[340] Das Vertrauen des Arbeitnehmers in die Stabilität des Arbeitsverhältnisses ist nicht geeignet, die mit wachsender Dauer und Anzahl der Befristung zunehmende Unsicherheitsperspektive für den Arbeitnehmer zu entschärfen. Aus der Perspektive des Unionsrechts besteht einzig im Fall der Erstbefristung keine berechtigte Stabilitätserwartung, sodass bei einer berechtigten Stabilitätserwartung die Anzahl und Dauer der Verlängerungen des befristeten Arbeitsvertrages gem. § 5 Nr. 1 lit. b) und c) der RV im Anhang der RL 1999/70/EG zu begrenzen ist.

Nach dem unionsgrundrechtlich vorgesehenen Interessenausgleich ist zur Vermeidung des Missbrauchs nicht nur die Perspektive auf die enttäuschte, berechtigte Stabilitätserwartung maßgeblich, sondern es ist auch der tatsächliche Bedarf des Arbeitgebers und des Arbeitnehmers an Befristung zu überprüfen und mit dem Schutzbedürfnis des Arbeitnehmers abzuwägen. Diese Überprüfung des tatsächlichen Bedarfs beim Arbeitnehmer oder beim Arbeitgeber kann dem Merkmal des „sachlichen Grundes" gem. § 5 Nr. 1 lit. a) der RV im Anhang der RL 1999/70/EG zugeordnet werden.

Der Einsatz dieser Instrumente gem. § 5 der RV im Anhang der RL 1999/70/EG bei der Umsetzung in den Mitgliedstaaten erlaubt keine beliebige Ausgestaltung, wie durch den offenen Wortlaut suggeriert wird, sondern muss so erfolgen, dass Missbrauch tatsächlich und wirksam vermieden wird.[341]

---

337 *Schlachter*, in: FS Wank, S. 510.

338 *Schlachter*, in: FS Wank, S. 510.

339 BVerfG, Beschluss vom 06.07.2010 - 2 BvR 2661/06, NZA 2010, 995, Rn. 51.

340 *Greiner*, ZESAR 2013, 305, 311.

341 *Schlachter*, in: FS Wank, S. 506.

(a) Der sachliche Grund

Die Verbindung von Richtlinienzweck und Wortlaut zeigt sich im Erfordernis eines „validen“[342] sachlichen Grundes gem. § 5 Nr. 1 lit. a) der RV im Anhang der Richtlinie, sodass ein sachlicher Grund nur bejaht werden kann, wenn Arbeitgeber und Arbeitnehmer ein über ihr allgemeines Interesse hinausgehendes, besonderes Bedürfnis an Befristung haben.

Laut Wank bestehe ein allgemeines Interesse des Arbeitgebers, dass die Befristung ihm wirtschaftliche Flexibilität verschaffe.[343] Dazu gehöre, auf wechselnde Auftragslagen zeitnah reagieren zu können, seinen Bedarf an Arbeitskräften regelmäßig zu kontrollieren und betriebsgerecht anzupassen, um die Kosten-Nutzen-Relation zugunsten von Gewinnmaximierung zu optimieren.[344] Die Verlängerung der Befristung könne auch von einer regelmäßigen Leistungskontrolle des Arbeitnehmers abhängig gemacht werden, sodass der Arbeitnehmer möglicherweise effizienter arbeite.[345] Auch der Arbeitnehmer habe ein Interesse an der Befristung des Arbeitsvertrages, wenn diese dem Arbeitnehmer einen niedrigschwelligen Einstieg zu einer Beschäftigung ermögliche und in einer unbefristeten Beschäftigung münden würde.[346]

Diese allgemeinen unternehmerischen Interessen können für den Arbeitgeber grundsätzlich keinen zulässigen sachlichen Grund bilden.[347] Wäre der Tatbestand des sachlichen Grundes durch diese allgemeinen Interessen stets erfüllt, würde das Erfordernis eines sachlichen Grundes zur leeren Hülle werden. Vor dem Hintergrund der Vorgaben gem. § 5 der RV im Anhang der RL 1999/70/EG muss der sachliche Grund die Befristung von Arbeitsverträgen wirksam begrenzen, damit Missbrauch durch aufeinanderfolgende befristete Arbeitsverträge vermieden wird. Nur wo ein legitimer, nachvollziehbarer Grund für die Befristungsabrede erkennbar sei, der über das immer bestehende Flexibilisierungsinteresse des Arbeitgebers hinausgehe, könne die Relativierung des Bestandsschutzes durch eine Befristungsabrede akzeptiert werden, so Greiner.[348]

Die besonderen Anforderungen an einen sachlichen Grund werden in der Rechtsprechung des EuGHs ausgehend von Nr. 7 der allgemeinen Erwägungen

342 Preis/Sagan/*Brose*, § 13, Rn. 140.
343 *Wank*, RdA 2010, 193, 199.
344 *Wank*, RdA 2010, 193, 199.
345 *Wank*, RdA 2010, 193, 199.
346 *Wank*, RdA 2010, 193, 199.
347 *Schlachter*, in: FS Wank, S. 510.
348 *Greiner*, ZESAR 2013, 305.

in der Präambel der RV im Anhang der RL 1999/70/EG entwickelt.[349] Gem. Nr. 7 hilft eine aus objektiven Gründen erfolgende Befristung, Missbrauch zu vermeiden. Sachliche Gründe i.S.v. § 5 Nr. lit. a) der RV im Anhang der RL 1999/70/EG sind nach der Beschreibung des EuGHs[350] genau bezeichnete, konkrete Umstände, die eine bestimmte Tätigkeit kennzeichnen würden und daher in diesem speziellen Zusammenhang die Verwendung aufeinanderfolgender befristeter Arbeitsverträge rechtfertigen könnten. Diese Umstände könnten sich etwa aus der besonderen Art der Aufgaben ergeben, zu deren Erfüllung dieser Vertrag geschlossen worden sei, seinen Wesensmerkmalen, gegebenenfalls aber auch aus der Verfolgung eines legitimen sozialpolitischen Ziels durch die Mitgliedstaaten.[351]

Krebber stellt dar, dass der EuGH ein Verständnis entwickelt habe, dass grundsätzlich ein innerer Zusammenhang zwischen dem sachlichen Grund und der Erforderlichkeit der Befristung verlange.[352] Ausnahmsweise würden aber legitime sozialpolitische Ziele genügen, sodass der Sachgrundbegriff gem. § 5 Nr. 1 lit. a) der RV im Anhang der RL 1999/70/EG weiter gefasst werde, als zunächst durch die Formulierung erkennbar sei.[353] In Betracht würden dabei insbesondere arbeitsmarktpolitische Ziele kommen, wenn sie unmittelbar dem Arbeitnehmerinteresse dienen – etwa Integration am Arbeitsmarkt, Befristung zum Schutz der Gesundheit des Arbeitnehmers, Befristung zur Vereinbarkeit von Familie und Beruf.[354]

Nicht erfasst vom Sachgrund i.S.v. § 5 Nr. 1 lit. a) der RV im Anhang der RL 1999770/EG werden sogenannte selbstgerechte Sachgründe, die allein vom Willen des Arbeitgebers abhängen, die Verlängerung eines befristeten Arbeitsvertrags zu vereinbaren.[355] Das Vorliegen eines selbstgerechten Sachgrundes hängt im Wesentlichen von der Entscheidung des Arbeitgebers ab und würde den Sachgrundbegriff schrankenlos weit und damit zur Vermeidung von Missbrauch funktionslos machen.[356] Das unionsrechtliche Ziel der effektiven Begrenzung zur Vermeidung von Missbrauch durch Befristung wäre damit nicht erfüllt.

---

349 Franzen/Gallner/Oettker/*Krebber*, RL 1999/70/EG, § 5 Rn. 17.

350 EuGH, Urteil vom 04.07.2006, C-212/04 (Adeneler u.a.), Slg. 2006, I-6057, Rn. 69.

351 EuGH, Urteil vom 04.07.2006, C-212/04 (Adeneler u.a.), Slg. 2006, I-6057, Rn. 70.

352 Franzen/Gallner/Oetker/*Krebber*, RL 1999/70/EG, § 5 Rn. 17.

353 Franzen/Gallner/Oetker/*Krebber*, RL 1999/70/EG, § 5 Rn. 17.

354 Franzen/Gallner/Oetker/*Krebber*, RL 1999/70/EG, § 5 Rn. 17.

355 EuGH, Urteil vom 04.07.2006, C-212/04 (Adeneler u.a.), Slg. 2006, I-6057; EuGH, Urteil vom 23. April 2009, C-378/07 bis C-380/07 (Angelidaki u. a.), Slg. 2009, I-3071; EuGH, Urteil vom 26.01.2012 - C-586/10 (Kücük), NZA 2012, 135 Rn. 21 ff.

356 *Chandna-Hoppe*, ZfA 2020, 70, 75.

Beispielsweise genügt die Durchführung eines Bewerbungsverfahrens nicht als Sachgrund für die Befristung, wenn gleichzeitig keine Vorgaben für die Durchführung des Verfahrens bestehen, da der Arbeitgeber frei über die Durchführung eines solchen Verfahrens entscheiden kann und sich somit den Sachgrund selbst schafft.[357] Der Arbeitgeber könnte ein solches Verfahren wiederholt inszenieren, um unbegrenzt die Möglichkeit zur Befristung von Arbeitsverträgen zu schaffen. In diesem Fall spricht der EuGH wegen der fehlenden gesetzlichen Vorgaben an die Durchführung des Bewerbungsverfahrens von der Gefahr des Missbrauchs durch aufeinanderfolgende befristete Arbeitsverträge.[358] Insofern wird von Chandna-Hoppe vorgeschlagen, dass einschränkende Kriterien für die Sachgrundprüfung das Defizit bei selbstgerechten Sachgründen ausgleichen könnten.[359]

Werden selbstgerechte Sachgründe mit diesen einschränkenden Kriterien ergänzt, erfüllen diese grundsätzlich die Anforderungen an einen Sachgrund i.S.v. § 5 Nr. 1 lit a) der RV im Anhang der RL 1999/70/EG. Aber auch selbstgerechte Sachgründe müssen zudem der Missbrauchskontrolle im Einzelfall standhalten. So entschied der EuGH[360] zuletzt, dass § 5 der RV im Anhang der RL 1999/70/EG dahin auszulegen sei, dass dieser nationalen Rechtsvorschriften und einer nationalen Rechtsprechung entgegenstehe, wonach die aufeinanderfolgende Verlängerung befristeter Arbeitsverhältnisse allein deswegen als durch „sachliche Gründe" im Sinne von § 5 Nr. 1 lit. a) der RV im Anhang der RL 1999/70/EG gerechtfertigt angesehen werde, weil sie den in diesen Rechtsvorschriften vorgesehenen Gründen für die Einstellung (Erforderlichkeit, Dringlichkeit oder Durchführung von Programmen zeitlich begrenzter, konjunktureller oder außerordentlicher Art) genüge, soweit die nationalen Rechtsvorschriften und die nationale Rechtsprechung den betreffenden Arbeitgeber nicht daran hindere, in der Praxis mit solchen Verlängerungen einen ständigen und dauerhaften Arbeitskräftebedarf zu decken. Ein solcher sachlicher Grund gehe zwar grundsätzlich mit den unionsrechtlichen Vorgaben konform, wenn gewisse Voraussetzungen im nationalen Recht an das Bewerbungsverfahren gerichtet würden, sodass die nationale Regelung keine allgemeine und abstrakte Genehmigung für

---

357 *Chandna-Hoppe*, ZfA 2020, 70, 75.

358 EuGH, Urteil vom 26.11.2014, C – 22/13 u.a. (Mascolo), NZA 2015, 153, Rn. 106 ff.

359 *Chandna-Hoppe*, ZfA 2020, 70, 77.

360 EuGH, Urteil vom 20.03.2020, C-103/18, C-429/18 (Sanchez Ruiz), ECLI:EU:C:2020:219, Tenor Nr. 1.

den Rückgriff auf aufeinanderfolgende befristete Arbeitsverträge erteile.[361] Es sei hingegen nach der Missbrauchskontrolle im Einzelfall nicht zulässig, dass befristete Arbeitsverträge zum Zweck einer ständigen und dauerhaften Wahrnehmung von Aufgaben, die zur normalen Tätigkeit unbefristeter Beschäftigter gehören, eingesetzt würden.[362]

Abseits dieser Fälle hat das BAG erkannt, dass auch die Haushaltsbefristung gem. § 14 Abs. 1 S. 2 Nr. 7 TzBfG aus der Perspektive dieser unionsrechtlichen Vorgaben einer kritischen Würdigung bedarf.[363] Hierzu hat das BAG einschränkende Kriterien entwickelt, die sicherstellen sollen, dass der Arbeitgeber Sachgründe für Befristungen nicht wiederholt selbst schaffen kann.[364] Es muss eine ausreichend konkrete Zwecksetzung für die befristete Beschäftigung bestehen und eine Prognose muss nahelegen, dass der Arbeitnehmer – zumindest überwiegend – entsprechend dieser Zwecksetzung beschäftigt wird.[365] Fraglich ist dabei, ob die unbestimmten Anforderungen an die Zwecksetzung den speziellen unionsrechtlichen Vorgaben der Richtlinie entsprechen.[366] Dies wurde durch den EuGH bisher nicht entschieden.[367] Allerdings finden sich Ausführungen hierzu in den Schlussanträgen des Generalanwalts Jääskinen in der Rechtssache „Jansen", der in einer Haushaltsbefristung erhebliches Missbrauchspotenzial sieht.[368] Vor dem Hintergrund der Entscheidung des EuGHs in Rechtssachen „Sanchez Ruiz" ist zukünftig zu klären, ob die einschränkenden Kriterien ausreichend sind, damit die Vorgaben an einen sachlichen Grund gem. § 5 Nr. 1 lit. a) der RV im Anhang der RL 1999/70/EG bejaht werden können. Insbesondere eine Missbrauchskontrolle im Einzelfall muss sicherstellen, dass befristete Arbeitsverträge zum Zweck einer ständigen und dauerhaften Wahrnehmung

361 EuGH, Urteil vom 20.03.2020, C-103/18, C-429/18 (Sanchez Ruiz), ECLI:EU:C:2020:219, Rn. 69, 71 f.

362 EuGH, Urteil vom 20.03.2020, C-103/18, C-429/18 (Sanchez Ruiz), ECLI:EU:C:2020:219, Rn. 75, 77.

363 *Chandna-Hoppe*, ZfA 2020, 70, 75.

364 *Chandna-Hoppe*, ZfA 2020, 70, 75.

365 BAG, Urteil vom 23.05.2018, 7 AZR 16/17, NZA 2018, 1549, Rn. 15; BAG, Urteil vom 17.03.2010, 7 AZR 843/08, NJW 2010, 2536, Rn. 11; BAG, Urteil vom 18.10.2006, 7 AZR 419/05, BAGE 120, 42, Rn 14 ff.

366 *Chandna-Hoppe*, ZfA 2020, 70, 75 f.

367 *Chandna-Hoppe*, ZfA 2020, 70, 75.

368 *Jääskinen*, Schlussantrag vom 15.09.2011, C – 313/10 (Jansen), Slg. 2011, I-10511, Rn. 61, 70.

von Aufgaben, die zur normalen Tätigkeit unbefristeter Beschäftigter gehören, eingesetzt werden.[369]

Der sachliche Grund gem. § 5 Nr. 1 lit. a) der RV im Anhang der RL 1999/70/EG wird unionsrechtlich durch den Zusammenhang mit dem Zweck der Missbrauchsvermeidung gem. § 1 lit. b) der RV im Anhang der RL 1999/70/EG zur wirksamen Grenze für die Befristung von Arbeitsverträgen. Dabei wird der Sachgrund von einem besonderen Bedarf des Arbeitgebers oder des Arbeitnehmers an Befristung getragen, der das Schutzbedürfnis des Arbeitnehmers vor Missbrauch durch aufeinanderfolgende befristete Arbeitsverträge grundsätzlich überwiegt, sodass die Befristung zulässig ist und die Missbrauchsgrenze in zahlenmäßiger und zeitlicher Hinsicht deutlich nach hinten verschoben wird.

(b) Die Höchstdauer und Höchstzahl aufeinanderfolgender befristeter Arbeitsverhältnisse

Mit steigender Anzahl oder Dauer der Verlängerung der Befristungen wächst das Schutzbedürfnis des Arbeitnehmers, sodass auf Ebene des Interessenausgleichs ab einem gewissen Zeitpunkt das durch den Sachgrund verstärkte Interesse von Arbeitgeber und Arbeitnehmer an Befristung hinter dem Schutzinteresse des Arbeitnehmers zurückstehen muss. Nach der Rechtsprechung des EuGHs ist es daher notwendig, dass auch die Instrumente gem. § 5 Nr. 1 lit. b) und c) der RV im Anhang der RL 1999/70/EG genutzt werden, damit das Ziel der Missbrauchsvermeidung gem. § 1 lit. b) der RV im Anhang der RL 1999/70/EG realisiert werden kann.[370]

Auch die nach dem Wortlaut gem. § 5 Nr. 1 lit. b) und c) der RV im Anhang der RL 1999/70/EG unbestimmte Höchstdauer und Höchstzahl gewinnt also durch den Zusammenhang mit dem Zweck der Vermeidung von Missbrauch durch aufeinanderfolgende befristete Arbeitsverhältnisse gem. § 1 lit. b) der RV im Anhang der RL 1999/70/EG an Konturen. Dabei muss der Ausnahmecharakter von Befristungen gewahrt bleiben. In Anlehnung an die Rechtsprechung zu den sachlichen Gründen i.S.v. § 5 Nr. 1 lit. a) der RV im Anhang der RL 1999/70/EG darf die Festlegung der Höchstdauer nicht lediglich dazu dienen, die Verlängerung befristeter Arbeitsverhältnisse zuzulassen.[371] Insbesondere zu

369 EuGH, Urteil vom 20.03.2020, C-103/18, C-429/18 (Sanchez Ruiz), ECLI:EU:C:2020:219, Rn. 75, 77.

370 EuGH, Urteil vom 26.01.2012 - C-586/10 (Kücük), NZA 2012, 135, Rn. 56.

371 Franzen/Gallner/Oetker/*Krebber*, RL 1999/70/EG, § 5 Rn. 27.

hoch angesetzte Scheingrenzen würden faktisch sogar den Missbrauch durch die Befristung von Arbeitsverträgen begünstigen, warnt Brose.[372]

Durch die zunehmende Anzahl und Gesamtdauer der Befristung entwickelt der Arbeitnehmer eine berechtigte Erwartung hinsichtlich der Verstetigung der Vertragsbeziehung.[373] Diese berechtigte Erwartung kann sich sowohl aus einer hohen Zahl von kurz bemessenen Verlängerungen, einer hohen Gesamtdauer weniger Befristungen oder einer Kombination aus vielen Verlängerungen mit einer hohen Gesamtdauer der Befristungen ergeben. Gerade aus vielen kurzzeitigen Befristungen entsteht eine besondere Unsicherheit für den Arbeitnehmer,[374] da im Zeitpunkt der möglichen Verlängerung eines befristeten Arbeitsverhältnisses der Moment größter Unsicherheit liegt.[375]

In der Rechtssache „Kücük" hat der EuGH eine Befristungsdauer von elf Jahren als missbräuchlich gekennzeichnet – wobei auch die hohe Anzahl der Verlängerungen (14 aufeinanderfolgende Verträge) in die Entscheidung miteinbezogen wurden.[376] In Anlehnung an diese Rechtsprechung des EuGHs zur Kontrolle des sachlichen Grundes sind nur eine solche Begrenzung der Anzahl möglicher Verlängerungen und eine Begrenzung der Dauer befristeter Arbeitsverhältnisse mit § 5 Nr. 1 lit. b) und c) der RV im Anhang der RL 1999/70/EG vereinbar, die Ausdruck von Arbeitnehmerschutz oder arbeitsmarktpolitischen Erwägungen ist.[377] Zwar fehlen klar erkennbare unionsrechtliche Grenzwerte, jedoch wird aus der Zusammenschau mit dem Zweck der Missbrauchsvermeidung deutlich, dass die Begrenzung der Anzahl möglicher Verlängerungen und die Begrenzung der Gesamtdauer aufeinanderfolgender befristeter Arbeitsverhältnisse entsprechend der Interessenlage im Einzelfall erfolgen muss.

Die zeitlichen und zahlenmäßigen Grenzen sollten außerdem zur effektiven Vermeidung von Befristungsmissbrauch kombiniert werden. So ist es bei der Überprüfung einer Befristungskette erforderlich, dass bei einer Regelung, die eine Höchstdauer vorsieht, im Einzelfall auch die Anzahl der Verlängerungen berücksichtigt wird, und umgekehrt bei einer Regelung, die auf die Anzahl der Verlängerung abstellt, die Gesamtdauer.[378] Die Festlegung starrer Grenzwerte

---

372 Preis/Sagan/*Brose,* § 13, Rn. 174.

373 Schlachter, in: FS Wank, S. 509.

374 Franzen/Gallner/Oetker/*Krebber*, RL 1999/70/EG, § 5 Rn. 28.

375 *Krebber*, EuZA 2017, 3, 16; *Greiner*, ZESAR 2013, 305, 310.

376 Preis/Sagan/*Brose,* § 13, Rn. 174.

377 Franzen/Gallner/Oetker/*Krebber*, RL 1999/70/EG, § 5 Rn. 28.

378 Preis/Sagan/*Brose,* § 13, Rn. 175.

bei der Anzahl und Dauer der Befristung ist mit der Schwierigkeit verbunden, das Ziel der Missbrauchsvermeidung in allen Einzelfällen zu gewährleisten. Insofern bewegen sich die Grenzen der sachgrundlosen Befristung gem. § 14 Abs. 2 TzBfG aber grundsätzlich im unionsrechtlich zulässigen Bereich.[379]

(2) Die teleologische Verbindung der unionsrechtlichen Grenzen

Der Einsatz der genannten Instrumente gem. § 5 der RV im Anhang der RL 1999/70/EG kann in der nationalen Umsetzung sowohl kumulativ als auch alternativ erfolgen.[380] Diese Kombinierbarkeit ergibt sich dabei aus dem Wortlaut „eine oder mehrere der folgenden Maßnahmen".[381] Zudem wurde in der Auflistung der einzelnen Instrumente zur Begrenzung von Befristung gem. § 5 Nr. 1 lit. a) bis c) der RV im Anhang der RL 1999/70/EG von den Sozialpartnern darauf verzichtet, die einzelnen Listenpunkte mit einem „und" zu verbinden, was für einen kumulativen Einsatz sprechen könnte. Auch hätte die Konjunktion „oder" verwendet werden können, was wiederum für eine ausschließlich alternative Nutzung der aufgelisteten Instrumente sprechen würde. Darauf haben die Sozialpartner verzichtet und diese Instrumente lediglich mit dem Semikolon voneinander getrennt. So ist es nach dem Wortlaut der Rahmenvereinbarung möglich, die einzelnen Instrumente sowohl kumulativ als auch alternativ zu verwenden.

Dies haben die Sozialpartner auch in allen Sprachfassungen gleichförmig geregelt. Zudem nimmt der Wortlaut „gegebenenfalls" in § 5 Nr. 2 der RV im Anhang der RL 1999/70/EG über „aufeinanderfolgend" gem. § 5 Nr. 2 lit. a) der RV im Anhang der RL 1999/70/EG Bezug auf § 5 Nr. 1 lit. b der RV im Anhang der RL 1999/70/EG. Die Sozialpartner setzen es in § 5 Nr. 2 lit. a) der RV nicht voraus, dass eine Begrenzung der Gesamtdauer „aufeinanderfolgender befristeter Arbeitsverhältnisse" gem. § 5 Nr. 1 lit. b) der RV erfolgen muss, sondern nur „gegebenenfalls". Wenn dieses Instrument bei der Umsetzung der Richtlinie benutzt wird, muss festgelegt werden, was unter aufeinanderfolgenden befristeten Arbeitsverhältnissen zu verstehen ist. Daraus ergibt sich grundsätzlich das Gesamtbild, dass die Instrumente in § 5 Nr. 1 lit. a) bis c) der RV nach dem Wortlaut der Rahmenvereinbarung sowohl alternativ als auch kumulativ verwendet werden können.

Der Einsatz des jeweiligen Instruments muss sich jedoch immer am Ziel der effektiven Vermeidung von Missbrauch durch aufeinanderfolgende befristete

---

379 Preis/Sagan/*Brose*, § 13, Rn. 176.
380 Preis/Sagan/*Brose*, § 13, Rn. 138.
381 *Greiner*, ZESAR 2013, 305, 306.

Arbeitsverträge messen lassen.[382] Dieser Zweck führt dazu, dass die einzelnen Instrumente gem. § 5 Nr. 1 der RV im Anhang der RL 1999/70/EG, denen es an genauen Wertgrenzen oder einer genauen Sachgrunddefinition fehlt, mehr Konturen erhalten. Die Missbrauchsgrenze als unionsrechtlich gebotenes Untermaß an Arbeitnehmerschutz gem. Art. 15 Abs. 1 GRC darf nicht unterschritten werden.

(a) Das System zur Missbrauchsvermeidung

Werden die Missbrauchsinstrumente strikt unabhängig voneinander verwendet, offenbaren sich Lücken im Missbrauchsschutz, sodass der Missbrauch bei aufeinanderfolgenden befristeten Arbeitsverträgen nicht zu verhindern ist.[383] Es sei insbesondere die Sachgrundbefristung, die sich als Schwachstelle der Instrumente zur Vermeidung des Befristungsmissbrauchs herauskristallisiere, so Brose.[384] Regelungen mit Sachgrundbefristungen würden die große Mehrzahl der Vorlagefragen beim EuGH ausmachen.[385] Ein Beispiel hierfür bietet die Missbrauchskontrolle von aufeinanderfolgenden Sachgrundbefristungen durch den EuGH[386] in der Rechtssache Kücük. Dabei hat der EuGH[387] klar gemacht, dass eine Sachgrundbefristung nur unionsrechtskonform sei, wenn sie eine normzweckwidrige Dauer oder Höchstzahl von Verlängerungen befristeter Arbeitsverhältnisse ausschließe. Der Blick darf also nicht nur an den einzelnen Instrumenten verharren, sondern der Zweck der Missbrauchsvermeidung verlangt, dass die Instrumente so ineinandergreifen, dass Missbrauch durch Befristung effektiv vermieden wird. Die einzelnen Instrumente sind also nicht nur kombinationsoffen, sondern werden durch die Bindung an den Zweck der Missbrauchsvermeidung kombinationsbedürftig.

Im Ausgangspunkt betont der EuGH[388], dass die Mitgliedstaaten mindestens eine der in § 5 der RV im Anhang der RL 1999/70/EG angeführten Maßnahmen ergreifen müssten, sofern das innerstaatliche Recht keine gleichwertigen Maßnahmen enthalte. Das lässt den Mitgliedstaaten auf den ersten Blick erheblichen

---

382 Franzen/Gallner/Oetker/*Krebber*, RL 1999/70/EG, § 1 Rn. 8; Preis/Sagan/*Brose*, § 13 Rn. 132.

383 *Schlachter*, in: FS Wank, S. 507.

384 Preis/Sagan/*Brose*, § 13, Rn. 139.

385 Preis/Sagan/*Brose*, § 13, Rn. 139.

386 EuGH, Urteil vom 26.01.2012 - C-586/10 (Kücük), NZA 2012, 135.

387 EuGH, Urteil vom 26.01.2012 - C-586/10 (Kücük), NZA 2012, 135 Rn. 43.

388 EuGH, Urteil vom 26.01.2012 - C-586/10 (Kücük), NZA 2012, 135 Rn. 25, 42.

Spielraum nicht nur hinsichtlich der Maßnahmenauswahl, sondern auch im Hinblick auf die Anwendungsmodalitäten der durch die Mitgliedstaaten aufgestellten Grundsätze gem. Nr. 10 der allgemeinen Erwägungen in der Präambel der RV im Anhang der RL 1999/70/EG, um eine im Einzelfall angemessene und an die nationalen Besonderheiten angepasste Regelung zu ermöglichen.[389]

Der Wertungsspielraum stehe aber immer unter der Bedingung, dass die Mitgliedstaaten das unionsrechtlich vorgegebene Ergebnis gewährleisten würden gem. Art. 288 Abs. 3 AEUV und gem. Art. 2 Abs. 1 der RL 1999/70/EG im Lichte ihres 17. Erwägungsgrundes, so der EuGH.[390] Es sei Sache aller Stellen des betreffenden Mitgliedstaats, im Rahmen der jeweiligen Zuständigkeiten für die Beachtung des selbst bestimmten Sachgrunderfordernisses gem. Art. 5 Nr. 1 lit. a) der RV im Anhang der RL 1999/70/EG zu sorgen, indem der Bedarf des Arbeitgebers konkret geprüft werde.[391] Hierzu sind alle Umstände des Einzelfalls zu prüfen und auch die Zahl und Dauer der aufeinanderfolgenden befristeten Verträge miteinzubeziehen.[392] Dass diese Kriterien auch eigene Präventivmaßnahmen gem. § 5 Nr. 1 lit. b) und c) der RV im Anhang der RL 1999/70/EG sind, hat keine Auswirkungen.[393] Grenzen für die Dauer und die Anzahl aufeinanderfolgender befristeter Arbeitsverträge können sowohl als eigene gesetzliche Regelung vor Missbrauch schützen als auch Missbrauchsindizien bei der Kontrolle des sachlichen Grundes sein.[394]

Diese teleologische Verbindung der Instrumente gem. § 5 Nr. 1 der RV im Anhang der RL 1999/70/EG hat für die grundsätzlich freien Kombinationsmöglichkeiten bezüglich der einzelnen Instrumente Folgen und begrenzt damit den Umsetzungsspielraum der Mitgliedstaaten erheblich. Nach dem klaren Wortlaut von § 5 der RV im Anhang der RL 1999/70/EG findet die Missbrauchskontrolle nicht nur beim Sachgrunderfordernis statt, sondern ist auch bei der Begrenzung der Befristung nach Anzahl und Dauer anwendbar. Der zwischen dem Zweck der Missbrauchsvermeidung und den einzelnen Instrumenten hergestellte Zusammenhang lässt ein System bei der Begrenzung der Befristung von Arbeitsverträgen entstehen. In diesem greifen die von § 5 der RV im Anhang der

389 EuGH, Urteil vom 26.01.2012 - C-586/10 (Kücük), NZA 2012, 135 Rn. 47, 49.
390 EuGH, Urteil vom 26.01.2012 - C-586/10 (Kücük), NZA 2012, 135 Rn. 43, 48.
391 EuGH, Urteil vom 26.01.2012 - C-586/10 (Kücük), NZA 2012, 135 Rn. 39.
392 EuGH, Urteil vom 26.01.2012 - C-586/10 (Kücük), NZA 2012, 135 Rn. 40.
393 EuGH, Urteil vom 26.01.2012 - C-586/10 (Kücük), NZA 2012, 135 Rn. 41.
394 EuGH, Urteil vom 26.01.2012 - C-586/10 (Kücük), NZA 2012, 135 Rn. 43.

RL 1999/70/EG genannten Instrumente ineinander und definieren wechselseitig die jeweiligen Anforderungen an wirksamen Missbrauchsschutz.

Das bedeutet für den Einzelfall, dass ein besonderer Bedarf des Arbeitnehmers oder des Arbeitgebers als sachlicher Grund für die Befristung je nach Gewicht entsprechend weite Grenzen bei der Anzahl und Dauer rechtfertigen kann. Ein schwacher Bedarf lässt dann nur enge zeitliche und zahlenmäßige Grenzen zu. Daher scheiden starre Grenzwerte oder eine feste Obergrenze aus Perspektive des Unionsrechts grundsätzlich aus.[395] Die jeweilige Obergrenze ergibt sich aus der Betrachtung aller Umstände des Falls, insbesondere des Sachgrundes und des in ihm enthaltenen Bedarfs des Arbeitnehmers oder des Arbeitgebers.

Als einheitliches System lässt sich diese Relation der Grenzen zueinander auch bei der Kontrolle gesetzlich festgelegter zeitlicher und zahlenmäßiger Grenzen für die Befristung von Arbeitsverträgen anwenden. Die Zulassung weiter Grenzen muss durch einen sachlichen Grund gerechtfertigt werden, der von einem gewichtigen Bedarf des Arbeitnehmers oder des Arbeitgebers getragen wird. Dieser Bedarf kann in einer Missbrauchskontrolle überprüft und gewichtet werden.

(b) Die allgemeinen Folgen für das deutsche Befristungsrecht

In der Entwicklung des deutschen Befristungsrechts ist die unionsrechtlich gebotene, teleologische Verbindung von Sachgrund, zahlenmäßigen und zeitlichen Grenzen grundsätzlich dogmatisches Neuland, da sich die Sachgrundbefristung und die sachgrundlose Befristung zunächst als unterschiedliche systematische Kategorien entwickelt haben.[396] Zwar berücksichtigt das BAG bei der Missbrauchskontrolle in Fällen der Vertretungsbefristung die Anzahl und Dauer vorheriger aufeinanderfolgender Befristungen, jedoch stützt das BAG dies auf den allgemeinen Gedanken des institutionellen Rechtsmissbrauchs gem. § 242 BGB und nicht auf die unionsrechtliche Dogmatik.[397] Ungeachtet dessen offenbart sich die Tendenz, die frühere Gegensätzlichkeit der Sachgrundbefristung und sachgrundlosen Befristung aufzulösen.

Die indizierte Annäherung der unterschiedlichen Schutzmodelle der sachgrundlosen Befristung und der Sachgrundbefristung könne letztlich in einer Verknüpfung aller Wege zum Zweck der wirksamen Vermeidung von

395 Ascheid/Preis/Schmidt/*Backhaus*, TzBfG, § 14 Rn. 83.

396 *Greiner*, ZESAR 2013, 305, 306 ff.

397 BAG, Urteil vom 18.07.2012 - 7 AZR 443/09, NZA 2012, 1351 Rn. 48; BAG, Urteil 26.10.2016 - 7 AZR 135/15, NZA 2017, 382, Rn. 24 ff.

Missbrauch münden, so ein Ausblick von Greiner.[398] Wenn die Missbrauchskontrolle bei der Befristung mit Sachgrund die Anzahl und Dauer der aufeinanderfolgenden befristeten Arbeitsverträge einbezieht, muss spiegelbildlich auch bei der Begrenzung der sachgrundlosen Befristung durch maximale Höchstdauer und maximale Höchstzahl eine Missbrauchskontrolle überprüfen, ob der Bedarf des Arbeitnehmers oder des Arbeitgebers diese Grenzen rechtfertigt. Diese kann durch die richtlinienkonforme Auslegung der sachgrundlosen Befristung erreicht werden.

Es wird jedoch vertreten, dass eine weitere Missbrauchskontrolle bei einer Regelung der Höchstdauer und Höchstzahl der Befristungen nicht notwendig sei, wenn die gesetzgeberisch festgelegten zeitlichen und zahlenmäßigen Grenzen den unionsrechtlichen Vorgaben grundsätzlich entsprechen.[399] Durch klare und hinreichend strenge Grenzen wird die mit jeder Verlängerung verstetigte Vertragserwartung des Arbeitnehmers nicht enttäuscht, denn dieser kann die gesetzlichen Grenzen der Befristungsmöglichkeit klar erkennen und somit wird die hieraus resultierende Unsicherheit für den Arbeitnehmer vermieden. Einem Arbeitgeber, der sich im Rahmen dieser Grenzen bewegt, ist grundsätzlich kein Missbrauchsvorwurf zu machen.

Der Grad der Begrenzung hängt aber auch von dem teleologisch verbundenen Sachgrund ab, der bei der sachgrundlosen Befristung jedoch nicht als Präventivmaßnahme – also als gesetzliche Tatbestandsvoraussetzung gem. § 14 Abs. 2, Abs. 2a und Abs. 3 TzBfG – kontrollfähig ist, aber in einer Missbrauchskontrolle ein Indiz für oder gegen einen Missbrauch darstellen kann. Insbesondere rückt dabei das mit der Umsetzung verfolgte gesetzgeberische Motiv in den Mittelpunkt, das gewissermaßen der sachliche Grund für die Zulassung der Befristung in den jeweiligen zeitlichen und zahlenmäßigen Grenzen ist.[400]

(c) Die besonderen Folgen für § 14 Abs. 2 TzBfG

Bei der sachgrundlosen Befristung gem. § 14 Abs. 2 TzBfG kann stets eine Art „sachlicher Grund" für die Zulassung von Befristung in dem gesetzgeberischen Regelungsziel erkannt werden, eine niedrigschwellige Einstiegsmöglichkeit in Beschäftigung zu schaffen, Arbeitnehmern dadurch die Brücke zu einer Dauerbeschäftigung zu schlagen, zugleich die Existenzgründung von kleineren und mittleren Unternehmen zu fördern und damit einen arbeitsmarktpolitischen

398 *Greiner*, ZESAR 2013, 305, 312.
399 Franzen/Gallner/Oetker/*Krebber*, RL 1999/70/EG, § 5 Rn. 34.
400 *Greiner*, ZESAR 2013, 305, 307.

Impuls zu setzen.[401] Das gesetzgeberische Motivbündel rechtfertigt die Zulassung der Befristung in den Grenzen von § 14 Abs. 2 S. 1 TzBfG und damit den konzeptionellen Verzicht auf einen von Arbeitgeber darzulegenden Sachgrund. Ähnliche befristungsrechtliche Privilegien werden gem. § 14 Abs. 2a TzBfG vorgesehen, um Unternehmen gerade in der schwer kalkulierbaren Startphase die Existenzgründung zu erleichtern.[402] Auch in § 14 Abs. 3 wird die sachgrundlose Befristung mit zeitlichen Grenzen zugelassen, um älteren Arbeitnehmern, die längere Zeit arbeitslos waren, den Einstieg in eine Beschäftigung durch die Befristung zu erleichtern.[403] Die vom Gesetzgeber mit den unterschiedlichen Tatbeständen der sachgrundlosen Befristung verfolgten Motive zielen alle auf arbeitsmarktpolitische Verbesserungen. Diese Zielsetzung wird vom unionsrechtlichen Begriff des sachlichen Grundes erfasst.[404]

Wird das Vorliegen eines sachlichen Grundes im Unionsrecht durch eine Missbrauchskontrolle ergänzt, liegt es nah, auch die zeitlichen und zahlenmäßigen Grenzen der sachgrundlosen Befristung einer Missbrauchskontrolle zu unterziehen, die alle Umstände des Falls berücksichtigt, insbesondere das gesetzgeberische Motiv als „sachlichen Grund“ für Befristung. Eine zusätzliche Missbrauchskontrolle überprüft also, ob die durch den Gesetzgeber intendierten Sachgründe tatsächlich vorliegen – also der Bedarf beim Arbeitgeber im Fall der Existenzgründung oder beim Arbeitnehmer zu einer Einstellungserleichterung tatsächlich besteht. Würden diese Sachgründe fehlen, könnten die niedrigschwelligen Grenzen bei der sachgrundlosen Befristung das unionsrechtlich gebotene Mindestmaß an Arbeitnehmerschutz gem. Art. 15 Abs. 1 GRC unterschreiten und insofern im Einzelfall missbräuchlich sein.

Gem. § 14 Abs. 2 S. 1 TzBfG sind die Instrumente Höchstdauer aufeinanderfolgender befristeter Arbeitsverhältnisse gem. § 5 Nr. 1 lit. b) der RV und Höchstzahl der der Verlängerung von befristeten Arbeitsverhältnissen gem. § 5 Nr. 1 lit. c) der RV kombiniert. Der Bedarf im Fall des § 14 Abs. 2 S. 1 TzBfG richtet sich sowohl aus an dem allgemeinen Flexibilisierungsinteresse des Arbeitgebers als auch an dem Interesse des Arbeitnehmers, durch niedrigschwellige Anforderungen an die Befristung einen erleichterten Zugang zu einer befristeten Stelle zu erhalten.[405] Missbrauchskonstellationen zulasten des Arbeitnehmers können

401 BT-Drs. 14/4374, S. 14, S. 19.

402 BT-Drs. 15/1204, S. 10.

403 BT-Drs. 16/3793, S. 14 f.

404 Franzen/Gallner/Oetker/*Krebber*, RL 1999/70/EG, § 5 Rn. 17.

405 BT-Drs. 14/4374, S. 14, S. 19.

sich in diesem Bereich insbesondere dadurch ergeben, wenn der Arbeitgeber den besonderen Bedarf des Arbeitnehmers befristete Anstellung zu erhalten ausnutzt. Ein Missbrauch ist denkbar, wenn nach einer gewissen Unterbrechung zu einer Vorbeschäftigung eine sachgrundlose Befristung bei demselben Arbeitgeber eingegangen werden soll. In diesen Fällen hatte der Arbeitnehmer bereits eine Einstiegschance durch die erste Beschäftigung erhalten. Hat der Arbeitgeber erneut die Option, den Arbeitnehmer sachgrundlos befristet einzustellen, wird die Brückenfunktion der sachgrundlosen Befristung nicht erreicht, da der Arbeitgeber regelmäßig eher erneut auf eine für ihn flexiblere und damit günstigere sachgrundlose Befristung zurückgreifen wird, als eine unbefristete Beschäftigung mit dem Arbeitnehmer zu vereinbaren. Die Motive der Einstellungsförderung und der Brückenfunktion dürfen nicht vom wünschenswerten Ziel zum missbräuchlichen Vorwand bei der sachgrundlosen Befristung werden. Insofern schützt das Vorbeschäftigungsverbot gem. § 14 Abs. 2 S. 2 TzBfG den Arbeitnehmer davor, dass der Arbeitnehmer nach einer Vorbeschäftigung bei demselben Arbeitgeber erneut innerhalb der Grenzen gem. § 14 Abs. 2 S. 1 TzBfG angestellt wird. Die Ausnahme vom Sachgrunderfordernis gem. § 14 Abs. 2 S. 1 TzBfG verfehlt in diesen Fällen einer Vorbeschäftigung das gesetzgeberische Motiv der Einstellungsförderung und der Brückenfunktion hin zu einer Dauerbeschäftigung. Damit ist das Vorbeschäftigungsverbot gem. § 14 Abs. 2 S. 2 TzBfG aus der unionsrechtlichen Perspektive ein Missbrauchsschutzinstrument, das die Maßnahme gem. § 5 Nr. 1 lit. b) und c) der RV im Anhang der RL 1999/70/EG ergänzt.[406]

Auch die Einschränkung des Vorbeschäftigungsverbots gem. § 14 Abs. 2 S. 2 TzBfG kann unionsrechtskonform erklärt werden. Grundsätzlich gilt es zu verhindern, dass das gesetzgeberische Motiv als Sachgrund für die sachgrundlose Befristung und die zeitlichen und zahlenmäßigen Grenzen gem. § 14 Abs. 2 S. 1 TzBfG durch eine nach einer gewissen Unterbrechung wiederholte sachgrundlose Befristung umgangen werden. Jedoch muss im Einzelfall geprüft werden, ob der mit der sachgrundlosen Befristung verfolgte Bedarf des Arbeitnehmers oder des Arbeitgebers nicht doch besteht. Nicht jede sachgrundlose Befristung nach einer Vorbeschäftigung ist missbräuchlich. Ein Missbrauch kann im Einzelfall ausscheiden, wenn das unionsrechtlich gebotene Untermaß an Arbeitnehmerschutz eingehalten ist. Insofern ist notwendig, dass der Bedarf des Arbeitnehmers oder des Arbeitgebers an Befristung im Einzelfall einen Eingriff in die Schutzpflicht zugunsten des Arbeitnehmers gem. Art. 15 GRC rechtfertigt. Der

406 Ascheid/Preis/Schmidt/*Backhaus*, TzBfG, § 14 Rn. 579.

Eingriff ist dann verhältnismäßig, wenn eine sehr lange Zeit zur Vorbeschäftigung vergangen ist, diese von sehr kurzer Dauer oder ganz andersgeartet war. In diesen Fällen würde eine Missbrauchskontrolle zu dem Ergebnis gelangen, dass der gesetzgeberische intendierte Bedarf noch nicht durch die erste Befristung erfüllt wurde, sondern weiterhin besteht, sodass eine Einschränkung des Vorbeschäftigungsverbots gem. § 14 Abs. 2 S. 2 TzBfG auch aus der Perspektive des Unionsrechts gerechtfertigt werden kann. Legt man § 14 Abs. 2 TzBfG auf diese Weise aus, sind alle Kriterien von § 5 der RV im Anhang der RL 1999/70/EG erfüllt.[407]

(d) Die besonderen Folgen für § 14 Abs. 3 TzBfG

Der Gesetzgeber bezweckt bei § 14 Abs. 3 TzBfG, dem besonderen Bedarf älterer Arbeitnehmer nachzukommen, durch niedrigschwellige Anforderungen an eine Befristung einen erleichterten Zugang zu einer befristeten Stelle zu erhalten.[408] Dieser Regelungszweck kann wiederum als „sachlicher Grund" für die Zulässigkeit der Befristung gem. § 14 Abs. 3 TzBfG verstanden werden. Dabei wird in der aktuellen Fassung des § 14 Abs. 3 TzBfG versucht, eine unionsrechtlich unzulässige Altersdiskriminierung zu vermeiden.[409] Die Regelung knüpft nicht mehr ausschließlich an das Alter des Arbeitnehmers an, sondern mit der Voraussetzung der mindestens viermonatigen Beschäftigungslosigkeit wird auf die persönliche Arbeitsmarktsituation des Arbeitnehmers abgestellt, sodass von der Verhältnismäßigkeit des § 14 Abs. 3 TzBfG ausgegangen werden darf.[410] Die Neuregelung ist demnach grundsätzlich unionsrechtskonform.[411]

Die sachgrundlose Befristung gem. § 14 Abs. 3 TzBfG muss aber auch die Vorgaben gem. § 5 Nr. 1 der RV im Anhang der RL 1999/70/EG erfüllen. Als Instrument gegen Missbrauch wird zunächst eine Grenze bezüglich der Gesamtdauer der Befristungen von maximal fünf Jahren gesetzt. Gem. § 14 Abs. 3 S. 1 TzBfG ist ein Sachgrund nicht erforderlich und gem. § 14 Abs. 3 S. 2 TzBfG ist eine zahlenmäßige Begrenzung der Verlängerungen der Befristung nicht genannt. Dafür wird als Absicherung für das Vorliegen des gesetzgeberisch intendierten

---

407 Ascheid/Preis/Schmidt/*Backhaus*, TzBfG, § 14 Rn. 508.

408 Ascheid/Preis/Schmidt/*Backhaus*, TzBfG, § 14 Rn. 630; ErfK/Müller-Glöge, TzBfG, § 14 Rn. 108; MüKo/*Hesse*, TzBfG, § 14 Rn. 108.

409 ErfK/Müller-Glöge, TzBfG, § 14 Rn. 110.

410 BAG, Urteil vom 28.05.2014 - 7 AZR 360/12, NZA 2015, 1131, Rn. 28.

411 Ascheid/Preis/Schmidt/*Backhaus*, TzBfG, § 14 Rn. 508; ErfK/*Müller-Glöge*, TzBfG, § 14 Rn. 110a; MüKo/*Hesse*, TzBfG, § 14 Rn. 104; KR/*Lipke*, TzBfG, § 14 Rn. 659.

Regelungsziels bzw. des Sachgrundes die Voraussetzung gem. § 14 Abs. 2a TzBfG genannt, dass der Arbeitnehmer das 52. Lebensjahr vollendet hat und unmittelbar vor dem Beginn des Arbeitsverhältnisses mindestens vier Monate beschäftigungslos i.S.v. § 138 Abs. 1 Nr. 1 SGB III gewesen ist, Transferkurzarbeitergeld bezogen oder an einer öffentlich geförderten Beschäftigungsmaßnahme nach dem SGB II oder III teilgenommen hat. Insofern muss durch die Überprüfung dieser Voraussetzung sichergestellt werden, dass der Bedarf des Arbeitnehmers nicht missbräuchlich im Sinne des Unionsrechts ausgenutzt wird.

Außerdem ist es unionsrechtlich geboten, eine Grenze bzgl. der Anzahl der Verlängerungen der Befristung einzufügen, damit eine missbräuchliche Praxis von „Ein-Tages-Befristungen"[412] vermieden wird. Zudem ist ein Missbrauch der Befristung nach § 14 Abs. 3 TzBfG denkbar, wenn nach einer Befristung nach § 14 Abs. 3 TzBfG und einer mindestens viermonatigen Beschäftigungslosigkeit erneut nach § 14 Abs. 3 TzBfG befristet werden soll.[413] Eine Auslegung, die eine wiederholte Befristung nach dieser Vorschrift ermöglicht, stößt auf unionsrechtliche Bedenken.[414] Ältere Arbeitnehmer sollen nicht für eine erhebliche Zeit ihres Erwerbslebens in der Gefahr sein, von unbefristeter Beschäftigung ausgeschlossen zu werden.[415] Eine Missbrauchskontrolle, die eine Kontrolle der Anzahl der Befristungen und eine Auslegung, die eine wiederholte Ausschöpfung von § 14 Abs. 3 TzBfG ausschließt, beinhaltet, kann die gesetzgeberischen Umsetzungsdefizite ausgleichen.

(e) Die besonderen Folgen für § 14 Abs. 2a TzBfG

Auch der Fall der sachgrundlosen Befristung gem. § 14 Abs. 2a TzBfG bedarf aus unionsrechtlicher Sicht einer Missbrauchskontrolle. Das gesetzgeberische Regelungsziel als sachlicher Grund für die Zulassung der Befristung liegt in der Erleichterung der Existenzgründung von Unternehmen. Der Abschluss von Befristungen ist gem. § 14 Abs. 2a TzBfG ohne Sachgrund innerhalb der ersten vier Jahre ab Gründung mit einer maximalen Dauer von vier Jahren möglich. Insofern wird dem Bedarf des Arbeitgebers entsprochen, der gerade in der Startphase seines Unternehmens darauf angewiesen ist, den Bedarf an Arbeitskraft

---

412 *Preis/Greiner*, RdA 2010, 148, 155.

413 Ascheid/Preis/Schmidt/*Backhaus*, TzBfG, § 14 Rn. 651.

414 BAG, Urteil vom 28.05.2014 – 7 AZR 360/12, NZA 2015, 1131.

415 EuGH, Urteil vom 22.11.2005 - C-144/04 (Mangold), AP RL 2000/78/EG Nr. 1, Rn. 64.

flexibel an der jeweiligen Auftragslage auszurichten, um ein nachhaltiges und profitables Unternehmen aufzubauen.[416]

Missbrauchsschutz soll dabei zunächst durch den Ausschluss gem. § 14 Abs. 2a S. 2 TzBfG erreicht werden, indem diese Befristungsmöglichkeit bei der Neugründung im Zusammenhang mit der rechtlichen Umstrukturierung großer Unternehmen oder Konzerne ausgeschlossen wird. Nur dann, wenn die Gründung innerhalb des großen Konzerns oder Unternehmens erfolgt, um bislang nicht wahrgenommene, neue wirtschaftliche Aktivitäten zu erschließen, liegt kein Missbrauch vor.[417] In diesem Fall treffen den Gründer als Teil eines schon etablierten Konzerns oder Unternehmens ausnahmsweise die typischen Risiken der Unternehmensgründung, die hier den besonderen Bedarf des Arbeitgebers charakterisieren.

Außerdem wird in § 14 Abs. 2a S. 4 TzBfG zur Absicherung vor Missbrauch auf das Vorbeschäftigungsverbot gem. § 14 Abs. 2 S. 2 TzBfG verwiesen, sodass ein weiteres Missbrauchsschutzelement ergänzt wird. Aus unionsrechtlicher Sicht ist es außerdem geboten, eine zahlenmäßige Begrenzung der Befristungsmöglichkeiten zu ergänzen.[418] Dabei sollte die zahlenmäßige Grenze für Verlängerungen der Befristung aber höher als in § 14 Abs. 3 TzBfG ausfallen, da der besondere Flexibilitätsbedarf des Unternehmers in der unsicheren Startphase eine höhere Zahl der Verlängerungen rechtfertigt. Als zahlenmäßige Höchstgrenze werden neun Verlängerungen vorgeschlagen, die das BAG als zahlenmäßige Höchstgrenze zu § 14 Abs. 2 S. 3 TzBfG statuiert hat.[419]

(f) Zwischenergebnis: System der Missbrauchsvermeidung

Gerade die sachgrundlose Befristung gem. § 14 Abs. 2, Abs. 2a und Abs. 3 TzBfG zeigt, dass grundsätzlich unionsrechtskonform normierte Grenzen für die Anzahl und Dauer der Befristungen im Einzelfall missbräuchlich sein können, wenn die mit der Zulassung der Befristung vom Gesetzgeber verfolgten sachlichen Gründe im Einzelfall nicht vorliegen. In diesem Fall ist eine unionsrechtskonforme Auslegung geboten, die alle drei unionsrechtlich bereitgestellten Schutzinstrumente gem. § 5 Nr. 1 lit. a) bis c) der RV im Anhang der RL 1999/

---

416 MüKo/*Hesse*, TzBfG, § 14 Rn. 103; ErfK/Müller-Glöge, TzBfG, § 14 Rn. 103; Ascheid/Preis/Schmidt/*Backhaus*, TzBfG, § 14 Rn. 608.

417 ErfK/*Müller-Glöge*, TzBfG, § 14 Rn. 104.

418 Ascheid/Preis/Schmidt/*Backhaus*, TzBfG, § 14 Rn. 608; Staudinger/*Preis*, BGB, § 620 Rn. 200.

419 Ascheid/Preis/Schmidt/*Backhaus*, TzBfG, § 14 Rn. 610.

70/EG durch den deutschen Gesetzgeber verwendet, um Missbrauch durch aufeinanderfolgende befristete Arbeitsverträge effektiv auszuschließen. Dabei ist es nicht entscheidend, ob alle drei Instrumente entweder als Präventivmaßnahmen im Tatbestand der Regelung, die die Zulässigkeit der Befristung des Arbeitsvertrags regelt, oder erst in einer Missbrauchskontrolle eingesetzt werden.

Damit rückt im Befristungsrecht ein unionsrechtlich gebotenes Schutzmodell in den Mittelpunkt, dass die drei genannten Instrumente gem. § 5 Nr. 1 der RV im Anhang der RL 1999/70/EG beinhaltet und so effektiv vor Missbrauch schützt. Dabei müssen die zeitlichen und zahlenmäßigen Grenzen der Befristung immer am jeweiligen Sachgrund – also dem berechtigten Bedarf beim Arbeitgeber oder Arbeitnehmer – ausgerichtet werden. Durch diese Abwägung der Interessen der Arbeitsvertragsparteien an Befristung einerseits mit dem Schutzinteresse des Arbeitnehmers andererseits wird Missbrauch vermieden und eine interessengerechte Begrenzung der Befristung ermöglicht.

2. Die zweckdominierte Kontrolle durch den EuGH als Schranke für die Umsetzung der RL 1999/70/EG im TzBfG

Der EuGH nutzt die Verbindung des kontrollfähigen Zwecks mit der Wahl der Mittel zur Missbrauchsbekämpfung, um den Mitgliedstaaten konkrete Vorgaben bei der Kombination der Mittel zu machen.[420] Dabei erkennt der EuGH sogar, dass er nachträglich in das von der RL 1999/70/EG vorgesehene Ermessen der Mitgliedstaaten eingreift.[421] Dieser rechtfertigt den Eingriff aber mit der Notwendigkeit der Erreichung des Richtlinienzwecks.[422] Das durch § 5 Nr. 1 der RV in der RL 1999/70/EG vorgesehene, primäre Ermessen der Mitgliedstaaten wird damit durch die sekundäre Kontrolle des EuGHs eingeschränkt oder korrigiert. Bei solchen Korrekturen darf aber nicht das zulässige Maß der Kompetenzen des EuGHs überschritten werden, da ansonsten die Gefahr eines Ultra-vires-Aktes besteht.[423]

a) Die Zulässigkeit von Korrekturen durch den EuGH

Voraussetzung für die Einflussnahme durch die Rechtsprechung des EuGHs ist, dass die nationale Umsetzung Spielräume bietet, die durch die

420 EuGH, Urteil vom 26.01.2012 - C-586/10 (Kücük), NZA 2012, 135 Rn. 40.
421 EuGH, Urteil vom 26.01.2012 - C-586/10 (Kücük), NZA 2012, 135 Rn. 42.
422 EuGH, Urteil vom 26.01.2012 - C-586/10 (Kücük), NZA 2012, 135 Rn. 43.
423 BVerfG, Urteil vom 12.10.1993 – 2 BvR 2134/92, BVerfGE 89, 144, 188.

unionsrechtskonforme Auslegung unter Beachtung der „contra-legem-Grenze“[424] ausgefüllt werden können. Dann müsste methodisch nicht auf die richtlinienkonforme Rechtsfortbildung abgestellt werden. Hierbei könne der Richter den Wortlaut der nationalen Umsetzung sogar überschreiten und fortbilden, wobei die Frage nach dem Umfang der Zulässigkeit der richtlinienkonformen Rechtsfortbildung noch nicht abschließend geklärt worden sei, so Möllers.[425] Der innerstaatliche Normbefehl dürfe nicht ohne Weiteres durch die Überschreitung des Wortlauts zur dynamischen Verweisung auf die Richtlinie werden, die ihrerseits durch den EuGH ausgelegt werde.[426]

Maßgeblich für die RL 1999/70/EG ist die allgemeine Dogmatik zur Wirkung von Richtlinien, die anders als Verordnungen keine unmittelbare Anwendung finden, sondern grundsätzlich gem. Art. 288 Abs. 3 AEUV der Umsetzung durch die Mitgliedstaaten bedürfen.[427] Die Umsetzung der Vorgaben unterliegt der nationalen Gesetzgebungshoheit und kann grundsätzlich mangels unmittelbarer Wirkung von Richtlinien nicht selbst durch den europäischen Gesetzgeber oder den EuGH korrigiert werden. Über die Möglichkeit der richtlinienkonformen Auslegung und Rechtsfortbildung sind die nationalen Gerichte allerdings als „innerstaatliche Stellen“ gem. Art. 288 Abs. 3 AEUV verpflichtet, die unionsrechtlichen Vorgaben bei der Auslegung des nationalen Rechts zu berücksichtigen.[428]

Eine richterrechtliche Missbrauchskontrolle kann innerhalb des TzBfG deshalb nur dort ihre Wirkung entfalten, wo der Spielraum zur Auslegung vom Gesetzgeber belassen wurde und die Missbrauchskontrolle nicht gegen den klaren Regelungswillen des Gesetzgebers verstößt. Die vorgeschlagenen Erweiterungen der Missbrauchskontrolle bewegen sich noch innerhalb des Wortlauts und können durch die anerkannten Grundsätze der richtlinienkonformen Auslegung die RL 1999/70/EG und deren Auslegung durch den EuGH mittelbar zur Anwendung im TzBfG bringen. In diesem Rahmen, den der Wortlaut der nationalen Umsetzung offenlässt, handelt es sich nicht um eine Korrektur der nationalen Umsetzung durch den EuGH, sondern um eine Ergänzung, die

424 EuGH, Urteil vom 04.07.2006, C-212/04 (Adeneler u.a.), Slg. 2006, I-6057, Rn. 110; EuGH, Urteil vom 16.06.2005, C-105/03 (Pupino), Slg. 2005, I-5285 Rn. 44, 47; *Möllers*, Juristische Methodenlehre, § 8 Rn. 49, Rn. 55.

425 *Möllers*, Juristische Methodenlehre, § 8 Rn. 55.

426 *Möllers*, Juristische Methodenlehre, § 8 Rn. 61.

427 *Möllers*, Juristische Methodenlehre, § 8 Rn. 35.

428 *Möllers*, Juristische Methodenlehre, § 8 Rn. 46.

durch die unionsrechtskonforme Auslegung durch die nationalen Gerichte zur Anwendung kommt.

Diese Ergänzungen des EuGHs sind dann nicht mehr möglich, wenn die Grenzen des Umsetzungsspielraums durch die Mitgliedstaaten nicht eingehalten werden und die Verwirklichung des Ziels der Missbrauchsvermeidung gem. § 1 lit. b), § 5 der RV im Anhang der RL 1999/70/EG in Gefahr gerät.[429] Dann kann das mitgliedstaatliche Verständnis sogar durch das Unionsrecht überlagert werden.[430]

Weitere Ansatzpunkte für die richtlinienkonforme Auslegung finden sich im Wortlaut von „bereits zuvor" gem. § 14 Abs. 2 S. 2 TzBfG. Außerdem ist eine teleologisch extensive, unionsrechtskonforme Auslegung von „mit demselben Arbeitgeber" gem. § 14 Abs. 2 S. 2 TzBfG geboten, die das Vorbeschäftigungsverbot auf konzerndimensionale Sachverhalte erstreckt.[431] Es wurde zuvor festgestellt, dass die methodischen Voraussetzungen der unionsrechtskonformen Auslegung dieser offenen Stellen im Wortlaut von § 14 Abs. 2 S. 2 TzBfG erfüllt sind.

Eine Limitierung der Zahl möglicher Verlängerungen bei der sachgrundlosen Befristung gem. § 14 Abs. 2a TzBfG durch die richtlinienkonforme Auslegung des Wortlauts „mehrfache Verlängerungen" lässt sich mit dem Gesetzeszweck vereinbaren, Erleichterungen für Unternehmen in der Gründungsphase zu schaffen.[432] Dabei stellt eine Höchstzahl von Verlängerungen zwar grundsätzlich eine Beschränkung für den Arbeitgeber dar und gerät in Konflikt mit dem Regelungszweck. Jedoch kann vor dem unionsrechtlichen Hintergrund nicht einzig die Perspektive des Unternehmers maßgeblich sein. Vielmehr ist sein in der Gründungsphase gesteigertes Bedürfnis an niedrigschwelligen Befristungsmöglichkeiten mit dem Schutzinteresse des Arbeitnehmers in Abwägung zu bringen, da unionsrechtlich ein Interessenausgleich geboten ist.[433] Es ist interessengerecht, dass eine gewisse Zahl an Verlängerungen ausgeschlossen wird, die über den notwendigen Bedarf des Arbeitgebers in der Gründungsphase seines Unternehmens hinausgeht. Trotz einer vor Missbrauch schützenden Höchstzahl an

---

429 EuGH, Urteil vom 04.07.2006, C-212/04 (Adeneler u.a.), Slg. 2006, I-6057, Rn. 82; EuGH, Beschluss vom 12.06.2008, C-364/07 (Vassilakis), Celex-Nr. 62007CO0364, Rn. 105.

430 *Krebber*, EuZA 2017, 3, 13.

431 *Greiner/Senk*, RdA 2019, 236, 238.

432 KR/*Lipke*, § 14 Rn. 633; Ascheid/Preis/Schmidt/*Backhaus*, TzBfG, § 14 Rn. 617.

433 Zum Gebot des Interessenausgleichs unter B) II. 2.

Verlängerungen kann das gesetzgeberische Regelungsziel von gewissen Erleichterungen erreicht werden. Eine einschränkende richtlinienkonforme Auslegung befindet sich somit auch aus einer teleologischen Sichtweise „intra legem".

Auch bei § 14 Abs. 3 TzBfG kann der Wortlaut „mehrfache Verlängerungen" richtlinienkonform ausgelegt werden. Mit der sachgrundlosen Befristung gem. § 14 Abs. 3 TzBfG verfolgt der Gesetzgeber das Ziel, älteren Arbeitnehmern den Zugang zu einer Beschäftigung durch niedrigschwellige Anforderungen an Befristung zu erleichtern.[434] Dabei wird auch dieses Ziel grundsätzlich durch eine Höchstzahl an Verlängerungen beeinträchtigt, jedoch gilt auch für das Bedürfnis des Arbeitnehmers, dass es in Abwägung mit seinem Schutzinteresse gebracht werden muss. Das gesetzgeberische Regelungsziel lässt sich noch erreichen, obschon eine Höchstzahl an Verlängerungen von Befristungen die Befristungsmöglichkeiten begrenzt. Ab einer gewissen Zahl an Verlängerungen profitiert der ältere Arbeitnehmer weniger durch den erleichterten Zugang zur Beschäftigung, als dass er durch die hohe Anzahl an Verlängerungen unzumutbare Unsicherheit im Hinblick auf seine weitere Beschäftigung erlebt. Eine Höchstzahl, die diese Unsicherheit und den damit verbundenen Missbrauchszustand ausschließt, ermöglicht für ältere Arbeitnehmer trotzdem durch niedrigschwellige Befristungsmöglichkeiten einen erleichterten Zugang zu einer Beschäftigung. Auch an dieser Stelle erfolgt eine einschränkende, unionsrechtskonforme Auslegung innerhalb der methodischen Grenzen.

Das Gebot zur richtlinienkonformen Auslegung kann durch die methodische Zulässigkeit an einigen Stellen im TzBfG zum Einfallstor für die Rechtsprechung des EuGHs werden, den nationalen Gerichten Vorgaben zum Verständnis und zur Auslegung des Unionsrechts zu machen. Die weiten Umsetzungsspielräume, die ein Mitgliedstaat bei der Umsetzung der Richtlinie nicht vollständig ausfülle, würden spiegelbildlich die Möglichkeiten der Einflussnahme des EuGHs über die Missbrauchskontrolle verstärken, zeigt Krebber auf.[435] Allerdings hat der EuGH bisher nicht in allen Fällen entschieden, wo Möglichkeit zur unionsrechtskonformen Auslegung besteht. Somit sind weitere unionsrechtliche Ergänzungen des nationalen Befristungsrechts denkbar. Diese Ergänzungen sind innerhalb des methodischen Rahmens Korrekturen, die die Kompetenzen des EuGHs einhalten.

---

434 BT-Drs. 14/4374, S. 20.

435 *Krebber*, EuZA 2017, 3, 22.

b) Expansion der Kompetenzen des EuGHs

Kritik an dieser Rechtsprechungspraxis des EuGHs zur Missbrauchskontrolle ergibt sich insbesondere aus den Anforderungen, die der EuGH zum Vorliegen eines „sachlichen Grundes" selbst aufgestellt hat. So seien genau bezeichnete, konkrete Umstände notwendig, um den unionsrechtlichen Anforderungen an einen sachlichen Grund zu genügen.[436] Indem der deutsche Gesetzgeber den „sachlichen Grund" gem. § 14 Abs. 1 TzBfG nicht definiert und lediglich Regelbeispiele aufgelistet hat, überantwortet er die genaue Ausformung des offenen Rechtsbegriffs „sachlicher Grund" den Gerichten. Der EuGH gebietet aber auch den nationalen Gerichten, durch Auslegung des Sachgrundes eine Missbrauchskontrolle im Einzelfall durchzuführen.[437] Insofern erscheint die partielle Kompetenzübertragung des deutschen Gesetzgebers an die nationalen Gerichte zum Zweck der Vermeidung von Missbrauch zwar geboten, ist aus Sicht der unionsrechtlich geforderten Transparenz aber eher fragwürdig.[438]

Dem ist entgegenzuhalten, dass die Rechtsprechungspraxis der Missbrauchskontrolle nach dem Verständnis des EuGHs Teil des sachlichen Grundes gem. § 5 Nr. 1 lit. a) der RV im Anhang der RL 1999/70/EG ist. Beim Einsatz des sachlichen Grundes zur Begrenzung der Befristung hat die effektive Vermeidung von Missbrauch durch aufeinanderfolgende befristete Arbeitsverhältnisse oberste Priorität. Dabei ist nicht nur Transparenz bzgl. des sachlichen Grundes, sondern auch Effizienz bzgl. der Missbrauchsvermeidung geboten. Die Ausformung der sachlichen Gründe durch die Gerichte und die Missbrauchskontrolle des EuGHs bieten die Möglichkeit zu interessengerechten Entscheidungen. Insofern fehlt es an transparenten und vergleichbar effektiven Alternativen zur gesetzlichen Generalklausel mit ergänzender richterlicher Kontrolle. Die mangelnde Transparenz wird durch Effizienz bei der Vermeidung von Missbrauch durch aufeinanderfolgende befristete Arbeitsverträge ausgeglichen.

---

436 EuGH, Urteil vom 23.04.2009, C-378/07 bis C-380/07 (Angelidaki u. a.), Slg. 2009, I-3071, Rn. 96; EuGH, Urteil vom 26.01.2012 - C-586/10 (Kücük), NZA 2012, 135, Rn. 27; EuGH, Urteil vom 13.03.2014 - C-190/13 (Samohano), NZA 2014, 475 Rn. 45; EuGH, Beschluss vom 21.09.2016 - C-614/15 (Popescu), NZA 2016, 1323 Rn. 49; EuGH, Urteil vom 19.03.2020, C-103/18, C-429/18 (Sanchez Ruiz), ECLI:EU:C:2020:219 Rn. 66.

437 EuGH, Urteil vom 26.01.2012 - C-586/10 (Kücük), NZA 2012, 135.

438 Preis/Sagan/*Brose*, § 13 Rn. 143.

3. Zwischenergebnis für die unionsrechtlichen Grenzen

Deutlich wird in der Rechtsprechung des EuGHs, dass der Zweck der Missbrauchsvermeidung in der Richtlinie ein großer Stellenwert zukommt und die Auslegung der Richtlinie dominiert. Bezüglich der Verbindlichkeit der Vorgaben der Richtlinie bei der Begrenzung von Befristung bedeutet dies, dass durch die Verbindung des vagen Maßnahmenkatalogs mit dem genau bezeichneten Zweck der Missbrauchsvermeidung gem. § 1 lit. b), § 5 Nr. 1 der RV im Anhang der RL 1999/70/EG eine Verengung des Spielraums für die Nationalstaaten durch die Missbrauchskontrolle des EuGHs stattfindet.[439] Wenngleich dieser durch weitreichende Vorgaben in kritikwürdiger Weise seine Kompetenzen ausweitet, bedeutet es faktisch eine höhere Verbindlichkeit der Vorgaben der Richtlinie.

III. Die Grenzen für Befristungen im geltenden Recht

Das TzBfG unterscheidet zwischen einer Befristung mit Sachgrund gem. § 14 Abs. 1 TzBfG und ohne Sachgrund gem. § 14 Abs. 2, Abs. 2a und Abs. 3 TzBfG. Obwohl die strenge Unterscheidung zwischen sachgrundloser Befristung und der Sachgrundbefristung aus der Perspektive des Unionsrechts aufgelöst werden kann und beide Befristungsformen in einem einheitlichen Schutzsystem vereint werden können, hat sich diese Trennung im deutschen Befristungsrecht historisch entwickelt und wurde auch in der Systematik des § 14 TzBfG verankert.[440] Der systematische Befund kann zwar ohne gesetzgeberische Reform nicht völlig ignoriert werden. Allerdings kann eine teleologische Sichtweise aus der Perspektive des Unionsrechts die Grenzen des Befristungsrechts innerhalb der Möglichkeiten der richtlinienkonformen Auslegung verschieben, ohne den systematischen Kontext zu sprengen.

1. Die Befristung mit Sachgrund

Voraussetzung für diese Befristungsvariante ist zunächst ein die Befristung rechtfertigender sachlicher Grund gem. § 14 Abs. 1 S. 1 TzBfG. Eine gesetzliche Definition des sachlichen Grundes fehlt jedoch im TzBfG, da der Gesetzgeber mit der offenen Formulierung in § 14 Abs. 1 S. 1 TzBfG grundsätzlich die in der Rechtsprechung entwickelten verschiedenen Typen anerkannter Sachgründe

---

439 Zur Verengung des Umsetzungsspielraums unter C) II 1. b) (2).
440 Palandt/*Weidenkaff*, BGB, § 620 Rn. 30; *Greiner*, ZESAR 2013, 305.

aufgreifen wollte.[441] Darüber hinaus nennt das Gesetz gem. § 14 Abs. 1 S. 2 TzBfG acht Regelbeispiele für einen sachlichen Grund.[442] Neben den geschriebenen Sachgründen in § 14 Abs. 1 S. 2 TzBfG bieten auch nicht benannte Sachgründe gem. § 14 Abs. 1 S. 1 TzBfG die Möglichkeit, die Befristung zu rechtfertigen.[443]

Die wesentlichen Prüfungspunkte bei der Rechtfertigung einer Befristung gem. § 14 Abs. 1 TzBfG sind der Sachgrund als solcher und die Missbrauchskontrolle. Die Missbrauchskontrolle soll bei aufeinanderfolgenden befristeten Arbeitsverträgen unbegrenzt lange Ketten verhindern und funktioniert nach dem Ampelmodell des BAGs, das zunächst die Zahl und Dauer der Verlängerungen in den Blick nimmt, hieraus die Beweislast für den Rechtsmissbrauch bestimmt und schließlich unter Einbeziehung weiterer Umstände des Einzelfalls zwischen Missbrauch und zulässiger Befristung unterscheidet.[444] Während über das abstrakte Erfordernis einer Missbrauchskontrolle Einigkeit zwischen BAG und EuGH besteht, ist das Verhältnis zwischen Sachgrund und Missbrauchskontrolle umstritten.

Der EuGH geht dabei von einer gemeinsamen Prüfung unter der Voraussetzung des sachlichen Grundes aus, der insbesondere neben der eigentlichen Prüfung des Sachgrundes auch eine Missbrauchskontrolle impliziert, die alle Umstände des Falls einschließlich der Dauer und der Anzahl der mit dem Arbeitgeber vereinbarten, aufeinanderfolgenden Befristungen berücksichtigt.[445]

Das BAG hat in seiner Kücük-Folgeentscheidung diese Prüfungsstruktur nicht übernommen.[446] Die an sich durch einen Sachgrund gem. § 14 Abs. 1 TzBfG gerechtfertigte Befristung sei unwirksam, wenn der Arbeitgeber die rechtlich zulässige Gestaltungsmöglichkeit in rechtsmissbräuchlicher Weise gem. § 242 BGB ausnutze, analysieren Vertreter der Literatur die Entscheidung des BAGs.[447] Die Prüfung der Missbrauchskontrolle, die sich weitgehend an den

---

441 ErfK/*Müller-Glöge*, TzBfG, § 14 Rn. 4; MüKo/*Hesse*, TzBfG, § 14 Rn. 12; Ascheid/Preis/Schmidt/*Backhaus*, TzBfG, § 14 Rn. 28.

442 ErfK/*Müller-Glöge*, TzBfG, § 14 Rn. 4; MüKo/*Hesse*, TzBfG, § 14 Rn. 12; Ascheid/Preis/Schmidt/*Backhaus*, TzBfG, § 14 Rn. 28.

443 Palandt/*Weidenkaff*, BGB, § 620 Rn. 25; ErfK/*Müller-Glöge*, TzBfG, § 14 Rn. 4; MüKo/*Hesse*, TzBfG, § 14 Rn. 12; Ascheid/Preis/Schmidt/*Backhaus*, TzBfG, § 14 Rn. 28.

444 Erstmals verlangt durch den EuGH in dem Urteil vom 26.01.2012, C-586/10 (Kücük), NZA 2012, 135; das „Ampelmodell" des BAGs im Urteil vom 26.10.2016, 7 AZR 135/15, NZA 2017, 382, 386.

445 *Schlachter*, in: FS Wank, S. 504.

446 Greiner, ZESAR 2013, 305, 309.

447 *Bayreuther*, NZA 2013, 23; *Schlachter*, in: FS Wank, S. 503.

Beurteilungsgrundsätzen des EuGHs orientiere, werde formal von der Sachgrundprüfung getrennt und zu einer nachrangigen Prüfungsebene, die sich an der bereits vorhandenen Dogmatik zum Institut des Rechtsmissbrauchs gem. § 242 BGB ausrichte.[448]

Für das Verständnis des BAGs spricht, dass die Prüfungsstruktur in der Entscheidung des EuGHs auf den ersten Blick zweistufig erfolgt, indem dieser die Vorlagefragen in zwei Teilen beantwortet.[449] Diese Gliederung des EuGHs bei der Beantwortung der Vorlagefragen hat aber keine Bedeutung für den Inhalt der Entscheidung. Die Entscheidung bezieht sich in beiden Teilen auf das Vorliegen eines sachlichen Grundes. Die Missbrauchskontrolle diene also dazu, den sachlichen Grund selbst zu hinterfragen, so Schlachter.[450]

Aus Sicht des Unionsrechts sind Sachgrund und Missbrauchskontrolle nicht voneinander zu trennen.[451] Gem. § 5 Nr. 1 lit. a) der RV im Anhang der RL 1999/70/EG soll das Vorliegen eines Sachgrundes den Missbrauch durch aufeinanderfolgende befristete Arbeitsverhältnisse verhindern. Wenn aber schon das Tatbestandsmerkmal des „sachlichen Grundes“ den missbräuchlichen Rückgriff auf befristete Arbeitsverhältnisse unterbinden soll, dann kann eine missbräuchliche Befristung nicht sachlich gerechtfertigt sein, und zwar auch nicht „an sich“[452]. Ansonsten wäre es möglich, dass ein sachlicher Grund gegeben ist, trotzdem aber ein Missbrauch in der gesonderten Kontrolle festgestellt wird.[453] Aus der Kücük-Entscheidung leitet Chandna-Hoppe ab, dass die Mitgliedstaaten den Anforderungen der Richtlinie nicht allein durch eine formale Umsetzung der Kriterien des § 5 der RV im Anhang der RL 1999/70/EG genügen würden.[454] Die nach § 5 Nr. 1 der RV im Anhang der RL 1999/70/EG gewählte Maßnahme des „sachlichen Grundes“ muss selbst einen vollständigen und wirksamen Schutz vor Missbrauch sicherstellen.[455]

Werde außerdem der Entscheidung des EuGHs in der Rechtssache „Kücük“ das Verständnis des BAGs zugrunde gelegt, so hätte der EuGH außerhalb der Vorlagefragen entschieden, die lediglich auf die Auslegung des „sachlichen Grundes“ gerichtet gewesen seien und nicht auf eine allgemeine Missbrauchskontrolle,

---

448 *Bayreuther*, NZA 2013, 23, 24; *Schlachter*, in: FS Wank, S. 503.
449 Greiner, ZESAR 2013, 305, 309; *Schlachter*, in: FS Wank, S. 504.
450 *Schlachter*, in: FS Wank, S. 504.
451 Greiner, ZESAR 2013, 305, 309.
452 *Bayreuther*, NZA 2013, 23, 24 f.
453 *Bayreuther*, NZA 2013, 23, 24 f.
454 *Chandna-Hoppe*, ZfA 2020, 70, 81.
455 *Schlachter*, in: FS Wank, S. 507.

ergänzt Greiner.[456] Zudem hätte der EuGH nach diesem Verständnis seine Kompetenzen überschritten, die sich nicht auf Aussagen zu einer allgemeinen Rechtsmissbrauchskontrolle jenseits von § 5 der RV im Anhang der RL 1999/70/EG erstrecke.[457]

Auch das Gebot der richtlinienkonformen Auslegung gebietet nicht zwingend, methodisch auf das Institut der Rechtsmissbrauchskontrolle gem. § 242 BGB zurückzugreifen, um die unionsrechtlichen Zielbestimmungen der Missbrauchsvermeidung durch Auslegung des nationalen Rechts soweit wie möglich zu forcieren. Alternativ hat das BAG die Möglichkeit, den offenen Wortlaut des „sachlichen Grundes" gem. § 14 Abs. 2 S. 2 TzBfG – in gleicher Weise wie der EuGH die RV im Anhang der RL 1999/70/EG – auszulegen und eine Missbrauchskontrolle in das Erfordernis eines „sachlichen Grundes" gem. § 14 Abs. 1 S. 1 TzBfG hineinzulesen. Ein Rückgriff auf § 242 BGB ist methodisch somit nicht notwendig.

Die nunmehr selbstständige Rolle des Befristungsrechts durch die Neufassung im TzBfG versperrt zudem den Rückgriff auf den allgemeinen Gedanken des institutionellen Rechtsmissbrauchs gem. § 242 BGB. Die unionsrechtlich gebotene und somit im Wortlaut des § 14 Abs. 1 S. 1 TzBfG enthaltene Missbrauchskontrolle ermöglicht im Einzelfall wirksamen Missbrauchsschutz und damit die Herstellung eines Interessenausgleichs zwischen Arbeitnehmerschutz und Arbeitgeberinteressen. Diese Korrekturfunktion kann zwar auch durch den Umweg über § 242 BGB erreicht werden, jedoch wird der allgemeine Missbrauchsgedanke hier durch die spezielle befristungsrechtliche Missbrauchskontrolle verdrängt. Die unionsrechtlich vorgegebene teleologische Verklammerung des sachlichen Grundes mit den zeitlichen und zahlenmäßigen Grenzen für Befristung gem. § 5 Nr. 1 der RV im Anhang der RL 1999/70/EG spricht für eine Konzentration der Prüfung unter dem Merkmal des sachlichen Grundes.

Im Ergebnis ist dem unionsrechtlichen Modell der in die Sachgrundprüfung integrierten Missbrauchskontrolle zu folgen. Bei der Prüfung des sachlichen Grundes ist demnach stets auch eine Missbrauchskontrolle durchzuführen, wenn es um die Überprüfung der vereinbarten Verlängerung aufeinanderfolgender befristeter Arbeitsverträge geht. Damit wird das unionsrechtliche Verständnis, dass der Sachgrund mit den zeitlichen und zahlenmäßigen Grenzen teleologisch fest verbunden ist, ins deutsche Befristungsrecht transformiert. Der

---

456 *Greiner*, ZESAR 2013, 305, 309.
457 *Greiner*, ZESAR 2013, 305, 309.

vermeintlich formale Streit wird zum Durchbruch für eine Verschiebung im dogmatischen Verständnis bei der Begrenzung der Befristung von Arbeitsverträgen.

a) Transposition der benannten Sachgründe

Das unionsrechtliche Verständnis des „sachlichen Grundes" hat das historische Verständnis dieses Merkmals als Umgehungsschutz zum Kündigungsschutzrecht abgelöst. Dadurch rückt für die Auslegung von § 14 Abs. 1 TzBfG die RV im Anhang der RL 1999/70/EG in den Mittelpunkt.[458] Diese Transposition der Sachgrundprüfung beschränkt sich nicht nur auf den formalen Aufbau der Prüfung eines Sachgrundes, sondern bietet für den offenen Rechtsbegriff durch die Vorgaben der RV im Anhang der RL 1999/70EG ein neues dogmatisches Fundament, auf dem ein einheitliches System der interessengerechten Begrenzung von Befristung errichtet werden kann.

Bemerkenswert ist, dass die genannten Sachgründe aus § 14 Abs. 1 S. 2 TzBfG weitgehend mit den vom Großen Senat des BAGs[459] erstmals entwickelten Sachgründen übereinstimmen. In seinem Urteil vom 12.10.1960 listet der Große Senat katalogartig einige Sachgründe auf. Dazu gehört der Arbeitsvertrag zur Erprobung (heute § 14 Abs. 1 S. 2 Nr. 5), der Aushilfsarbeitsvertrag (Nr. 3), der Arbeitsvertrag im Saisongewerbe oder Baugewerbe (allgemeiner in Nr. 1), der Arbeitsvertrag eines Künstlers (allgemeiner in Nr. 4) und der Arbeitsvertrag, dessen Befristung auf Wunsch des Arbeitnehmers erfolgt (Nr. 6). Diese Kontinuität in der Rechtsprechung bei den anerkannten Sachgründen setzt sich auch nach dem Willen des Gesetzgebers in der Neuregelung im TzBfG grundsätzlich fort.[460] Der Gesetzgeber stellt aber auch klar, dass das durch die Rechtsprechung des BAGs geformte Erfordernis eines sachlichen Grundes nicht ausreicht, um das Befristungsrecht gemäß der Richtlinie 1999/70/EG umzusetzen.[461] Durch die Neuregelung im TzBfG wurde das Befristungsrecht vom Kündigungsschutz entkoppelt, sodass auch die bisherige Funktion des sachlichen Grundes als Umgehungsschutz abgelöst wurde.[462]

Als ein Instrument zur Missbrauchsvermeidung gem. § 5 Nr. 1 lit. a) der RV im Anhang der RL 1999/70/EG ist die Aufgabe des „sachlichen Grundes" nicht nur monoton am Dogma der Missbrauchsvermeidung oder der Sicherung des

---

458 ErfK/*Müller-Glöge,* TzBfG, § 14 Rn. 4.

459 BAG, Beschluss vom 12.10.1960 – GS 1/59, NJW 1961, 798.

460 BT-Drs. 14/4374, S. 13.

461 BT-Drs. 14/4374, S. 13.

462 ErfK/*Müller-Glöge,* TzBfG, § 14 Rn. 7.

Regel-Ausnahme-Verhältnisses zwischen unbefristeter und befristeter Beschäftigung orientiert,[463] sondern berücksichtigt die komplexe Interessenvielfalt von Arbeitnehmern und Arbeitgebern bei der Begrenzung von Befristung. Insbesondere rücken dabei zunehmend die Grundrechte und die Rechtsprechung des EuGHs in den Mittelpunkt der Auslegung.[464]

Der sachliche Grund für die Befristung entspricht dabei entweder einem besonderen Interesse des Arbeitnehmers oder des Arbeitgebers an Befristung, das Rückhalt in den verfassungsrechtlichen Freiheiten findet, oder ist auf die Erreichung legitimer sozialpolitischer Ziele ausgerichtet. Diese werden in einer dem „sachlichen Grund" immanenten Missbrauchskontrolle mit dem Schutzinteresse des Arbeitnehmers in Abwägung gebracht. Das Schutzinteresse des Arbeitnehmers wächst mit steigender Anzahl und Dauer der Verlängerung der Befristungen, wenn der Arbeitnehmer eine berechtigte Bestandserwartung im Hinblick auf die Beschäftigung beim Arbeitgeber hat. Nur wo ein legitimer, nachvollziehbarer Grund für die Befristungsabrede erkennbar sei, der über das immer bestehende Flexibilisierungsinteresse des Arbeitgebers hinausgehe, könne die Relativierung des Bestandsschutzes durch eine Befristungsabrede akzeptiert werden, so Greiner.[465] Der Sachgrund müsse jedoch nicht die Qualität eines Kündigungsgrundes erreichen, da die in der Befristungsabrede beiderseits betätigte Privatautonomie das Legitimationserfordernis im Vergleich zum einseitigen Gestaltungsrecht Kündigung abschwäche.[466]

Die Tatbestände gem. § 14 Abs. 1 S. 2 Nr. 1 bis 8 TzBfG stehen nicht in einem Ausschließlichkeitsverhältnis zueinander, sondern können nebeneinander bestehen.[467] Dabei kann insbesondere die allgemeine Ausrichtung am Interesse des Arbeitnehmers oder des Arbeitgebers erklären, wann eine solche Überschneidung vorliegt. Das mit dem Sachgrund erfasste besondere Interesse des Arbeitnehmers oder des Arbeitgebers hat seine Wurzel im allgemeinen Bedarf von Arbeitnehmer und Arbeitgeber, einen befristeten Arbeitsvertrag zu vereinbaren. Hierdurch können sich für den Arbeitgeber grundsätzlich Überschneidungen bei § 14 Abs. 1 S. 2 Nr. 1, 3, 4, 5 und 7 TzBfG ergeben, da diese Sachgründe primär an seinem Interesse ausgerichtet sind. Für den Arbeitnehmer wäre dies bei § 14 Abs. 1 Nr. 2 und 6 TzBfG denkbar. Indem die Überschneidung primär im

---

463 Ascheid/Preis/Schmidt/*Backhaus*, TzBfG, § 14 Rn. 28.
464 Ascheid/Preis/Schmidt/Backhaus, TzBfG, § 14 Rn. 28.
465 *Greiner*, ZESAR 2013, 305.
466 *Greiner*, ZESAR 2013, 305.
467 ErfK/*Müller-Glöge*, TzBfG, § 14 Rn. 4.

Bereich des allgemeinen Bedarfs der Arbeitsvertragsparteien liegt und der jeweilige Sachgrund einen für ihn charakteristischen besonderen Bedarf erfasst, bleiben die einzelnen Sachgründe abgrenzbar zueinander. Durch die gemeinsame Wurzel sind aber Überschneidungen indiziert, wenn der Arbeitnehmer oder der Arbeitgeber im Einzelfall einen breiten, besonderen Bedarf an Befristung hat.

Auch wenn ein solcher Bedarf beim Arbeitnehmer oder Arbeitgeber vorliegt, so stellt er jedoch nicht automatisch einen sachlichen Grund gem. § 14 Abs. 1 S. 1 TzBfG dar. Der berechtigte besondere Bedarf muss nach den Vorgaben der Befristungsrichtlinie in einen Ausgleich mit dem Interesse des Arbeitnehmers an Schutz vor Missbrauch gebracht werden. Die Erreichung des Zwecks der Missbrauchsvermeidung gem. § 1 lit. b) und § 5 Nr. 1 der RV im Anhang der RL 1999/70/EG hat oberste Priorität bei der Umsetzung der Richtlinienvorgaben im TzBfG. Auf Ebene der Sachgrundprüfung muss also sichergestellt werden, dass die unionsrechtlich vorgegebene Untergrenze an Arbeitnehmerschutz nicht unterschritten wird. Dies kann bei der Prüfung des sachlichen Grundes selbst oder durch eine immanente Missbrauchskontrolle gewährleistet werden.

Das unionsrechtliche und verfassungsrechtliche Dogma des Interessenausgleichs verfeinert die Konturen der benannten Sachgründe und kann Ausgangspunkt für die Etablierung neuer, unbenannter Sachgründe sein.

(1) Der vorübergehende Bedarf an Arbeitskräften

Gem. § 14 Abs. 1 S. 2 Nr. 1 TzBfG liegt ein sachlicher Grund insbesondere dann vor, wenn der betriebliche Bedarf an der Arbeitsleistung nur vorübergehend besteht. Sicher vorhersehbarer, vorübergehender Arbeitsanfall rechtfertigt die Befristung des Arbeitsverhältnisses.[468] Hierzu muss die Prognose des Arbeitgebers ergeben, dass für die Beschäftigung des Arbeitnehmers über das vereinbarte Vertragsende hinaus mit hinreichender Sicherheit kein dauerhafter betrieblicher Bedarf mehr bestehen wird.[469] Ein vorübergehender Beschäftigungsbedarf kann sowohl durch einen vorübergehenden Anstieg des Arbeitsvolumens im Bereich der Daueraufgaben des Arbeitgebers entstehen als auch durch die Übernahme eines Projekts oder einer Zusatzaufgabe, für deren Erledigung das vorhandene Stammpersonal nicht ausreicht.[470]

---

468 BAG, Urteil vom 14.01.1982 - 2 AZR 254/81, AP BGB § 620 Befristeter Arbeitsvertrag Nr. 65.

469 BAG, Urteil vom 25.08.2004 - 7 AZR 7/04, NZA 2005, 357; BAG, Urteil vom 17.03.2010 – 7 AZR 640/08, NZA 2010, 633; BAG, Urteil vom 16.01.2018 – 7 AZR 21/16, NZA 2018, 663 Rn. 16.

470 BAG, Urteil vom 27.07.2016 – 7 AZR 545/14, NZA 2016, 1531 Rn. 17.

Müller-Glöge fasst die Rechtsprechung des BAGs so zusammen, dass die Unsicherheit hinsichtlich der zukünftigen Entwicklung des Bedarfs an Arbeitskraft allein keine Befristung rechtfertige, insbesondere nicht die Sorge des Arbeitgebers um konjunkturelle und wirtschaftliche Schwankungen.[471] Dies führt dazu, dass an den Arbeitgeber im Bereich der betrieblichen Daueraufgaben erhöhte Anforderungen an die Prognoseentscheidung gestellt werden.[472] Gerade in diesem Kernbereich der Tätigkeit liegt das wesentliche unternehmerische Risiko des Arbeitgebers, was durch zu geringe Anforderungen an die Prognoseentscheidung faktisch mittels Befristung des Arbeitsvertrages auf den Arbeitnehmer abgewälzt werden könnte.[473] Diesen treffen im Fall des sinkenden Personalbedarfs die Nachteile, wenn der Arbeitgeber auf eine Verlängerung des befristeten Arbeitsvertrages verzichtet und somit seinen Personalbedarf ohne weitere Nachteile reguliert. Daher wird vom BAG bei der Prognoseentscheidung verlangt, dass aufgrund greifbarer Tatsachen der Wegfall des Mehrbedarfs mit einiger Sicherheit zu erwarten sein müsse.[474]

Diese qualifizierten Anforderungen an die Prognose dienen dazu, die missbräuchliche Verlagerung der allgemeinen wirtschaftlichen Risiken des Arbeitgebers auf den Arbeitnehmer zu verhindern. Dazu bilden die Anforderungen an die Prognose des Arbeitgebers das wesentliche Kriterium, um den berechtigten Bedarf des Arbeitgebers vom allgemeinen Interesse des Arbeitgebers an wirtschaftlicher Flexibilität abzugrenzen. Insofern kann schon durch den Grad der Anforderungen an die Prognose ein Ausgleich zwischen dem Schutzinteresse des Arbeitnehmers und dem Bedarf des Arbeitgebers stattfinden. Strengere Anforderungen schützen den Arbeitnehmer effektiv vor Missbrauch, ermöglichen es dem Arbeitgeber jedoch zugleich, im Fall des berechtigten vorübergehenden Bedarfs eine rechtsbeständige Prognoseentscheidung zu treffen. Zu strenge Anforderungen können aber eine Geltendmachung des berechtigten Bedarfs des Arbeitgebers ausschließen, was wiederum einen ungerechtfertigten Eingriff in die unternehmerische Freiheit des Arbeitgebers bedeuten würde. Insofern ist es

---

471 ErfK/*Müller-Glöge*, TzBfG, § 14 Rn. 23a.

472 ErfK/*Müller-Glöge*, TzBfG, § 14 Rn. 24.

473 BAG, Urteil vom 16.01.2018 – 7 AZR 21/16, AP TzBfG § 14 Nr. 165, Rn. 16; BAG, Urteil vom 21.11.2018 – 7 AZR 234/17, NJW 2019, 1697, Rn. 16; Ascheid/Preis/Schmidt/*Backhaus*, TzBfG, § 14 Rn. 39, 487.

474 BAG, Urteil vom 14.01.1982 - 2 AZR 254/81, AP BGB § 620 Befristeter Arbeitsvertrag Nr. 65; BAG, Urteil vom 16.10.2008 – 7 AZR 360/07, NZA 2009, 676.

interessengerecht, dass die Höhe der Anforderung von dem Bereich abhängt, in dem der vorübergehende Bedarf besteht.

Anerkannte Fälle, in denen ein berechtigter vorübergehender Bedarf an Arbeitskräften besteht, sind die Projektbefristung, die Saisonarbeit und die Abwicklungsarbeiten vor Stilllegung des Betriebs.[475] In diesen Fällen ist aufgrund einer Prognose klar absehbar, dass der Bedarf an Arbeitskräften nur vorübergehend besteht.

Fraglich ist, ob es daneben noch einer weiteren Missbrauchskontrolle bedarf, um den Missbrauch durch aufeinanderfolgende befristete Arbeitsverträge auszuschließen. Das BAG erstreckt seine Rechtsprechung zum institutionellen Rechtsmissbrauch auf alle Tatbestände des § 14 Abs. 1 S. 2 TzBfG, sofern nicht der Sachgrund selbst eine umfassende Interessenabwägung voraussetzt.[476] Aus unionsrechtlicher Sicht muss der Tatbestand des Sachgrundes selbst Missbrauch durch aufeinanderfolgende befristete Arbeitsverträge ausschließen. Die Prognoseentscheidung gem. § 14 Abs. 1 S. 2 Nr. 1 TzBfG bietet für sich genommen keine umfassende Interessenabwägung. Maßgeblich für die Prognose sind die Verhältnisse zum Zeitpunkt des Vertragsabschlusses.[477] Diese Prognose bezieht sich nur auf den künftigen vorübergehenden Bedarf des Arbeitgebers und nicht auf die Anzahl oder die Dauer der in der Vergangenheit mit dem Arbeitgeber geschlossenen befristeten Arbeitsverträge.

Es ist denkbar, dass die ordnungsgemäße Prognoseentscheidung des Arbeitgebers bei Vertragsschluss einen vorübergehenden Bedarf feststellt, jedoch sich gegen Ende der Befristung entgegen der Prognose herausstellt, dass der Bedarf tatsächlich weiterhin besteht. Hieran kann dann eine weitere Befristung nach § 14 Abs. 1 S. 2 Nr. 1 TzBfG anschließen, die erneut durch den vorübergehenden Bedarf begründet wird. Auch bei der Verlängerung ist es denkbar, dass die Prognoseentscheidung des Arbeitgebers ordnungsgemäß erfolgt, der Bedarf aber wiederum am Ende der zweiten Befristung fortbesteht. Damit können trotz strenger Anforderungen an die Prognoseentscheidung des Arbeitgebers Ketten von Sachgrundbefristungen entstehen.

Um Missbrauch durch aufeinanderfolgende befristete Arbeitsverträge auszuschließen, müssen die Anforderungen an die Prognoseentscheidung des Arbeitgebers ergänzt werden. Dabei sind insbesondere bisherige Verlängerungen der Befristungen mit dem Arbeitnehmer zu berücksichtigen, die mit dem

---

475 ErfK/*Müller-Glöge*, TzBfG, § 14 Rn. 25 ff.

476 BAG, Urteil vom 30.08.2017 - 7 AZR 864/15, NZA 2018, 229 Rn. 49.

477 ErfK/*Müller-Glöge*, TzBfG, § 14 Rn. 16.

Sachgrund gem. § 14 Abs. 1 S. 2 Nr. 1 TzBfG begründet wurden. Hat sich der „vorübergehende" Bedarf des Arbeitgebers in der Vergangenheit bereits als länger anhaltend, als in der Prognoseentscheidung erwartet, erwiesen, müssen ab einer gewissen Zahl und Dauer der Befristungen strengere Anforderungen für die Prognoseentscheidung gelten. Insbesondere wird ab einer gewissen Zahl und Dauer der Befristungen vermutet, dass der vorübergehende Arbeitskräftebedarf in Wirklichkeit ein dauerhafter Bedarf des Arbeitgebers ist.

Bei befristeten Saisonarbeitsverhältnissen, die typischerweise von § 14 Abs. 1 S. 2 Nr. 1 TzBfG erfasst sind,[478] scheiden Verlängerungen der Befristung am Saisonende grundsätzlich aus. Denkbar ist jedoch eine kurzfristige Saisonverlängerung, z.B. wenn die Ernte wegen des günstigen Wetters besonders ertragreich ist und der Erntehelfer über den ursprünglich prognostizierten Zeitraum hinaus benötigt wird. Führt die Verlängerung der Saison jedoch zur Überbrückung der gesamten Saisonpause, sodass die neue Befristung zu Beginn der nächsten Saison an die bisherigen Verlängerungen der Befristung anschließt, müssen erhöhte Maßstäbe an die Prognoseentscheidung angelegt werden, damit der Arbeitgeber nicht seinen tatsächlich dauerhaften Bedarf an Arbeitskräften über die Befristung gem. § 14 Abs. 1 S. 2 Nr. 1 TzBfG deckt.

Bei Befristungen von Arbeitsverträgen zur sinnvollen Beendigung einer Aufgabe, zur Abwicklung eines Projektes oder zum Betriebserhalt bis zur Stilllegung kann ebenso auf § 14 Abs. 1 S. 2 Nr. 1 TzBfG zurückgegriffen werden.[479] Bei komplizierten Aufgaben, umfangreichen Projekten oder Stilllegungen großer Betriebe ist nicht ausgeschlossen, dass unerwartete Schwierigkeiten den Abwicklungsprozess verzögern. Wird die Aufgabe oder das Projekt dann nicht innerhalb der prognostizierten Dauer beendet oder verschiebt sich die Betriebsstilllegung, so kann die Befristung gem. § 14 Abs. 1 S. 2 Nr. 1 TzBfG verlängert werden, um die endgültige Beendigung der Aufgabe oder des Projekts zu erreichen. Voraussetzung dafür ist eine erneute Prognose des Arbeitgebers. Damit Abwicklungsarbeiten, die tatsächlich eine Daueraufgabe des Arbeitgebers darstellen, nicht durch aufeinanderfolgende befristete Arbeitsverhältnisse gem. § 14 Abs. 1 S. 2 Nr. 1 TzBfG abgedeckt werden können, müssen mit jeder Verlängerung der Befristung höhere Anforderungen an die Prognose gelten.

---

478 ErfK/*Müller-Glöge*, TzBfG, § 14 Rn. 26; Ascheid/Preis/Schmidt/*Backhaus*, TzBfG, § 14 Rn. 401; MüKo/*Hesse*, TzBfG, § 14 Rn. 23.

479 ErfK/*Müller-Glöge*, TzBfG, § 14 Rn. 28; Ascheid/Preis/Schmidt/*Backhaus*, TzBfG, § 14 Rn. 213, 373 ff., 425; MüKo/*Hesse*, TzBfG, § 14 Rn. 25.

Die Prognose über den vorübergehenden Bedarf an Arbeitskräften kann durch den Gedanken der Missbrauchsvermeidung ergänzt werden und somit den Schutz des Arbeitnehmers vor Missbrauch vervollständigen. Dabei müssen die Anzahl und die Dauer der zwischen den Arbeitsvertragsparteien zuvor vereinbarten Befristungen bei der Frage berücksichtigt werden, ob tatsächlich nur ein vorübergehender Bedarf vorliegt.

(2) Die Erstanstellung

Die Befristung ist durch einen sachlichen Grund gem. § 14 Abs. 1 S. 2 Nr. 2 TzBfG gerechtfertigt, wenn sie im Anschluss an eine Ausbildung oder ein Studium erfolgt, um den Übergang des Arbeitnehmers in eine Anschlussbeschäftigung zu erleichtern. Dieser Sachgrund ist nicht am Bedarf des Arbeitgebers, sondern am besonderen Anschlussbedarf des Arbeitnehmers ausgerichtet. Nach Müller-Glöge sei vorrangig an die befristete Anstellung von Hochschul- und Fachhochschulabsolventen gedacht, die bereits während ihres Studiums beschäftigt worden seien und wegen des Verbots der Vorbeschäftigung beim demselben Arbeitgeber gem. § 14 Abs. 2 S. 2 TzBfG nicht ohne Sachgrund befristet eingestellt werden dürften.[480] Eine Ausnahme hiervon bildet der Auszubildende, der zuvor innerhalb eines Berufsausbildungsverhältnisses beschäftigt war, da dieses in der Rechtsprechung des BAGs[481] nicht als Arbeitsverhältnis gem. § 14 Abs. 2 S. 2 TzBfG gilt.[482]

Voraussetzung ist zunächst, dass die Erstanstellung „im Anschluss“ gem. § 14 Abs. 1 S. 2. Nr. 2 TzBfG erfolgt. Ein zwischenzeitliches Arbeitsverhältnis oder Beschäftigungsverhältnis schließt das Merkmal „im Anschluss“ aus.[483] Allerdings ist eine kurze Zwischenzeit zwischen Studium und Erstanstellung nach dem Sinn und Zweck der Vorschrift unschädlich, da ein unmittelbarer Anschluss aus praktischen Gründen meist kaum realisierbar ist.[484]

Offen ist außerdem, wie konkret die Aussicht auf Anschlussbeschäftigung bestehen muss. Weder der Wortlaut des Gesetzes noch die Gesetzesbegründung

480 ErfK/*Müller-Glöge*, TzBfG, § 14 Rn. 29.

481 BAG, Urteil vom 21.09.2011 - 7 AZR 375/10, NZA 2012, 255.

482 ErfK/*Müller-Glöge*, TzBfG, § 14 Rn. 29.

483 BAG, Urteil vom 10.10.2007 - 7 AZR 795/06, NZA 2008, 295; BAG, Urteil vom 24.08.2011 - 7 AZR 368/10, AP TzBfG § 14 Nr. 85; Staudinger/*Preis*, BGB, § 620 Rn. 108; MüKo/*Hesse*, TzBfG, § 14 Rn. 30.

484 Ascheid/Preis/Schmidt/*Backhaus*, TzBfG, § 14 Rn. 125; MüKo/*Hesse*, TzBfG, § 14 Rn. 26; ErfK/*Müller-Glöge*, TzBfG, § 14 Rn. 32.

würden eine einigermaßen gesicherte Antwort hierauf geben, stellt Backhaus fest.[485] Dieser spricht sich für eine großzügige Interpretation aus, da dieses Merkmal passend sei, um eine missbrauchsverhindernde Einschränkung des Tatbestandes des Sachgrundes zu gewährleisten.[486] Im Rechtssinne ist dann ein „Erleichtern" auch gegeben, wenn lediglich die Chance auf eine Anschlussbeschäftigung gegeben ist.[487] Hierzu genügt auch die Verbesserung von Vermittlungschancen auf dem Arbeitsmarkt durch das Sammeln von Berufserfahrung.[488]

Zur Verhinderung von Missbrauch wird von Backhaus zudem vorgeschlagen, das Merkmal „um" – also die Zweckbestimmung – nach den strengen Maßstäben der Rechtsprechung zur Zweckbestimmung der sozialen Überbrückung gem. § 14 Abs. 1 S. 2 Nr. 6 TzBfG zu prüfen.[489] Backhaus verweist darauf, dass das BAG betont habe, dass soziale Motive leicht als Vorwand genutzt werden könnten.[490] Der Sachgrund werde nur anerkannt, wenn es ohne den sozialen Überbrückungszweck überhaupt nicht zum Abschluss eines Arbeitsvertrages – auch nicht eines befristeten – mit dem betreffenden Arbeitnehmer gekommen wäre.[491] Demnach sei erforderlich, dass es ohne den Anschlussbedarf beim Arbeitnehmer nicht zum Abschluss des befristeten Arbeitsvertrages gekommen wäre. Da die in § 14 Abs. 1 TzBfG aufgezählten Sachgrundbeispiele nach der Gesetzesbegründung grundsätzlich an die bisherige Rechtsprechung des BAGs anknüpfen sollen, sei diese Rechtsprechung zur sozialen Überbrückung auch auf den vorliegenden Sachgrund zu übertragen.[492]

Andere fordern eine weite Auslegung des Merkmals „um".[493] Dies wird insbesondere damit begründet, dass schon § 14 Abs. 1 S. 2 Nr. 6 die Rechtsprechung des BAGs zur sozialen Überbrückung aufgreife und dem Sachgrund des § 14 Abs. 1 S. 2 Nr. 2 eine eigene Funktion zukomme.[494] Es sei also zwischen Nr. 2 und Nr. 6 systematisch zu unterscheiden.[495]

---

485 Ascheid/Preis/Schmidt/*Backhaus*, TzBfG, § 14 Rn. 126.

486 Ascheid/Preis/Schmidt/*Backhaus*, TzBfG, § 14 Rn. 126.

487 ErfK/*Müller-Glöge*, TzBfG, § 14 Rn. 33; Ascheid/Preis/Schmidt/*Backhaus*, TzBfG, § 14 Rn. 126.

488 *Schwefer*, Die befristete Übernahme, S. 111; Ascheid/Preis/Schmidt/*Backhaus*, TzBfG, § 14 Rn. 126; MüKo/*Hesse*, TzBfG, § 14 Rn. 32.

489 Ascheid/Preis/Schmidt/*Backhaus*, TzBfG, § 14 Rn. 127.

490 Ascheid/Preis/Schmidt/*Backhaus*, TzBfG, § 14 Rn. 127.

491 Ascheid/Preis/Schmidt/*Backhaus*, TzBfG, § 14 Rn. 127.

492 Ascheid/Preis/Schmidt/*Backhaus*, TzBfG, § 14 Rn. 127.

493 MüKo/*Hesse*, TzBfG, § 14 Rn. 33; Laux/Schlachter/*Schlachter*, § 14 Rn. 44; *Hromadka*, BB 2001, 621, 623.

494 *Hromadka*, BB 2001, 621, 623.

495 MüKo/*Hesse*, TzBfG, § 14 Rn. 34.

Wird einer weiten Auslegung des Merkmals gefolgt, so muss aber durch zeitliche und zahlenmäßige Grenzen sichergestellt werden, dass – gemäß den Vorgaben des Unionsrechts in § 5 Nr. 1 lit. a) der RV im Anhang der RL 1999/70/EG – Missbrauch vermieden wird. Einigkeit besteht, dass eine einmalige Befristung ohne Verlängerung gem. § 14 Abs. 1 S. 2 Nr. 2 TzBfG möglich ist.[496]

Dabei wird vorgeschlagen, bei der maximalen Befristungsdauer auf § 14 Abs. 2 S. 1 TzBfG zurückzugreifen.[497] Der Übergangszweck („um … zu") könne auch bei längerer Befristung gegeben sein, wenn der Sachgrund mit der Dauer korrespondiere, so Preis.[498] Gerade längere befristete Arbeitsverhältnisse würden die Aussichten auf eine Anschlussbeschäftigung erhöhen.[499]

Gegen einen Rückgriff auf § 14 Abs. 2 S. 1 TzBfG wird von Müller-Glöge eingewendet, dass § 14 Abs. 1 S. 2 Nr. 2 TzBfG bei einer maximalen Dauer von zwei Jahren in vielen Sachverhalten leerlaufen würde, wenn zudem stets eine Befristung ohne Sachgrund nach § 14 Abs. 2 S. 1 TzBfG möglich sei.[500]

Da der Sachgrund gem. § 14 Abs. 1 S. 2 Nr. 2 eingeführt worden ist, damit Werkstudenten keine Nachteile bei vorheriger Ausschöpfung der Grenzen der sachgrundlosen Befristung gem. § 14 Abs. 2 S. 1 TzBfG haben, hat dieser Sachgrund aber auch neben der sachgrundlosen Befristung eine eigene Bedeutung.[501] Wird dieser Sachgrund im Rahmen der gem. § 14 Abs. 2 S. 1 TzBfG begrenzten Dauer und Anzahl für die Befristung zugelassen, um Nachteile für Werkstudenten auszugleichen, besteht aber über diese Grenzen hinaus kein weiterer Anschlussbedarf.

Hesse zufolge sei diese klare Begrenzung der Befristung gem. § 14 Abs. 1 S. 2 Nr. 2 TzBfG am ehesten geeignet, Missbrauch durch Befristungen zu verhindern.[502] Aus der Perspektive des Unionsrechts ist diese Auslegung des Sachgrundes nach den Vorgaben von § 5 Nr. 1 lit. a) der RV im Anhang der RL 1999/70/EG nicht zu beanstanden.

Die zulässige Dauer des Überbrückungsvertrags richtet sich unterhalb der Grenze von zwei Jahren und drei Verlängerungen nach der Erreichung des

---

496 MüKo/*Hesse*, TzBfG, § 14 Rn. 28; ErfK/*Müller-Glöge*, TzBfG, § 14 Rn. 32; Ascheid/Preis/Schmidt/*Backhaus*, TzBfG, § 14 Rn. 125; Staudinger/*Preis*, BGB, § 620 Rn. 108.

497 MüKo/*Hesse*, TzBfG, § 14 Rn. 33; Annuß/Thüsing/*Maschmann* § 14 Rn. 31; Kliemt NZA 2001, 296, 297; Staudinger/*Preis*, § 620 Rn. 109.

498 Staudinger/*Preis*, BGB, § 620 Rn. 109.

499 Staudinger/*Preis*, BGB, § 620 Rn. 109.

500 ErfK/*Müller-Glöge*, TzBfG, § 14 Rn. 33.

501 Staudinger/*Preis*, BGB, § 620 Rn. 109; MüKo/*Hesse*, TzBfG, § 14 Rn. 33.

502 MüKo/*Hesse*, TzBfG, § 14 Rn. 33.

Anschlusszwecks.[503] Damit kann ein geringer Anschlussbedarf im Einzelfall lediglich eine kürzere Befristungsdauer rechtfertigen. Dabei komme den spezifischen Vorkenntnissen des Arbeitnehmers und der Situation auf dem angesprochenen Arbeitsmarkt wesentliche Bedeutung zu, so Müller-Glöge.[504]

Die Relativität von Gewicht des Sachgrundes zu Anzahl und Dauer von Befristungen als inneres System der Schutzmodelle im Befristungsrecht findet sich hier wieder. Diese wird aber durch die Zwei-Jahres-Grenze in § 14 Abs. 2 S. 1 TzBfG gedeckelt. So bleibt ausreichend Raum, dem Anschlussbedarf des Arbeitnehmers zu entsprechen. Gleichzeitig sind die Grenzen aber so streng, dass Missbrauch zulasten des Arbeitnehmers effektiv vermieden wird.

(3) Die Vertretung

Beim Sachgrund der Vertretung gem. § 14 Abs. 1 S. 2 Nr. 3 TzBfG handele es sich um den wohl häufigsten von der Rechtsprechung anerkannten Anwendungsfall für den Abschluss befristeter Arbeitsverträge, stellt Hesse fest.[505] Gem. § 14 Abs. 1 S. 2 Nr. 3 TzBfG liegt ein die Befristung rechtfertigender sachlicher Grund vor, wenn der Arbeitnehmer zur Vertretung eines anderen Arbeitnehmers beschäftigt wird.

Da mit der Rückkehr des vertretenen Arbeitnehmers gerechnet werden kann, besteht beim Arbeitgeber hinsichtlich der Wahrnehmung der dem ausfallenden Mitarbeiter obliegenden Aufgaben von vornherein nur ein zeitlich begrenzter Bedarf.[506] Charakteristisch für den Sachgrund der Vertretung ist damit grundsätzlich, dass der Arbeitgeber einen vorübergehenden Vertretungsbedarf hat. Somit ist es Teil der Prüfung des Sachgrundes, ob eine Prognose des Arbeitgebers ergibt, dass der Vertretungsbedarf nach Rückkehr des zu vertretenden Mitarbeiters wegfällt.[507] Die Prognose bezieht sich dabei auf den Wegfall des Vertretungsbedarfs und muss sich nicht auf den Zeitpunkt der zu erwartenden Rückkehr und damit auf die Dauer des erwarteten Vertretungsbedarfs erstrecken.[508]

---

503 Ascheid/Preis/Schmidt/*Backhaus*, TzBfG, § 14 Rn. 128; Staudinger/*Preis*, BGB, § 620 Rn. 109; Ohne eine Deckelung auf die Grenzen gem. § 14 Abs. 2 S. 1 TzBfG zu verlangen auch ErfK/*Müller-Glöge*, TzBfG, § 14 Rn. 33.

504 ErfK/*Müller-Glöge*, TzBfG, § 14 Rn. 33.

505 MüKo/*Hesse*, TzBfG, § 14 Rn. 35.

506 BAG, Urteil vom 11.02.2015 - 7 AZR 41/15, NZA 2015, 617, Rn. 15; BAG, Urteil vom 24.08.2016 - 7 AZR 41/15, NZA 2017, 307, Rn. 17.

507 ErfK/*Müller-Glöge*, TzBfG, § 14 Rn. 35; Ascheid/Preis/Schmidt/*Backhaus*, TzBfG, § 14 Rn. 463; MüKo/*Hesse*, TzBfG, § 14 Rn. 36.

508 ErfK/*Müller-Glöge*, TzBfG, § 14 Rn. 35; MüKo/*Hesse*, TzBfG, § 14 Rn. 36.

Der Sachgrund der Vertretung setzt zudem einen Kausalzusammenhang zwischen dem zeitweiligen Ausfall des Vertretenen und der Einstellung des Vertreters voraus.[509] Es ist aufgrund der Umstände bei Vertragsschluss zu beurteilen, ob die Vertretungskraft gerade wegen des durch den zeitweiligen Personalausfall entstandenen vorübergehenden Beschäftigungsbedarfs eingestellt worden ist.[510] Der Gesetzeswortlaut „zur Vertretung eines anderen Arbeitnehmers" wird hierzu von der Rechtsprechung weit ausgelegt.[511] Dabei bedarf der Kausalzusammenhang in Fällen der unmittelbaren Vertretung, in denen der Vertreter dieselbe Tätigkeit wie der vertretene Arbeitnehmer ausübt, keiner besonderen Darlegung.[512]

Der Sachgrund ist aber auch gegeben, wenn der Vertreter nicht unmittelbar die Aufgaben des vertretenen Mitarbeiters übernimmt, sondern die Aufgaben des ausfallenden Mitarbeiters durch Umverteilung von einem anderen Arbeitnehmer oder mehreren anderen Arbeitnehmern ausgeübt werden und deren Aufgaben dem Vertreter übertragen werden.[513] In diesen Fällen der mittelbaren Vertretung ist unerheblich, ob und wie der Arbeitgeber – z.B. durch Gebrauch seines Direktionsrechts gem. § 106 S. 1 GewO – die Aufgaben umverteilt.[514] Es genügt ein ursächlicher Zusammenhang zwischen Vertretungsbedarf und befristeter Einstellung der Vertretungskraft, der durch die Zuordnung des Vertreters in einer Vertretungskette durch den Arbeitgeber darzulegen ist.[515] Es muss sich also um eine geschlossene Kette der Aufgabenübertragung handeln.[516]

In besonderen Fällen, in denen die Aufgaben nicht umverteilt werden, der Vertreter aber nicht die Aufgaben des ausfallenden Arbeitnehmers übernimmt,

---

509 Ascheid/Preis/Schmidt/*Backhaus*, TzBfG, § 14 Rn. 463; MüKo/*Hesse*, TzBfG, § 14 Rn. 37; ErfK/*Müller-Glöge*, TzBfG, § 14 Rn. 37.

510 Ascheid/Preis/Schmidt/*Backhaus*, TzBfG, § 14 Rn. 463; MüKo/*Hesse*, TzBfG, § 14 Rn. 37; ErfK/*Müller-Glöge*, TzBfG, § 14 Rn. 37.

511 Arnold/Gräfle/*Gräfle*, TzBfG, § 14 Rn. 104.

512 Ascheid/Preis/Schmidt/*Backhaus*, TzBfG, § 14 Rn. 463; ErfK/*Müller-Glöge*, TzBfG, § 14 Rn. 37.

513 BAG, Urteil vom 24.08.2016 - 7 AZR 41/15, NZA 2017, 307, Rn. 20; BAG, Urteil vom 26.10.2016 - 7 AZR 135/15, NZA 2017, 382, Rn. 15 ff.

514 BAG, Urteil vom 11.02.2015 - 7 AZR 113/13, NZA 2015, 617, Rn. 21.

515 BAG, Urteil vom 16.01.2013 - 7 AZR 662/11, NZA 2013, 611; BAG, Urteil vom 24.08.2016 - 7 AZR 41/15, NZA 2017, 307, Rn. 19; BAG, Urteil vom 26.10.2016 - 7 AZR 135/15, NZA 2017, 382, Rn. 15.

516 BAG, Urteil vom 06.11.2013 - 7 AZR 96/12, NZA 2014, 430, Rn. 27.

genügt eine reine gedankliche Zuordnung für die Kausalität.[517] Erforderlich ist dafür nach dem BAG zunächst, dass die rechtliche und tatsächliche Möglichkeit bestehe, dem ausfallenden Arbeitnehmer die Aufgaben im Tätigkeitsfeld des Vertreters im Wege des Direktionsrechts zu übertragen.[518] Es müsse zudem nach außen erkennbar sein, etwa durch eine Angabe im Arbeitsvertrag, welchem vorübergehend abwesenden Arbeitnehmer die von dem Vertreter ausgeübte Tätigkeit übertragen werde.[519]

Die Anforderungen an den Kausalzusammenhang sollen sicherstellen, dass die Vertretungskraft gerade wegen des durch den zeitweiligen Ausfall des zu vertretenden Mitarbeiters entstandenen vorübergehenden Beschäftigungsbedarfs eingestellt worden ist.[520] Dabei muss einerseits dem berechtigten Vertretungsbedarf des Arbeitgebers ausreichend Rechnung getragen werden und dieser darf nicht durch zu hohe Anforderungen an die Darlegung des Kausalzusammenhangs beschränkt werden. Vor dem Hintergrund der unionsrechtlichen Zweckbestimmung, den Arbeitnehmer vor Missbrauch gem. § 5 Nr. 1 lit. a) der RV im Anhang der RL 1999/70/EG effektiv durch einen sachlichen Grund zu schützen, müssen die von der Rechtsprechung entwickelte gedankliche Zuordnung und deren Voraussetzungen an den Kausalzusammenhang beim Sachgrund der Stellvertretung kritisch betrachtet werden. Es muss vermieden werden, dass der Arbeitgeber mehrfach denselben ausfallenden Arbeitnehmer als Vorwand nutzt, um beliebig viele Arbeitnehmer befristet einzustellen.[521]

Insofern werden die Kausalitätsanforderungen der Rechtsprechung bzgl. der gedanklichen Zuordnung vor dem unionsrechtlichen Hintergrund der Missbrauchsvermeidung als nicht ausreichend kritisiert, da sie Kettenbefristungen erleichtern würden.[522] Das BAG erhöhe die Anforderungen an die Darlegung selbst in Fällen nicht, in denen ein Arbeitnehmer über viele Jahre hinweg auf ein

---

517 Ascheid/Preis/Schmidt/*Backhaus*, TzBfG, § 14 Rn. 472; ErfK/*Müller-Glöge*, TzBfG, § 14 Rn. 37; MüKo/*Hesse*, TzBfG, § 14 Rn. 37.

518 BAG, Urteil vom 10.03.2004 - 7 AZR 397/03, AP BGB § 620 Befristeter Arbeitsvertrag Nr. 257; BAG, Urteil vom 15.02.2006 - 7 AZR 232/05, AP TzBfG § 14 Vertretung Nr. 1; BAG, Urteil vom 06.11.2013 – 7 AZR 96/12, NZA 2014, 430; BAG, Urteil vom 24.08.2016 – 7 AZR 41/15, NZA 2017, 307.

519 BAG, Urteil vom 24.08.2016 - 7 AZR 41/15, NZA 2017, 307, Rn. 21; BAG, Urteil vom 21.02.2018 - 7 AZR 696/16, NZA 2018, 1003, Rn. 15; Boecken/Joussen/*Boecken,* § 14 Rn. 73.

520 Ascheid/Preis/Schmidt/*Backhaus*, TzBfG, § 14 Rn. 472.

521 Ascheid/Preis/Schmidt/*Backhaus*, TzBfG, § 14 Rn. 472.

522 *Preis*/*Greiner*, RdA 2010, 148, 157.

und demselben Arbeitsplatz befristet eingesetzt werde und immer neue Stammarbeitnehmer nur noch gedanklich zugeordnet würden, bemängelt Eismann.[523]

Es ist daher bemerkenswert, dass der Sachgrund des Vertretungsbedarfs samt seiner Auslegung durch die Rechtsprechung des BAGs bisher nicht durch den EuGH beanstandet wurde.[524] Dies kann damit erklärt werden, dass die BAG-Rechtsprechung an objektive und transparente Kriterien anknüpft, denn in jedem der vom BAG anerkannten Fälle der mittelbaren Vertretung ist gewährleistet, dass der Vertreter einem konkret ausgefallenen Beschäftigten zugeordnet wird.[525] Ein denkbarer Missbrauch durch aufeinanderfolgende Vertretungsbefristungen, der durch wechselnde gedankliche Zuordnung ermöglicht wird, muss nicht durch erhöhte Kausalitätsanforderungen vermieden werden. Der effektive Missbrauchsschutz kann auch im Fall der gedanklichen Zuordnung durch eine dem Sachgrund immanente Missbrauchskontrolle von Kettenbefristungen gewährleistet werden.

Dabei ist das durch die Dauer und Anzahl der aufeinanderfolgenden befristeten Arbeitsverträge anwachsende Schutzinteresse des Arbeitnehmers zu berücksichtigen. Dieser erkennt zwar durch den Vermerk der Zuordnung im Arbeitsvertrag an, dass seine Beschäftigung im Betrieb durch die absehbare Rückkehr des vertretenen Arbeitnehmers befristet ist. Jedoch spricht ein über die einzelnen Befristungen hinausgehender Einsatz in einem unveränderten Tätigkeitsbereich deutlich dafür, dass für diese spezielle Tätigkeit unabhängig von der gedanklichen Zuordnung zu anderen vertretenen Arbeitnehmern ein dauerhafter Bedarf des Arbeitgebers besteht. Mit zunehmender Anzahl und Dauer der Befristungen in diesen Fällen besteht die Gefahr, dass der Arbeitgeber den befristeten Arbeitnehmer missbräuchlich einsetzt, um einen nicht nur vorübergehenden, sondern in Wirklichkeit dauerhaften Bedarf zu decken. Hierbei ist auf die Beweislastregeln des Ampelmodells des BAGs[526] zurückzugreifen.

Selbst im Fall eines indizierten Rechtsmissbrauchs kann der Arbeitgeber diesen widerlegen, indem er seinen besonderen Vertretungsbedarf auch nach mehrmaliger Verlängerung der Befristung darlegt.[527] Grundsätzlich kommt eine

---

523 *Eismann*, NZA 2009, 1113, 1116.

524 EuGH, Urteil vom 26.01.2012 - C-586/10 (Kücük), NZA 2012, 135; EuGH, Urteil vom 26.11.2014 - C-22/13, C-61/13, C-62/13, C-63/13, C-418/13, NZA 2015, 153 Rn. 91; EuGH, Urteil vom 14.09.2016 - C-16/15, NZA 2016, 1265 Rn. 44.

525 Ascheid/Preis/Schmidt/*Backhaus*, TzBfG, § 14 Rn. 472.

526 BAG, Urteil 26.10.2016, 7 AZR 135/15, NZA 2017, 382, Rn. 26 ff.

527 BAG, Urteil 26.10.2016, 7 AZR 135/15, NZA 2017, 382, Rn. 28.

unbefristete Einstellung im Fall der Vertretungsbefristung erst mal nicht infrage, da der Arbeitgeber rechtlich an den unbefristet eingestellten ausgefallenen Arbeitnehmer gebunden ist, dem wiederum ein Rückkehrrecht zusteht.[528] Dies lässt sich zunächst auch auf den Fall der wiederholten gedanklichen Zuordnung der Vertretung erstrecken, denn auch hier ist von der Rückkehr des jeweiligen Arbeitnehmers auszugehen. An dieser Stelle kann dann aber zur Widerlegung des indizierten Missbrauchs verlangt werden, dass der Arbeitgeber darlegt, warum er den speziellen Arbeitnehmer wiederholt auf derselben Stelle eingesetzt hat, obwohl er die Vertretung immer wechselnden ausgefallenen Arbeitnehmern gedanklich zugeordnet hat.

Auf diese Weise können die Bedenken im Hinblick auf die Rechtsprechung zur gedanklichen Zuordnung ausgeräumt werden. Das durch die Rechtsprechung entwickelte Kontrollsystem aus der Stufe der Sachgrundprüfung – hier Vertretungsbedarf samt Prognose und Kausalität - und der Stufe Missbrauchskontrolle genügt den unionsrechtlichen Anforderungen an die effektive Vermeidung von Missbrauch durch aufeinanderfolgende befristete Arbeitsverträge gem. § 1 lit. b), § 5 Nr. 1 lit. a) der RV im Anhang der RL 1999/70/EG. Eine Verschärfung der Kausalitätsanforderungen ist nicht angezeigt.

Im Fall der Abordnungsvertretung wird jedoch schon auf der Ebene der Prüfung des Vertretungsbedarfs eine Einschränkung gemacht, um Missbrauch zu verhindern. Hier ist erforderlich, dass der befristet beschäftigte Arbeitnehmer unmittelbar für die anderweitig eingesetzte Stammkraft beschäftigt wird oder sich die Verbindung zu diesem anderweitigen Einsatz durch eine Vertretungskette vermittelt.[529] In diesem Fall reicht die gedankliche Zuordnung nicht aus, um den Kausalzusammenhang festzustellen.[530] Würde es auch in den Fällen der Abordnungsvertretung genügen, dass der Arbeitgeber seine Versetzungs- und Umsetzungsbefugnisse auch in anderer Weise, als von ihm tatsächlich praktiziert, hätte ausüben können, so eröffne dies dem Arbeitgeber die Möglichkeit, sich ohne sachliche Rechtfertigung Befristungsmöglichkeiten selbst zu schaffen, warnt Backhaus.[531]

---

528 BAG, Urteil vom 18.07.2012 – 7 AZR 443/09, NZA 2012, 1351, Rn. 17; BAG, Urteil vom 24.08.2016 – 7 AZR 41/15, NZA 2017, 307, Rn. 17.

529 Ascheid/Preis/Schmidt/*Backhaus*, TzBfG, § 14 Rn. 473.

530 BAG, Urteil vom 16.01.2013 – 7 AZR 662/11, BAGE 144, 202, Rn. 20 ff.; BAG, Urteil vom 13.02.2013 – 7 AZR 324/11, AP TzBfG § 14 Nr. 103, Rn. 26; BAG, Urteil vom 12.04.2017 – 7 AZR 436/15, NZA 2017, 1253, Rn. 21.

531 Ascheid/Preis/Schmidt/*Backhaus*, TzBfG, § 14 Rn. 473.

Im Fall der gedanklichen Zuordnung genügt es laut BAG[532] für den Sachgrund der Vertretung in den Fällen der vollständigen Abwesenheit der Stammkraft, wenn der Vertretungskraft Aufgaben übertragen würden, die der Stammkraft zugewiesen werden könnten, wenn sie im Betrieb anwesend wäre und dies bei Abschluss des Arbeitsvertrags mit der Vertretungskraft nach außen erkennbar dokumentiert werde. Entstehe der Vertretungsbedarf hingegen durch eine vorübergehende Abordnung der Stammkraft auf einen anderen Arbeitsplatz in dem Unternehmen, habe der Arbeitgeber in Bezug auf die Stammkraft bereits von seinen Organisations- und Umsetzungsbefugnissen Gebrauch gemacht.[533] Der Arbeitgeber könne sich daher nicht gleichzeitig darauf berufen, er hätte sie in anderer Weise ausüben können.[534]

Der Vergleich mit den anderen Sachgründen ergibt, dass § 14 Abs. 1 S. 2 Nr. 3 nah bei dem Sachgrund des vorübergehenden Bedarfs beim Arbeitgeber gem. § 14 Abs. 1 S. 2 Nr. 1 TzBfG liegt. Während der Arbeitgeber bei dem Sachgrund gem. § 14 Abs. 1 S. 2 Nr. 1 TzBfG tatsächlich seinen personellen Mehrbedarf durch die Befristung decken möchte, geht es beim Vertretungsbedarf gem. § 14 Abs. 1 S. 2 Nr. 3 TzBfG aber immer darum, vorhandene Lücken im Personalbedarf durch die Vertretung zu füllen.[535] Der wesentliche Unterschied und die Abgrenzung ergeben sich damit aus den Funktionen der unterschiedlichen Sachgründe.

Im Ergebnis bietet der Sachgrund der Vertretung gem. § 14 Abs. 1 S. 2 Nr. 3 TzBfG den Arbeitnehmern hinreichenden Missbrauchsschutz. Dieser wird durch die Prognose des Arbeitgebers über die Rückkehr des vertretenen Arbeitnehmers und die Kausalität des Vertretungsbedarfs für die Befristung sowie die Missbrauchskontrolle von aufeinanderfolgenden Befristungen sichergestellt. Auch wenn die Anforderungen an die Kausalität durch die Rechtsprechung zur gedanklichen Zuordnung abgesenkt wurden, kann eine dem Sachgrund immanente Missbrauchskontrolle von Kettenbefristungen verhindern, dass Vertretungsbefristungen missbräuchlich eingesetzt werden.

(4) Die Eigenart der Arbeitsleistung

Ein sachlicher Grund gem. § 14 Abs. 1 S. 2 Nr. 4 TzBfG liegt ebenso vor, wenn die Eigenart der Arbeitsleistung die Befristung rechtfertigt. Dieser sachliche

532 BAG, Urteil vom 21.02.2018 – 7 AZR 765/16, NZA 2018, 858, Rn. 17.
533 BAG, Urteil vom 21.02.2018 – 7 AZR 765/16, NZA 2018, 858, Rn. 17.
534 BAG, Urteil vom 21.02.2018 – 7 AZR 765/16, NZA 2018, 858, Rn. 17.
535 ErfK/*Müller-Glöge*, TzBfG, § 14 Rn. 34a.

Grund ist ein vielfältiger Befristungsgrund und nicht auf bestimmte Berufe beschränkt.[536] In jedem Fall verlangt die Rechtsprechung eine Abwägung der beiderseitigen Interessen, die Bestandteil der Sachgrundprüfung nach § 14 Abs. 1 S. 2 Nr. 4 TzBfG ist.[537] Diese verfassungsrechtlich geprägte Interessenabwägung berücksichtigt einerseits die Grundrechte der Arbeitgeberseite, insbesondere aus Art. 5 GG – bei Presse, Kunst, Wissenschaft, Rundfunk und Fernsehen – oder aus Art. 12 Abs. 1 GG, und andererseits die durch Art. 12 Abs. 1 GG geschützten Bestandsschutzinteressen der Arbeitnehmer.[538] Zudem kann dieser Sachgrund richtlinienkonform gem. § 5 der RV im Anhang der RL 1999/70/EG ausgelegt werden. Damit Missbrauch vermieden wird, muss ein Interessenausgleich zwischen der Unternehmerfreiheit des Arbeitgebers gem. Art. 16 GRC und der Schutzpflicht zugunsten des Arbeitnehmers gem. Art. 15 Abs. 1 GRC erfolgen.

Der Bedarf des Arbeitgebers überwiegt im Fall der sogenannten Verschleißtatbestände grundsätzlich das Schutzinteresse des Arbeitnehmers, wobei es sich um einen vertragstypischen, das übliche Maß deutlich übersteigenden Verschleiß handeln muss.[539] Daher ist der allgemeine Verschleiß durch längere Ausübung desselben Berufs kein Sachgrund für die Befristung des Arbeitsvertrags.[540] Dies entspricht auch den unionsrechtlichen gebotenen Anforderungen an die Bestimmtheit des Sachgrundes, der effektiv vor Missbrauch schützen muss gem. § 5 Nr. 1 lit. a) der RV im Anhang der Richtlinie 1999/70/EG. Insofern kann der allgemeine Bedarf des Arbeitgebers an der vollen Arbeitskraft des Arbeitnehmers den Erfordernissen eines Sachgrundes nicht genügen, um das Interesse des Arbeitnehmers an einem unbefristeten Arbeitsverhältnis zu überwiegen.[541] Der besondere Bedarf des Arbeitgebers kann sich aus der besonderen Leistungsfähigkeit des Arbeitnehmers oder aus einem Abwechslungsbedürfnis des Publikums ergeben.[542]

---

536 ErfK/*Müller-Glöge*, TzBfG, § 14 Rn. 44; MüKo/*Hesse*, TzBfG, § 14 Rn. 45; Ascheid/Preis/Schmidt/*Backhaus*, TzBfG, § 14 Rn. 131.

537 BAG, Urteil vom 30.08.2017 - 7 AZR 864/15, NZA 2018, 229, Rn. 30.

538 ErfK/*Müller-Glöge*, TzBfG, § 14 Rn. 44; MüKo/*Hesse*, TzBfG, § 14 Rn. 46; Ascheid/Preis/Schmidt/*Backhaus*, TzBfG, § 14 Rn. 131.

539 ErfK/*Müller-Glöge*, TzBfG, § 14 Rn. 44; Ascheid/Preis/Schmidt/*Backhaus*, TzBfG, § 14 Rn. 132.

540 BAG, Urteil vom 15.04.1999 - 7 AZR 437/97, AP AÜG § 13 Nr. 1.

541 Ascheid/Preis/Schmidt/*Backhaus*, TzBfG, § 14 Rn. 132.

542 BVerfG, Beschluss vom 13.01.1982 - 1 BvR 848/77, AP GG Art. 5 Abs. 1 Rundfunkfreiheit Nr. 1; BVerfG, Beschluss vom 28.06.1983 - 1 BvR 525/82, AP GG Art. 5 Abs. 1 Rundfunkfreiheit Nr. 4; BVerfG, Beschluss vom 18.02.2000 - 1 BvR 491, 562/93 u. 1 BvR 624/98, NZA 2000, 653.

Dabei können nach der Rechtsprechung des BVerfG zur Rundfunkfreiheit die Arbeitsverträge mit programmgestaltenden Mitarbeitern befristet werden, wobei der sachliche Grund in der Rundfunkfreiheit selbst liegt und weitere Gründe nicht hinzutreten müssen, wenn die Intensität der Einflussnahme des Arbeitnehmers auf die Programmgestaltung dies rechtfertigt.[543] Andere vergleichbare Tendenzbetriebe der Presse, der Kunst und der Wissenschaft können ebenso auf den Sachgrund gem. § 14 Abs. 1 S. 2 Nr. 4 TzBfG zurückgreifen, um befristete Arbeitsverhältnis zu begründen.[544]

Das abzuwägende Schutzinteresse des Arbeitnehmers ist in der Regel auf den Abschluss eines unbefristeten Arbeitsvertrags gerichtet.[545] Den Schutz des Arbeitnehmers könnte auch noch das Erfordernis einer unionsrechtlich gebotenen Missbrauchskontrolle ergänzen. Eine derartige Missbrauchsprüfung, bei der unter Würdigung aller Umstände des Einzelfalls zu ermitteln ist, ob der Arbeitgeber einen an sich gegebenen Sachgrund für die Befristung eines Arbeitsvertrags dazu nutzt, einen ständigen und dauerhaften Arbeitskräftebedarf zu decken, ist nicht veranlasst, wenn bereits der Sachgrund selbst eine umfassende Interessenabwägung verlangt.[546] So verhält es sich bei dem Sachgrund der Eigenart der Arbeitsleistung gem. § 14 Abs. 1 S. 2 Nr. 4 TzBfG.[547] Allerdings müssen die Gesamtdauer und die Anzahl der Verträge im Einzelfall dann auch tatsächlich in die Interessenabwägung einfließen.[548]

(5) Die Erprobung

Die Befristung des Arbeitsvertrages ist sachlich gerechtfertigt gem. § 14 Abs. 1 S. 2 Nr. 5 TzBfG, wenn die Befristung zur Erprobung erfolgt. Dabei ist das Bedürfnis des Arbeitgebers, den Arbeitnehmer sachlich und fachlich zu erproben, nicht nur einseitig zu berücksichtigen, sondern kann umgekehrt auch als Bedürfnis des Arbeitnehmers verstanden werden, die Tätigkeit beim Arbeitgeber zu erproben.[549] Voraussetzung ist laut Müller-Glöge, dass die Erprobung nicht schon

543 Ascheid/Preis/Schmidt/*Backhaus*, TzBfG, § 14 Rn. 131.

544 ErfK/*Müller-Glöge*, TzBfG, § 14 Rn. 46a; Ascheid/Preis/Schmidt/*Backhaus*, TzBfG, § 14 Rn. 131.

545 Ascheid/Preis/Schmidt/*Backhaus*, TzBfG, § 14 Rn. 132.

546 BAG, Urteil vom 30.08.2017 - 7 AZR 864/15, NZA 2018, 229 Rn. 49.

547 BAG, Urteil vom 30.08.2017 - 7 AZR 864/15, NZA 2018, 229 Rn. 49.

548 Ascheid/Preis/Schmidt/*Backhaus*, TzBfG, § 14 Rn. 98.

549 ErfK/*Müller-Glöge*, TzBfG, § 14 Rn. 49; Ascheid/Preis/Schmidt/*Backhaus*, TzBfG, § 14 Rn. 364.

in einem vorgeschalteten Arbeitsverhältnis erfolgt sei.[550] Etwas anderes könne nur gelten, wenn der Arbeitnehmer im vorgeschalteten Arbeitsverhältnis ganz anders beschäftigt worden sei oder dieses bereits lange zurückliege.[551]

Für den Sachgrund der Erprobung sei zudem laut dem BAG erforderlich, dass die vereinbarte Dauer der Befristung als Erprobungszeit in einem angemessenen Verhältnis zu der in Aussicht genommenen Tätigkeit stehe.[552] Im Allgemeinen würden nach dem Vorbild des § 1 Abs. 1 KSchG und der Kündigungsfristenregelung für Kündigungen während der Probezeit gem. § 622 Abs. 3 BGB sechs Monate ausreichen.[553]

Ein besonderer Erprobungsbedarf des Arbeitgebers kann aber im Einzelfall auch längere Erprobungszeiten oder ausnahmsweise auch eine Verlängerung des bis auf sechs Monate befristeten Arbeitsvertrages begründen.[554] Längere Probezeiten könnten zudem aus in der Person des Arbeitnehmers liegenden Gründen gerechtfertigt sein, so Backhaus.[555] Das sei nach dem BAG der Fall, wenn der Arbeitnehmer über Jahre seinen erlernten Beruf nicht praktiziert habe oder der Arbeitnehmer vorbestraft sei und Bedenken gegen seine persönliche Zuverlässigkeit ausgeräumt werden müssten.[556]

Bei der Prüfung dieses Sachgrundes wird wieder das innere System des Befristungsrechts deutlich. Je nach Gewicht des Erprobungsbedarfs – des sachlichen Grundes – richtet sich die Grenze der Dauer und Anzahl der zulässigen Verlängerungen.

Eine weitergehende Missbrauchsprüfung ist nicht veranlasst, da eine umfassende Interessenabwägung schon bei der Prüfung des Sachgrundes selbst vorzunehmen ist. Hierbei sind nicht nur die Interessen des Arbeitgebers maßgeblich, sondern auch „strenge Maßstäbe“[557] an den Erprobungsbedarf anzulegen, die den Arbeitnehmer schon auf Ebene des Sachgrundes schützen.

---

550 ErfK/*Müller-Glöge*, TzBfG, § 14 Rn. 49.

551 ErfK/*Müller-Glöge*, TzBfG, § 14 Rn. 50.

552 BAG, Urteil vom 25.10.2017 - 7 AZR 712/15, NZA-RR 2018, 180 Rn. 12.

553 BAG, Urteil vom 02.06.2010 - 7 AZR 85/09, NZA 2010, 1293; BAG, Urteil vom 19.11.2019 - 7 AZR 311/18, NZA 2020, 536, Rn. 28.

554 ErfK/*Müller-Glöge*, TzBfG, § 14 Rn. 49a; Ascheid/Preis/Schmidt/*Backhaus*, TzBfG, § 14 Rn. 367, 370.

555 Ascheid/Preis/Schmidt/*Backhaus*, TzBfG, § 14 Rn. 368.

556 BAG, Urteil vom 13.12.1962 - 2 AZR 38/62, AP BGB § 620 Befristeter Arbeitsvertrag Nr. 24; BAG, Urteil vom 28.11.1963- 2 AZR 140/63, AP BGB § 620 Befristeter Arbeitsvertrag Nr. 26.

557 Ascheid/Preis/Schmidt/*Backhaus*, TzBfG, § 14 Rn. 361.

(6) Die Gründe in der Person des Arbeitnehmers

Ein Sachgrund liegt gem. § 14 Abs. 1 S. 2 Nr. 6 TzBfG vor, wenn in der Person des Arbeitnehmers liegende Gründe die Befristung rechtfertigen. Der Begriff „in der Person des Arbeitnehmers liegender Grund" ist so weit gefasst, dass zahlreiche vom BAG anerkannte Typen von Sachgründen darunter verstanden werden.[558] Dabei sollen exemplarisch die nach der Gesetzesbegründung umfassten und in der Rechtsprechung des BAGs anerkannten Fälle der sozialen Überbrückung betrachtet werden.[559] Zudem wird auch die weitere Fallgruppe der Befristung auf Wunsch des Arbeitnehmers beleuchtet.

(a) Die soziale Überbrückung

Nach dem BAG kann die Überbrückungssituation beispielsweise gegeben sein, wenn der Arbeitgeber seinem wirksam gekündigten Arbeitnehmer aus sozialen Gründen einen zeitlich befristeten Arbeitsvertrag anbietet.[560] Die soziale Überbrückung wird auch bejaht, wenn aus sozialen Gründen im Anschluss an ein wirksam befristetes Arbeitsverhältnis ein weiteres befristetes angeschlossen wird, um dem Arbeitnehmer das Auffinden eines neuen Arbeitsplatzes zu erleichtern.[561] Gleiches gilt, wenn die Zeit bis zum Beginn einer bereits feststehenden anderen Beschäftigung überbrückt werden soll.[562]

Da soziale Motive für die Befristung leicht vorgeschoben werden können, sind an die Feststellung der Kausalität des sozialen Zwecks für den Abschluss des Arbeitsvertrages strenge Maßstäbe anzulegen.[563] Voraussetzung für die Befristung aus sozialen Gründen ist, dass gerade die Berücksichtigung der sozialen Belange des Arbeitnehmers und nicht betriebliche oder dienstliche Interessen für den Abschluss des befristeten Arbeitsvertrags maßgebend sind.[564] Dafür

558 Ascheid/Preis/Schmidt/*Backhaus*, TzBfG, § 14 Rn. 137; ErfK/*Müller-Glöge*, TzBfG, § 14 Rn. 51; MüKo/*Hesse*, TzBfG, § 14 Rn. 60.

559 BT-Drs. 14/4374, S. 19.

560 BAG, Beschluss vom 12.10.1960 - 3 AZR 65/59, AP BGB § 620 Befristeter Arbeitsvertrag Nr. 16.

561 BAG, Urteil vom 07.03.1980 - 7 AZR 177/78, AP BGB § 620 Befristeter Arbeitsvertrag Nr. 54, 60.

562 BAG, Urteil vom 17.01.2007 - 7 AZR 20/06, AP TzBfG § 14 Nr. 30.

563 BAG, Urteil vom 26.04.1985 - 7 AZR 316/84, AP BGB § 620 Befristeter Arbeitsvertrag Nr. 91.

564 BAG, Urteil vom 17.01.2007 - 7 AZR 20/06, AP TzBfG § 14 Nr. 30, Rn. 33; BAG, Urteil vom 24.08.2011 – 7 AZR 368/10, AP TzBfG § 14 Nr. 85, Rn. 27; BAG, Urteil vom 20.03.2019 – 7 AZR 409/16, NZA 2019, 1274, Rn. 48.

bedürfe es laut Backhaus der Feststellung konkreter tatsächlicher Anhaltspunkte, die darauf schließen ließen, dass die für eine Beschäftigung des Arbeitnehmers sprechenden eigenen betrieblichen oder dienstlichen Interessen des Arbeitgebers nicht ausreichen würden.[565] Solche Eigeninteressen des Arbeitgebers bräuchten allerdings nicht ganz zu fehlen.[566] Der Arbeitgeber hat in der Regel stets das Interesse, sich die Arbeitsleistung des Arbeitnehmers zu unternehmerischen Zwecken nutzbar zu machen. Bei dem als „Sozialmaßnahme" gedachten Arbeitsvertrag nimmt das BAG einen Ausnahmefall an, dessen Vorliegen der Arbeitgeber anhand nachprüfbarer Tatsachen darzulegen und zu beweisen hat.[567] Erfülle der Arbeitnehmer mit seiner Tätigkeit beim Arbeitgeber nicht aufschiebbare oder fortlaufende Daueraufgaben, spreche dies zunächst gegen eine Sozialmaßnahme, so das BAG.[568] Davon könne sich der Arbeitgeber allenfalls mit dem Nachweis entlasten, dass die Daueraufgaben auch ohne den befristet eingestellten Arbeitnehmer sowohl ihrem Umfang nach als auch innerhalb der vorgegebenen Zeit von dem vorhandenen Personal hätten bewältigt werden können.[569]

Für die Dauer der Befristung verbleibe dem Arbeitgeber aber ein Ermessensspielraum, wenn die Voraussetzungen der sozialen Überbrückung vorliegen würden, betont das BAG.[570] Allerdings dürfe die Dauer der Befristung nicht so kurz bemessen sein, dass sie von vornherein zur Zweckerreichung ungeeignet sei, wendet Backhaus ein.[571] Für die Hilfe bei der Suche nach einem Arbeitsplatz durch Erwerb von Berufserfahrungen sah das BAG ein Jahr als angemessene Zeit an.[572]

565 Ascheid/Preis/Schmidt/*Backhaus*, TzBfG, § 14 Rn. 407.

566 Ascheid/Preis/Schmidt/*Backhaus*, TzBfG, § 14 Rn. 407.

567 BAG, Urteil vom 03.10.1984 - 7 AZR 132/83, AP BGB § 620 Befristeter Arbeitsvertrag Nr. 88; BAG, Urteil vom 23.01.2002 - 7 AZR 552/00, NZA 2002, 759; BAG, Urteil vom 21.01.2009 - 7 AZR 630/07, AP TzBfG § 14 Nr. 57, Rn. 9; BAG, Urteil vom 24.8.2011 – 7 AZR 368/10, AP TzBfG § 14 Nr. 85, Rn. 27.

568 BAG, Urteil vom 3.10.1984 - 7 AZR 132/83, AP BGB § 620 Befristeter Arbeitsvertrag Nr. 88.

569 BAG, Urteil vom 12.12.1985 - 2 AZR 9/85, AP BGB § 620 Befristeter Arbeitsvertrag Nr. 96.

570 BAG, Urteil vom 12.12.1985 - 2 AZR 9/85, AP BGB § 620 Befristeter Arbeitsvertrag Nr. 96.

571 Ascheid/Preis/Schmidt/*Backhaus*, TzBfG, § 14 Rn. 409.

572 BAG, Urteil vom 12.12.1985 - 2 AZR 9/85, AP BGB § 620 Befristeter Arbeitsvertrag Nr. 96.

Aus Perspektive des Unionsrechts ist es notwendig, dass hier eine zeitliche oder zahlenmäßige Grenze für Befristungen ergänzt wird, die sich an dem Gewicht des verfolgten sozialen Zwecks orientiert. Je geringer die soziale Motivation bei der Vereinbarung der Befristung ist und je mehr die Befristung dem allgemeinen Bedarf des Arbeitgebers entspricht, desto geringer muss die Befristungsdauer ausfallen. Umgekehrt kommt der Arbeitgeber mit zunehmender Dauer der Befristung in immer größer werdende Schwierigkeiten, den sozialen Überbrückungszweck der Befristung anhand konkreter Tatsachen zu belegen.[573]

Eine Orientierung würden hier wieder die Grenzen gem. § 14 Abs. 2 S. 1 TzBfG bieten, sodass eine Regelobergrenze von zwei Jahren und drei Verlängerungen anzunehmen sei, so Lipke.[574] Dabei kann im Ausnahmefall auch eine höhere Befristungsdauer zugelassen werden, wenn der soziale Zweck stark ausgeprägt ist. Dies kann insbesondere für Beschäftigungs- und Qualifizierungsgesellschaften bejaht werden, die im Anschluss an Betriebsstilllegungen Überbrückungsfunktionen wahrnehmen, und deren soziale Gründe für die befristete Beschäftigung der Arbeitnehmer außer Frage stehen.[575]

Es können sich Überschneidungen zwischen dieser sozialen Überbrückungssituation und dem gesetzlichen Sachgrund gem. § 14 Abs. 1 S. 2 Nr. 2 TzBfG ergeben.[576] Eine Befristung, die im Anschluss an eine Ausbildung oder ein Studium erfolgt, um den Übergang des Arbeitnehmers in eine Anschlussbeschäftigung zu erleichtern, verfolgt dabei auch in gewisser Weise einen sozialen Zweck und eine Art von Brückenfunktion. Insofern wird vorgeschlagen, die strengen Anforderungen an die Kausalität des sozialen Zwecks für die Befristung auf den gesetzlichen Sachgrund gem. § 14 Abs. 1 S. 2 TzBfG zu übertragen.[577] Die Befristungsgründe sind jedoch systematisch und teleologisch voneinander zu trennen, sodass eine Übertragung der strengen Anforderungen ausscheidet.[578] Werden aber die vorgeschlagenen Begrenzungen der Sachgrundbefristungen in § 14 Abs. 1 S. 2 Nr. 2 und Nr. 6 TzBfG verglichen, so fällt auf, dass sich die Parallelen bei der Bedarfssituation, die der Sachgrund abdeckt, in vergleichbaren Grenzen bei der Zahl und Dauer der Befristung wiederfinden.

573 KR/*Lipke*, TzBfG, § 14 Rn. 387.
574 KR/*Lipke*, TzBfG, § 14 Rn. 387.
575 KR/*Lipke*, TzBfG, § 14 Rn. 387.
576 Ascheid/Preis/Schmidt/*Backhaus*, TzBfG, § 14 Rn. 405.
577 Ascheid/Preis/Schmidt/*Backhaus*, TzBfG, § 14 Rn. 405, 121.
578 MüKo/*Hesse*, TzBfG, § 14 Rn. 33; ErfK/*Müller-Glöge*, TzBfG, § 14 Rn. 32; Ascheid/Preis/Schmidt/*Backhaus*, TzBfG, § 14 Rn. 125; Staudinger/*Preis*, BGB, § 620 Rn. 108.

Bemerkenswert ist, dass die Befristung nach neuerer Rechtsprechung des BAGs offenbar ohne spezielle Überbrückungssituation durch den „sozialen Zweck" sachlich gerechtfertigt sein kann, wenn es ohne den in der Person des Arbeitnehmers begründeten sozialen Zweck überhaupt nicht zum Abschluss eines Arbeitsvertrags gekommen wäre.[579] Durch den Verzicht auf dieses Merkmal wird der Tatbestand des Sachgrundes erweitert, sodass die Entwicklung in der Rechtsprechung den Fokus bei der Begrenzung dieses Sachgrundes auf den „sozialen Zweck" und die Missbrauchskontrolle verschiebt, die enge zeitliche und zahlenmäßige Grenzen vorsieht.

(b) Die Befristung auf Wunsch des Arbeitnehmers

Ferner liegt ein Sachgrund in der Person des Arbeitnehmers gem. § 14 Abs. 1 S. 2 Nr. 6 TzBfG vor, wenn die Befristung auf Wunsch des Arbeitnehmers erfolgt.[580] Der Rechtsprechung des BAGs nach sei entscheidend, dass der Arbeitnehmer auch bei einem Angebot des Arbeitgebers auf Abschluss eines unbefristeten Arbeitsvertrags nur ein befristetes Arbeitsverhältnis vereinbart hätte.[581] Dabei müssten im Zeitpunkt des Vertragsschlusses objektive Anhaltspunkte vorliegen, aus denen gefolgert werden könne, dass der Arbeitnehmer ein Interesse gerade an einer befristeten Beschäftigung habe.[582] Das spezielle Interesse des Arbeitnehmers an der Befristung darf nicht verwechselt werden mit seinem allgemeinen Interesse an einer Beschäftigung.[583]

Allein aus dem durch Unterzeichnung des Arbeitsvertrags dokumentierten Einverständnis des Arbeitnehmers mit dem befristeten Vertragsschluss könne nicht auf einen entsprechenden Wunsch geschlossen werden, weil ansonsten für fast jede Befristung dieser Sachgrund greifen würde, betont das BAG.[584] Die Unterzeichnung dokumentiere nur die allgemeine Zustimmung des

579 BAG, Urteil vom 23.06.2019 – 7 AZR 409/16, NZA 2019, 1274.

580 MüKo/*Hesse*, TzBfG, § 14 Rn. 63; ErfK/*Müller-Glöge*, TzBfG, § 14 Rn. 61; Ascheid/Preis/Schmidt/*Backhaus*, TzBfG, § 14 Rn. 488; KR/Lipke, TzBfG, § 14 Rn. 374.

581 BAG, Urteil vom 11.02.2015 – 7 AZR 17/13, BAGE 150, 366, Rn. 36; BAG, Urteil vom 18.01.2017 – 7 AZR 236/15, NZA 2017, 849 Rn. 30.

582 BAG, Urteil vom 06.11.1996 - 7 AZR 909/95, AP BGB § 620 Befristeter Arbeitsvertrag Nr. 188; BAG, Urteil vom 18.01.2017 - 7 AZR 236/15, NZA 2017, 849 Rn. 30.

583 BAG, Urteil vom 26.08.1998 - 7 AZR 349/97, AP BGB § 620 Befristeten Arbeitsvertrag Nr. 203; KR/Lipke, TzBfG, § 14 Rn. 376.

584 BAG, Urteil vom 18.01.2017 - 7 AZR 236/15, NZA 2017, 849 Rn. 30.

Arbeitnehmers zum befristeten Arbeitsvertrag und könne kein spezielles Interesse belegen.[585]

Objektive Anhaltspunkte für ein spezielles Interesse des Arbeitnehmers könnten sich laut BAG etwa aus familiären Verpflichtungen, einer noch nicht abgeschlossenen Ausbildung oder einem Heimkehrwunsch eines ausländischen Arbeitnehmers ergeben.[586] Auch kann durch die vom Arbeitgeber angebotene, freie Wahlmöglichkeit zwischen einem befristeten und einem unbefristeten Arbeitsverhältnis auf den Wunsch des Arbeitnehmers geschlossen werden, speziell eine befristete Beschäftigung vereinbaren zu wollen.[587] Anders sieht dies das BAG, wenn dem unbefristet beschäftigten Arbeitnehmer die Wahl zwischen der Fortsetzung der Beschäftigung oder nachträglicher Befristung seines Vertrages mit günstigeren Bedingungen durch den Arbeitgeber angeboten wird.[588]

Das BAG lässt es zudem nicht ausreichen, wenn der Arbeitnehmer den Arbeitgeber, der zunächst einen Arbeitsvertrag definitiv ablehnt, zur Anstellung überzeugen möchte, indem er ihm eine befristete Beschäftigung anbietet und beteuert, auf eine Entfristungsklage zu verzichten.[589] In diesem Fall muss der Arbeitnehmer gewissermaßen vor sich selbst dadurch geschützt werden, dass solche Fälle aus dem Tatbestand des Sachgrundes ausgeschlossen werden. Dies verdeutlicht die Funktion der Sachgrundkontrolle, die den Arbeitnehmer vor paritätsgestörten Ergebnissen der Vertragsfreiheit schützen soll.[590]

Andererseits wird deutlich, dass hier schon auf Ebene des Sachgrundtatbestandes ein Interessenausgleich zwischen dem speziellen Bedarf des Arbeitnehmers an Befristung und dem Schutzinteresse des Arbeitnehmers auf der anderen Seite stattfindet. Dabei können die zahlenmäßigen oder zeitlichen Begrenzungen aus dem speziellen und konkretisierten Bedarf des Arbeitnehmers abgeleitet werden. So ist bei einem Heimkehrwunsch des ausländischen Arbeitnehmers von vorneherein (ex ante) absehbar, wann die Befristung endet. Bei einer noch nicht abgeschlossenen Ausbildung entfällt das Befristungsbedürfnis des Arbeitnehmers mit Abschluss der Ausbildung. Erledigt sich irgendwann die spezielle familiäre Verpflichtung, die eine Befristung rechtfertigt, so besteht auch nicht

585 BAG, Urteil vom 18.01.2017 - 7 AZR 236/15, NZA 2017, 849 Rn. 30.

586 BAG, Urteil vom 18.01.2017 - 7 AZR 236/15, NZA 2017, 849 Rn. 30.

587 KR/Lipke, TzBfG, § 14 Rn. 377; *Dörner*, der befristete Arbeitsvertrag, Rn. 233 f.

588 BAG, Urteil vom 18.01.2017 – 7 AZR 236/15, NZA 2017, 849, Rn. 33 f.

589 BAG, Urteil vom 19.01.2005 - 7 AZR 115/04, AP BGB § 620 Befristeter Arbeitsvertrag Nr. 260.

590 *Preis*, Grundfragen der Vertragsgestaltung im Arbeitsrecht, S. 291 f.

mehr der den Sachgrund rechtfertigende spezielle Bedarf des Arbeitnehmers. Damit keine dauerhaften oder unendlichen Befristungsketten ermöglicht werden, muss zur Konkretisierung des Sachgrundtatbestandes verlangt werden, dass die Anhaltspunkte für das besondere Interesse des Arbeitnehmers an Befristung ein voraussehbares Ende der Befristung beinhalten. Dadurch werden klare zeitliche Grenzen definiert, sodass schon durch den sachlichen Grund ein umfassender Missbrauchsschutz erreicht wird. Insofern ist dann eine weitere Missbrauchskontrolle nach der Rechtsprechung des BAGs nicht geboten.[591] Die von der Rechtsprechung bisher genannten Anhaltpunkte - familiäre Verpflichtung, Heimkehrwunsch des ausländischen Arbeitnehmers und noch nicht abgeschlossene Ausbildung - enthalten überwiegend eine hinreichende zeitliche Konkretisierung.

Bei dem Indiz der freien Wahlmöglichkeit des Arbeitnehmers zwischen einem unbefristeten und befristeten Arbeitsverhältnis fehlt jedoch ein absehbarer Endtermin. Insofern muss überlegt werden, ob im Einzelfall in solchen Fällen eine Missbrauchskontrolle geboten ist.

Hinsichtlich weiterer Verlängerungen nach diesem Sachgrund der Befristung auf Wunsch des Arbeitnehmers muss nach den Voraussetzungen an den Tatbestand des Sachgrundes jedes Mal erneut die freie Wahlmöglichkeit für den Arbeitnehmer sichergestellt sein, ansonsten scheidet die weitere Verlängerung schon tatbestandlich aus. Fraglich ist, wann eine missbräuchliche Zahl von Befristungen erreicht ist, bei der der Arbeitnehmer – gewissermaßen vor seinem eigenen freien Wunsch - zu schützen ist. Einem Arbeitnehmer in solchen Fällen aber nach einer gewissen Anzahl an Verlängerungen die - durch den Tatbestand des Sachgrundes schon von dem strukturellen Machtungleichgewicht bereinigte – privatautonome Entscheidung über die Verlängerung der Befristung zu nehmen, kann nicht gerechtfertigt werden. Wird die Missbrauchskontrolle als unionsrechtliches und verfassungsrechtliches Untermaß an Schutz für den Arbeitnehmer verstanden, so schließt schon der Tatbestand eine Unterschreitung dieses Mindestmaßes an Arbeitnehmerschutz aus. Es überwiegen deutlich die Vorteile für den Arbeitnehmer, der bewusst immer die Befristung und nicht die unbefristete Beschäftigung wählt, um so weiterhin flexibel zu bleiben, ob er die Beschäftigung fortsetzen möchte. Gerade durch eine größere Zahl an Verlängerungen wird die volle Flexibilität für den Arbeitnehmer erreicht. Dem Arbeitnehmer ist die freie Entscheidung zwischen Befristung oder unbefristeter

591 BAG, Urteil vom 30.08.2017 - 7 AZR 864/15, NZA 2018, 229 Rn. 49.

Beschäftigung zuzutrauen, wenn seine Entscheidungsfreiheit sichergestellt ist. Somit ist in diesem Fall keine weitere Missbrauchskontrolle geboten.

Hinsichtlich der Dauer der Befristung nach diesem Sachgrund der Befristung auf Wunsch des Arbeitnehmers ist erst mal keine zeitliche Grenze geboten, da durch das Kriterium der freien Wahlmöglichkeit bei der Prüfung des Sachgrundes die Privatautonomie des Arbeitnehmers gesichert ist. Eine einmalige langdauernde Befristung kann sogar mit Vorteilen für den Arbeitnehmer verbunden sein.[592] Ein sehr langes befristetes Arbeitsverhältnis nähere sich tendenziell dem Normalarbeitsverhältnis an, da es für die gesamte Dauer der Befristung vollen und geradezu optimierten Bestandsschutz garantiere, veranschaulicht Greiner.[593] Ausgehend vom gesetzlichen Grundmodell gem. § 15 Abs. 3 TzBfG sei der Bestandschutz im befristeten Arbeitsverhältnis sogar optimiert, da die ordentliche Kündigung – wenn eine anderslautende vertragliche Vereinbarung fehlt - ausgeschlossen sei.[594] Der Missbrauchsvorwurf beziehe sich in diesem Fall dann nicht auf den reduzierten Bestandsschutz, sondern auf die zweiseitige Zementierung des Arbeitsverhältnisses, indem auch dem Arbeitnehmer die ordentliche Kündigung versagt werde.[595] Allerdings werde die Zementierung auf der Seite des Arbeitnehmers durch § 15 Abs. 4 TzBfG aufgeweicht, der diesem nach fünf Jahren eine Kündigungsmöglichkeit biete, ohne dass es einer vertraglichen Vereinbarung bedürfe.[596] Schließlich müsse aber beachtet werden, dass der Arbeitnehmer mit Ablauf der langdauernden Befristung keinen Kündigungsschutz genieße, während der Bestandsschutz mit zunehmender Betriebsangehörigkeit im Normalarbeitsverhältnis sogar steige gem. § 1 Abs. 3 KSchG.[597] Regelmäßig seien die Einstellungschancen des dann wesentlich gealterten Arbeitnehmers auf dem Arbeitsmarkt schlechter als zum Zeitpunkt des Abschlusses des lang befristeten Arbeitsverhältnisses.[598] Allerdings sollten aber die dargestellten Gründe dafür sprechen, dass der Arbeitnehmer sich für eine Befristung entscheide und die damit verbundenen Nachteile hinnehme.[599] Diese langdauernde Befristung sei auch nicht mit der Situation einer „prekären" Beschäftigung zu vergleichen und bei Erstbefristungen bestehe ohnehin kein unionsrechtliches

592 Greiner, ZESAR 2013, 305, 311.
593 Greiner, ZESAR 2013, 305, 311.
594 Greiner, ZESAR 2013, 305, 311.
595 Greiner, ZESAR 2013, 305, 311.
596 Greiner, ZESAR 2013, 305, 311.
597 Greiner, ZESAR 2013, 305, 311.
598 Greiner, ZESAR 2013, 305, 311.
599 Greiner, ZESAR 2013, 305, 311.

Kontrollbedürfnis, schließt Greiner ab.[600] Die privatautonome Entscheidung wird für den Arbeitnehmer auch hier durch den Tatbestand des Sachgrundes gesichert, sodass eine weitere Missbrauchskontrolle im Fall der langdauernden Befristung auf Wunsch des Arbeitnehmers nicht angezeigt ist.

In Kombinationsfällen mit einigen Verlängerungen, die eine erhebliche Gesamtdauer ausmachen, kann nichts anderes gelten. Die Vielzahl von Verlängerungen gewährt dem Arbeitnehmer Flexibilität, während bei der langen Gesamtdauer der Befristungen der Bestandsschutz für den Arbeitnehmer optimiert ist. Auch hier sichert der Tatbestand der Befristung auf Wunsch des Arbeitnehmers durch das Indiz der freien Wahl umfassend vor Missbrauch. Eine weitere Missbrauchskontrolle ist also auch bei diesem Indiz nicht angezeigt.

Vorgeschlagen wird von Greiner, dass in Fällen, in denen die erste Befristung von sehr langer Dauer sei, auf das Erfordernis eines Sachgrundes verzichtet werde.[601] Dies erscheint zwar vor dem Hintergrund der Anwendung der Richtlinie erst ab der zweiten Befristung möglich, stößt aber auf verfassungsrechtliche Bedenken im Hinblick auf das vom Staat garantierte Untermaß an Arbeitnehmerschutz gem. Art. 12 Abs. 1 GG. Wie dargestellt, erfüllt der Sachgrund auch im Fall einer erstmaligen langdauernden Befristung die Funktion, die privatautonome Entscheidung zu sichern, die ohne das Erfordernis eines Sachgrundes grundsätzlich im Arbeitsverhältnis durch das strukturelle Ungleichgewicht zwischen den Arbeitsvertragsparteien gestört ist.[602] Auf das Sachgrunderfordernis kann nicht verzichtet werden, wenn langdauernde Befristungen zugelassen werden sollen.

(7) Die Zweckbindung an Haushaltsmittel

Auch liegt ein Sachgrund gem. § 14 Abs. 1 S. 2 Nr. 7 TzBfG vor, wenn der Arbeitnehmer aus Haushaltsmitteln vergütet wird, die haushaltsrechtlich für eine befristete Beschäftigung bestimmt sind, und er entsprechend beschäftigt wird. Dieser Befristungsgrund ist am Bedarf öffentlich-rechtlicher Arbeitgeber ausgerichtet und wird auch als „Sonderbefristungsrecht für den öffentlichen Dienst“[603] bezeichnet. Er findet keine Entsprechung in der früheren Rechtsprechung des BAGs.[604] Vorbild und

---

600 Greiner, ZESAR 2013, 305, 311.

601 Greiner, ZESAR 2013, 305, 311.

602 *Preis*, Grundfragen der Vertragsgestaltung im Arbeitsrecht, S. 291 f.

603 *Preis/Gotthardt*, DB 2000, 2065, 2071.

604 Ascheid/Preis/Schmidt/*Backhaus*, TzBfG, § 14 Rn. 138.

wörtliche Entsprechung für diesen Sachgrund war der seinerzeitige § 57b II Nr. 2 HRG.[605]

Problematisch ist die unionsrechtliche und verfassungsrechtliche Zulässigkeit eines solchen Befristungsgrundes, der insbesondere nicht für die Privatwirtschaft greift.[606] Dabei können öffentlich-rechtliche Arbeitgeber mit der Festlegung ihrer Haushaltsprioritäten selbst den Grund schaffen, der die Verwendung dieser Vertragsform rechtfertigt, und wären somit in der Lage, sich selbst von der Beachtung wesentlicher Grundsätze des Arbeitsrechts freizustellen.[607] Diese sogenannten selbstgerechten Sachgründe stellen faktisch keine Grenze für eine Befristung dar und können das Ziel der Missbrauchsvermeidung gem. § 1 lit. b), § 5 Nr. 1 lit. a) der RV im Anhang der RL 1999/70/EG nicht erreichen.

Auch das BAG hat erkannt, dass die Haushaltsbefristung gem. § 14 Abs. 1 S. 2 Nr. 7 TzBfG aus der Perspektive dieser unionsrechtlichen Vorgaben einer kritischen Würdigung bedarf.[608] Hierzu hat das BAG einschränkende Kriterien ausgehend von der Entscheidung des BVerfG[609] zum § 57b II Nr. 2 HRG aF entwickelt, die sicherstellen sollen, dass der Arbeitgeber Sachgründe für Befristungen nicht wiederholt selbst schaffen kann.[610] Es müsse eine ausreichend konkrete Zwecksetzung für die befristete Beschäftigung bestehen und eine Prognose müsse nahelegen, dass der Arbeitnehmer zumindest überwiegend entsprechend dieser Zwecksetzung beschäftigt werde, so das BAG.[611] Zudem müssten die Haushaltsmittel, die für die Vergütung vorgesehen sind, nur vorübergehend bestehen.[612]

---

605 Ascheid/Preis/Schmidt/*Backhaus*, TzBfG, § 14 Rn. 143; ErfK/*Müller-Glöge*, TzBfG, § 14 Rn. 71a; MüKo/*Hesse*, TzBfG, § 14 Rn. 71.

606 Ascheid/Preis/Schmidt/*Backhaus*, TzBfG, § 14 Rn. 138; ErfK/*Müller-Glöge*, TzBfG, § 14 Rn. 71a; MüKo/*Hesse*, TzBfG, § 14 Rn. 72; Staudinger/*Preis*, TzBfG, § 14 Rn. 150.

607 *Jääskinen*, Schlussantrag vom 15.09.2011, C – 313/10 (Jansen), Slg. 2011, I-10511, Rn. 61.

608 *Chandna-Hoppe*, ZfA 2020, 70, 75.

609 BVerfG, Beschluss vom 24.04.1996 - 1 BvR 712/86, AP HRG § 57a Nr. 2.

610 *Chandna-Hoppe*, ZfA 2020, 70, 75.

611 BAG, Urteil vom 18.10.2006, 7 AZR 419/05, BAGE 120, 42, Rn 14 ff.; BAG, Urteil vom 17.03.2010, 7 AZR 843/08, NJW 2010, 2536, Rn. 11; BAG, Urteil vom 23.05.2018, 7 AZR 16/17, NZA 2018, 1549, Rn. 15.

612 BAG, Urteil vom 11.09.2013 – 7 AZR 107/12, NZA 2014, 150, Rn. 31; BAG, Urteil vom 28.09.2016 – 7 AZR 549/14, NZA 2017, 249, Rn. 38; BAG, Urteil vom 23.05.2018, 7 AZR 16/17, NZA 2018, 1549, Rn. 15.

Neben den verfassungsrechtlich gebotenen Einschränkungen können sich solche auch aus dem Unionsrecht ergeben.[613] Dabei sind es insbesondere die unbestimmten Anforderungen an die Zwecksetzung, die den speziellen unionsrechtlichen Vorgaben der Richtlinie nicht entsprechen könnten.[614] Dies wurde durch den EuGH bisher nicht entschieden.[615] Allerdings finden sich Ausführungen hierzu in den Schlussanträgen des Generalanwalts Jääskinen in der Rechtssache „Jansen", der in einer Haushaltsbefristung erhebliches Missbrauchspotenzial sieht.[616]

Vor dem Hintergrund der Entscheidung des EuGHs in Rechtssachen „Sanchez Ruiz" ist zukünftig zu klären, ob die einschränkenden Kriterien ausreichend sind, um grundsätzlich einen sachlichen Grund gem. § 5 Nr. 1 lit. a) der RV im Anhang der RL 1999/70/EG zu bejahen. Preis kritisiert, dass die vom BAG genannten Kriterien auf einer zweiten Ebene wieder aufgeweicht würden, da letztlich die einzelfallbezogene Prüfung das eigene Prüfprogramm entwerte.[617] So müsse der Arbeitnehmer im Rahmen des Prüfungspunktes „entsprechende Beschäftigung" lediglich überwiegend entsprechend der Zwecksetzung der bereitgestellten Haushaltsmittel eingesetzt werden, sodass eine Beschäftigung zu 51 % nach dem vorgesehenen Zweck und 49 % zu Daueraufgaben ausreichen würde.[618] Zudem müsse lediglich nach einer vorherigen Prognose des Arbeitgebers eine überwiegende Beschäftigung entsprechend der Zwecksetzung im Haushalt bejaht werden, was faktisch sogar eine Beschäftigung des befristet Beschäftigten mit 100 % Daueraufgaben ermögliche, da die Prognose sich im Nachhinein nicht als begründet erweisen müsse.[619] Schließlich werde beobachtet, dass die einschränkenden Kriterien des BAGs bei Nichtbeachtung grundsätzlich nicht zur Entfristung führen würden, sondern lediglich ein Indiz dafür seien, dass die Befristung missbräuchlich sein könne.[620]

---

613 Ascheid/Preis/Schmidt/*Backhaus*, TzBfG, § 14 Rn. 144; ErfK/*Müller-Glöge*, TzBfG, § 14 Rn. 71a; MüKo/*Hesse*, TzBfG, § 14 Rn. 71.

614 *Chandna-Hoppe*, ZfA 2020, 70, 75 f.

615 *Chandna-Hoppe*, ZfA 2020, 70, 75; Staudinger/*Preis*, TzBfG, § 14 Rn. 159; ErfK/Müller-Glöge, TzBfG, § 14 Rn. 71a; Ascheid/Preis/Schmidt/*Backhaus*, TzBfG, § 14 Rn. 140.

616 *Jääskinen*, Schlussantrag vom 15.09.2011, C – 313/10 (Jansen), Slg. 2011, I-10511, Rn. 61, 70.

617 Staudinger/*Preis*, TzBfG, § 14 Rn. 153.

618 Staudinger/*Preis*, TzBfG, § 14 Rn. 153.

619 Staudinger/*Preis*, TzBfG, § 14 Rn. 154.

620 Staudinger/*Preis*, TzBfG, § 14 Rn. 155.

Deutlich würden weitere Defizite der einschränkenden Kriterien der Rechtsprechung des BAGs in den Vertretungsfällen werden, so Preis.[621] Sehe ein Haushalt eine Planstelle vor, deren Inhaber aber erkrankt sei, könne aufgrund von § 14 Abs. 1 S. 2 Nr. 7 TzBfG ein Arbeitnehmer zur Vertretung des anderen Arbeitnehmers, der eigentlich die Planstelle innehabe, angestellt werden.[622] Dabei erfolge die Befristung nicht unter Beachtung der Anforderungen an den Sachgrund der Vertretung gem. § 14 Abs. 1 S. 2 Nr. 3 TzBfG, sondern aufgrund der Anforderungen an den Sachgrund Haushaltsbefristung gem. § 14 Abs. 1 S. 2 Nr. 7 TzBfG.[623] Hierdurch werde die strenge Voraussetzung der Vertretungsbefristung hinsichtlich der Kausalität zwischen der zu vertretenden Stelle und der Vertreterstelle umgangen, indem für den Sachgrund der Haushaltsbefristung lediglich eine Prognoseentscheidung anzustellen sei, ob der neu befristete Arbeitnehmer überwiegend zu dem im Haushalt vorgesehenen Zeck eingesetzt werden würde.[624]

Zwar kennt der Sachgrund der Vertretung ebenso ein Prognoseelement bzgl. der erwarteten Rückkehr der Arbeitnehmer, jedoch soll der Kausalzusammenhang zwischen der zu vertretenden Stelle und der vom Vertreter besetzten Stelle absichern, dass der Vertretungsbedarf beim Arbeitgeber nicht als Vorwand genutzt wird, um Befristungen über den eigentlichen Bedarf hinaus abzuschließen. Die Prognoseentscheidung bei der Haushaltsbefristung kann diese Funktion nicht einnehmen, denn deren Anforderungen schützen letztlich nicht davor, dass die Befristung tatsächlich einen anderen Zweck verfolgt, als den im Haushalt festgelegten. Generalanwalt Jääskinen führt dazu aus, „dass diese haushaltsrechtliche Vorschrift allein keine hinreichend konkrete Rechtfertigung für eine Befristung von Verträgen gemäß den von der Rechtsprechung aufgestellten Anforderungen darstellt, da die von der eingestellten Person wahrzunehmenden Aufgaben nicht eindeutig feststehen oder feststellbar sind. Vorschriften dieser Art ermöglichen keine Prüfung, ob in diesem konkreten Fall die Verlängerung eines befristeten Vertrags tatsächlich geeigneter ist als dessen Umwandlung in einen unbefristeten Vertrag zur Verfestigung des Arbeitsverhältnisses."[625] Zum Lückenschluss beim Missbrauchsschutz liegt es daher nahe, auch hier eine

621 Staudinger/*Preis*, TzBfG, § 14 Rn. 157.
622 Staudinger/*Preis*, TzBfG, § 14 Rn. 157.
623 Staudinger/*Preis*, TzBfG, § 14 Rn. 157.
624 Staudinger/*Preis*, TzBfG, § 14 Rn. 157.
625 *Jääskinen*, Schlussantrag vom 15.09.2011, C – 313/10 (Jansen), Slg. 2011, I-10511, Rn. 71.

Kausalität zwischen der im Haushalt benannten bezweckten Beschäftigung und der tatsächlichen Beschäftigung zu verlangen.[626]

Ohne weitere Voraussetzungen seien die vom BAG aufgestellten Kriterien zur Einschränkung des Sachgrundes wenig effektiv, sodass durch die Missbrauchsanfälligkeit bei diesem Befristungsgrund der Verdacht der Unionsrechtswidrigkeit gem. § 5 Nr. 1 lit. a) der RV im Anhang der RL 1999770/EG bestehe, so die Kritik einiger Stimmen in der Literatur.[627]

Zudem muss eine Missbrauchskontrolle unter Berücksichtigung aller Umstände des Einzelfalls stattfinden, die insbesondere zeitliche und zahlenmäßige Grenzen für die Haushaltsbefristung erfordert. Entsprechend des inneren Prinzips bei der Begrenzung von Befristung kann ein schwacher Bedarf auch nur eine kurze Befristungsdauer oder wenige Verlängerungen rechtfertigen. Nach Backhaus sei es stets unstreitig gewesen, dass allein die Begrenzung des Haushalts durch das Haushaltsjahr ebenso wenig eine Befristung rechtfertigen könne wie die Erwartung allgemeiner Mittelkürzungen.[628] Insofern kann selbst der durch weitere Anforderungen an den Sachgrund qualifizierte Bedarf des Arbeitgebers keine weiten zeitlichen oder zahlenmäßigen Grenzen der Befristung rechtfertigen. Das Schutzinteresse des Arbeitnehmers rechtfertigt demnach hier eine enge zeitliche und zahlenmäßige Begrenzung der Haushaltsbefristungen.

(8) Der gerichtliche Vergleich

Der weitere sachliche Grund, dass die Befristung auf einem gerichtlichen Vergleich beruht, beschränkt sich auf solche Fälle, in denen durch den Vergleich der Rechtsstreit über den Fortbestand des Arbeitsverhältnisses beigelegt wird.[629] Über diesen allgemein in der Rechtsprechung des BAGs anerkannten Befristungsgrund ist der Gesetzgeber in § 14 Abs. 1 S. 2 Nr. 8 TzBfG hinausgegangen, der nach dem Gesetzeswortlaut jeden gerichtlichen Vergleich als einen Sachgrund ausreichen lässt.[630]

---

626 *Jääskinen*, Schlussantrag vom 15.09.2011, C – 313/10 (Jansen), Slg. 2011, I-10511, Rn. 78.

627 Staudinger/*Preis,* TzBfG, § 14 Rn. 159; Ascheid/Preis/Schmidt/*Backhaus*, TzBfG, § 14 Rn. 142; Preis/Sagan/*Brose,* § 13 Rn. 151.

628 Ascheid/Preis/Schmidt/*Backhaus*, TzBfG, § 14 Rn. 138.

629 BAG, Urteil vom 09.02.1984 -2 AZR 402/83, AP BGB § 620 Bedingung Nr. 7; BAG, Urteil vom 02.12.1998 - 7 AZR 644/97, AP HRG § 57a Nr. 4.

630 ErfK/*Müller-Glöge*, TzBfG, § 14 Rn. 75; MüKo/*Hesse*, TzBfG, § 14 Rn. 76; Ascheid/Preis/Schmidt/*Backhaus*, TzBfG, § 14 Rn. 452.

Das BAG[631] geht dennoch weiterhin davon aus, dass ein Sachgrund gem. § 14 Abs. 1 S. 2 Nr. 8 TzBfG nur vorliege, wenn ein offener Streit der Parteien über den Fortbestand des Arbeitsverhältnisses bestehe. Dies begründet es mit Verweis auf die Gesetzesbegründung des § 14 Abs. 1 S. 2 Nr. 8 TzBfG, wonach der Gesetzgeber bei der Schaffung von § 14 Abs. 1 S. 2 Nr. 8 TzBfG an die bisherige Rechtsprechung anknüpfen wolle.[632]

Nach der Rechtsprechung des BAGs sei der Rechtsstreit noch offen, wenn die Parteien gegensätzliche Standpunkte einnehmen und auf diesen beharren würden, damit der gerichtliche Vergleich nicht nur zur Protokollierung einer vor Rechtshängigkeit außergerichtlich getroffenen Befristungsvereinbarung benutzt werde.[633] Dies solle sicherstellen, dass durch den gerichtlichen Vergleich kein Sachgrund künstlich erschaffen werde.[634]

Entscheidendes Merkmal des Sachgrundes bildet aber der „gerichtliche Vergleich". Ein außergerichtlicher Vergleich, der nach der alten Rechtslage ausreichend war, ist nunmehr durch den klaren Wortlaut des Gesetzes grundsätzlich kein Sachgrund mehr.[635] Nach der Rechtsprechung des BAGs erfülle das Arbeitsgericht seine aus Art. 12 Abs. 1 GG abgeleitete Schutzpflicht, den Arbeitnehmer vor grundlosem Verlust des Arbeitsplatzes zu bewahren.[636] Dies tue es nicht nur durch Urteil, sondern auch im Rahmen gütlicher Beilegung des Rechtsstreits.[637] So biete die auf Vorschlag des Gerichts zustande gekommene zeitliche Fortsetzung im Regelfalle hinreichende Gewähr, dass die Befristung nicht gewählt sei, um dem Arbeitnehmer den gesetzlichen Bestandsschutz zu

---

631 BAG, Urteil vom 26.04.2006 - 7 AZR 366/05, AP TzBfG § 14 Vergleich Nr. 1, Rn. 27 f.; BAG, Urteil vom 15.02.2012 - 7 AZR 734/10, NZA 2012, 919, Rn. 13.

632 BAG, Urteil vom 26.04.2006 - 7 AZR 366/05, AP TzBfG § 14 Vergleich Nr. 1, Rn. 30.

633 BAG, Urteil vom 26.04.2006 - 7 AZR 366/05, AP TzBfG § 14 Vergleich Nr. 1, Rn. 31.

634 Ascheid/Preis/Schmidt/*Backhaus*, TzBfG, § 14 Rn. 452.

635 ErfK/*Müller-Glöge*, TzBfG, § 14 Rn. 77; Ascheid/Preis/Schmidt/*Backhaus*, TzBfG, § 14 Rn. 455; MüKo/*Hesse*, TzBfG, § 14 Rn. 77.

636 BAG, Urteil vom 02.12.1998 - 7 AZR 644/97, AP HRG § 57a Nr. 4; BAG, Urteil vom 26.04.2006 - 7 AZR 366/05, AP TzBfG § 14 Vergleich Nr. 1, Rn. 27; BAG, Urteil vom 15.02.2012 – 7 AZR 734/10, AP TzBfG § 14 Nr. 95, Rn. 23 f.; BAG, Urteil vom 21.03.2017 – 7 AZR 369/15, NZA 2017, 706, Rn. 14.

637 BAG, Urteil vom 02.12.1998 - 7 AZR 644/97, AP HRG § 57a Nr. 4; BAG, Urteil vom 26.04.2006 - 7 AZR 366/05, AP TzBfG § 14 Vergleich Nr. 1, Rn. 27; BAG, Urteil vom 15.02.2012 – 7 AZR 734/10, AP TzBfG § 14 Nr. 95, Rn. 23 f.; BAG, Urteil vom 21.03.2017 – 7 AZR 369/15, NZA 2017, 706, Rn. 14.

nehmen.[638] Eine Ausnahme hiervon könne bei einem gem. § 278 Abs. 6 S. 1, S. 2 ZPO gerichtlich protokollierten Prozessvergleich gemacht werden, wenn dieser auf Vorschlag oder sonst unter inhaltlicher Mitwirkung des Gerichts zustande gekommen sei.[639]

Die reine Protokollierung gem. § 278 Abs. 6 S. 1 1. Fall ZPO eines außergerichtlichen Vergleichs reicht dazu nicht aus.[640] Das Ergebnis des außergerichtlichen Vergleichs ist auf Grundlage der strukturellen Unterlegenheit des Arbeitnehmers und dem damit verbundenen Machtungleichgewicht verhandelt worden, wodurch ein Missbrauch zulasten des Arbeitnehmers nicht ausgeschlossen werden kann. Die inhaltliche Mitwirkung dient also der Sicherstellung, dass Missbrauch vermieden wird, und ist demnach unionsrechtlich gem. § 5 Nr. 1 lit. a) der RV im Anhang der RL 1999/70/EG geboten.[641] Die enge Auslegung des Merkmals „gerichtlicher Vergleich" stützt sich auch auf die Gesetzesmaterialien: Die gerichtliche Mitwirkung muss die Wahrung der Schutzinteressen des Arbeitnehmers absichern.[642]

Einem außergerichtlich ausgehandelten Vergleich zwischen den Arbeitsvertragsparteien, der nunmehr gem. § 278 Abs. 6 S. 1 1. F. ZPO festgestellt werden soll, kommt nur dann Sachgrundqualität zu, wenn sich das Gericht den von einer Partei unterbreiteten Vergleichsvorschlag zu eigen macht und hierdurch die erforderliche Mitwirkung des Gerichts am Zustandekommen des Vergleichs gewährleistet ist.[643] Ist der außergerichtlich ausgehandelte Vergleich missbräuchlich, wird das Gericht an dem durch die Parteien unterbreiteten Vorschlag nicht festhalten und den Parteien einen anderen Vergleichsvorschlag gem. § 278 Abs. 6 S. 1 2. F. ZPO unterbreiten.

---

638 BAG, Urteil vom 02.12.1998 - 7 AZR 644/97, AP HRG § 57a Nr. 4; BAG, Urteil vom 26.04.2006 - 7 AZR 366/05, AP TzBfG § 14 Vergleich Nr. 1, Rn. 27; BAG, Urteil vom 15.02.2012 – 7 AZR 734/10, AP TzBfG § 14 Nr. 95, Rn. 23 f.; BAG, Urteil vom 21.03.2017 – 7 AZR 369/15, NZA 2017, 706, Rn. 14.

639 BAG, Urteil vom 26.04.2006 - 7 AZR 366/05, AP TzBfG § 14 Vergleich Nr. 1, Rn. 27; BAG, Urteil vom 15.02.2012 - 7 AZR 734/10, NZA 2012, 919, Rn. 25; BAG, Urteil vom 14.01.2015 - 7 AZR 2/14, NZA 2016, 39 Rn. 26 f.

640 Ascheid/Preis/Schmidt/*Backhaus*, TzBfG, § 14 Rn. 455; *Dörner*, Der befristete Arbeitsvertrag, Rn. 262 f.; MüKo/*Hesse*, TzBfG, § 14 Rn. 77.

641 BAG, Urteil vom 15.02.2012 - 7 AZR 734/10, NZA 2012, 919, Rn. 17; BAG, Urteil vom 12.11.2014 – 7 AZR 891/12, NZA 2015, 379, Rn. 23 f.; BAG, Urteil vom 21.03.2017 – 7 AZR 369/15, NZA 2017, 706, Rn. 22.

642 BT-Drs. 14/4374, S. 19.

643 BAG, Urteil vom 08.06.2016 – 7 AZR 339/14, NZA 2016, 1485, Rn. 24.

Eine Partei, die an einem Vergleich nach § 278 Abs. 6 S. 1 1. F. ZPO mitgewirkt habe, verstoße grundsätzlich nicht gegen Treu und Glauben gem. § 242 BGB, wenn sie die sachliche Rechtfertigung der so zustande gekommenen Befristung angreife, so Backhaus.[644] Ein solcher Angriff der Befristung durch den Arbeitnehmer ist insbesondere denkbar, wenn zwischen den Arbeitsvertragsparteien aufeinanderfolgende befristete Arbeitsverträge vorliegen. Bei dem Sachgrund gem. § 14 Abs. 1 S. 2 Nr. 8 TzBfG kann dann zusätzlich zu den einschränkenden Kriterien des Sachgrundtatbestandes eine Missbrauchskontrolle angezeigt sein.[645] Die Beteiligung des Gerichts am konkreten Vergleich schließt nur Missbrauch im Hinblick auf die konkrete Befristungsabrede aus. Das Gericht muss aber zudem auch alle Umstände des Falls berücksichtigen, damit die unionsrechtliche Funktion des Sachgrundes – die Missbrauchsvermeidung gem. § 5 Nr. 1 lit. a) der RV im Anhang der RL 1999/70/EG – eingehalten wird.[646] Insbesondere die Dauer und Anzahl der Befristungen können eine weitere Quelle potenziellen Missbrauchs sein. Aufeinanderfolgende mit Sachgrund gem. § 14 Abs. 1 S. 2 Nr. 8 TzBfG befristete Arbeitsverträge sind zwar durchaus in einem gewissen zeitlichen und zahlenmäßigen Rahmen zulässig, können aber auch keine unendlichen Befristungsketten rechtfertigen.

Ein Vergleich mit den übrigen Sachgründen kann dabei helfen, einen zeitlichen und zahlenmäßigen Rahmen einzugrenzen. Diese Grenzen sind immer ausgerichtet an der jeweiligen Größe des Bedürfnisses des Arbeitgebers oder des Arbeitnehmers an Befristung, welches hinter der Zulassung eines Sachgrundes gem. § 14 Abs. 1 S. 2 TzBfG steht. Insofern kann in den Fällen, in denen der gerichtlich festgestellte Vergleich der Beilegung eines Bestandsstreits wegen einer Sachgrundbefristung dient, auf den jeweiligen Sachgrund und den damit verbundenen Bedarf abgestellt werden.

Bei Bestandsstreitigkeiten über Sachgründe gem. § 14 Abs. 1 S. 2 Nr. 2, 5 und 6 TzBfG - Erstanstellung, Erprobung und soziale Überbrückung – dürfen keine weiten zeitlichen oder zahlenmäßigen Grenzen durch die Befristung nach § 14 Abs. 1 S. 2 Nr. 8 TzBfG ermöglicht werden. Ansonsten werden im Ergebnis die eigentlich für diese Sachgründe bestehenden engen Grenzen dadurch aufgehoben, dass der Arbeitgeber einen Streit zur Befristung inszeniert und so eine längere Befristungsdauer oder höhere Befristungszahl erreicht. Auch bei Bestandsstreitigkeiten wegen anderer Sachgründe, die weitere zeitliche und

644 Ascheid/Preis/Schmidt/*Backhaus*, TzBfG, § 14 Rn. 456.

645 BAG, Urteil vom 12.11.2014 - 7 AZR 891/1, BAGE 150, 8, Rn. 30.

646 Ascheid/Preis/Schmidt/*Backhaus*, TzBfG, § 14 Rn. 454.

zahlenmäßige Grenzen erlauben, müssen die bisher mit dem Arbeitgeber vereinbarten Befristungen berücksichtigt werden, da der Sachgrund gem. § 14 Abs. 1 S. 2 Nr. 8 TzBfG nicht zum „Reset-Knopf" für die Vertragshistorie zwischen den Arbeitsvertragsparteien werden darf. Es gelten demnach die Grundsätze der Missbrauchskontrolle des jeweiligen bestrittenen Sachgrundes entsprechend für den Sachgrund gem. § 14 Abs. 1 S. 2 Nr. 8 TzBfG. Im Sinne eines einheitlichen Schutzkonzepts innerhalb der Sachgrundbefristung ist dann ein Missbrauch durch die verantwortliche Mitwirkung des Richters vermieden, wenn der Richter die im Vergleich vereinbarte Befristungsdauer und die Zahl an den jeweiligen Missbrauchsgrenzen ausrichtet. Dies sichert letztlich den verfassungsrechtlich und unionsrechtlich garantierten Mindeststandard an Arbeitnehmerschutz.

Denkbar ist aber auch, dass sich der Bestandsstreit auf eine Kündigung, eine auflösende Bedingung oder einen Aufhebungsvertrag bezieht oder der Arbeitnehmer die Fortführung seines Arbeitsverhältnisses durch Abschluss eines Folgevertrags erreichen will, worüber die Parteien sodann einen Vergleich erzielen wollen.[647] Bei diesen Fällen kann sich die verantwortliche Mitwirkung des Richters bei der Missbrauchskontrolle im Ausgangspunkt an den Grundsätzen des Tatbestands des Sachgrundes des gerichtlichen Vergleichs gem. § 14 Abs. 1 S. 2 Nr. 8 TzBfG orientieren. Der gerichtliche Vergleich darf nicht genutzt werden, um einen Sachgrund für die Befristung zu konstruieren.[648] Ausgangspunkt bei der Missbrauchskontrolle sind dabei die Grenzen gem. § 14 Abs. 2 S. 1 TzBfG, die der Gesetzgeber als grundsätzlich unproblematischen Bereich gekennzeichnet hat.[649] Über diese Grenzen hinaus kann der Sachgrund des gerichtlichen Vergleichs bei der Missbrauchskontrolle nur die Befristung rechtfertigen, wenn ein besonderer Bedarf des Arbeitnehmers oder des Arbeitgebers an der Befristung besteht – etwa in Vertretungsfällen gem. § 14 Abs. 1 S. 2 Nr. 3 TzBfG.

In den Fällen des Beendigungsstreits bzgl. einer Kündigung lässt sich kein besonderer Bedarf des Arbeitgebers oder des Arbeitnehmers feststellen. Der Arbeitgeber hat eventuell ein Interesse daran, die Stelle erneut zu besetzen. Der Arbeitnehmer hat ein Interesse daran, beschäftigt zu werden. Diese allgemeinen Interessen enthalten keinen besonderen Bedarf und können grundsätzlich keinen Sachgrund darstellen.

---

647 Ascheid/Preis/Schmidt/*Backhaus*, TzBfG, § 14 Rn. 452.

648 BAG, Urteil vom 12.11.2014 - 7 AZR 891/1, BAGE 150, 8, Rn. 14.

649 BAG, Urteil vom 18.07.2012 - 7 AZR 443/09, NZA 2012, 1351 Rn. 48; BAG, Urteil vom 26.10.2016 - 7 AZR 135/15, NZA 2017, 382, Rn. 24 ff.

Vielmehr müssen in solchen Fällen die Regeln zum Sachgrund der sozialen Überbrückung herangezogen werden, bei dem nur enge zeitliche und zahlenmäßige Grenzen zulässig sind. Auch in den Fällen der Streitigkeit über eine auflösende Bedingung oder einen Aufhebungsvertrag ergibt sich kein besonderer Bedarf, sondern es finden die Regeln zum Sachgrund der sozialen Überbrückung mit engen zeitlichen und zahlenmäßigen Grenzen Anwendung. Je schwächer der soziale Zweck ausgeprägt ist, desto niedriger müssen die zeitlichen und zahlenmäßigen Grenzen der Befristung durch die richterliche Beteiligung bemessen werden.

Begehrt der Arbeitnehmer den Abschluss eines Folgevertrags, so entspricht eine befristete Beschäftigung auf Grundlage eines gerichtlichen Vergleichs gem. § 14 Abs. 1 S. 2 Nr. 8 TzBfG nicht vollständig seinem Bedürfnis an Beschäftigung. Nur der Abschluss eines unbefristeten Arbeitsverhältnisses erfüllt das volle Beschäftigungsbedürfnis des Arbeitnehmers. Das Beschäftigungsinteresse des Arbeitnehmers ist in diesen Fällen dadurch verstärkt, dass der Arbeitnehmer einen Anspruch auf Abschluss eines Folgevertrags aus einer Zusage des Arbeitgebers, einer Tarifnorm wie § 30 Abs. 2 TVöD, gem. § 242 BGB bei einem Betriebsübergang nach Ausspruch einer betriebsbedingten Kündigung oder gem. § 78 BetrVG im Bestandsstreit geltend macht. Ein Vergleich zum Sachgrund einer Befristung auf Wunsch des Arbeitnehmers gem. § 14 Abs. 1 S. 2 Nr. 6 TzBfG bietet sich nur bedingt an, da etwa bei § 30 Abs. 2 TVöD der Anspruch auf bevorzugte Berücksichtigung bei der Ausschreibung von Dauerarbeitsplätzen gerichtet ist und eine weitere Sachgrundbefristung nach dem Sinn und Zweck der Regelung vermieden werden soll. In Fällen des § 30 Abs. 2 TVöD ist die Auswahl zwischen der Befristung und der unbefristeten Beschäftigung gar nicht im Interesse des Arbeitnehmers. Eine Orientierung an der Befristung auf Wunsch des Arbeitnehmers scheidet damit grundsätzlich aus. Es fehlt sowohl an einem Interesse des Arbeitnehmers an Befristung als auch an einem besonderen Interesse des Arbeitgebers an Befristung, die der Richter in seiner Beteiligung am Vergleich würdigen könnte. Insofern fehlt einer im Vergleich festgestellten Befristung ein Sachgrund, sodass keine Überschreitung der Grenzen gem. § 14 Abs. 2 S. 2 TzBfG gerechtfertigt ist.

Weitere Grenzen können nur gerechtfertigt sein, wenn durch die Beteiligung des Richters sichergestellt wird, dass der festgestellte Vergleich dem freien Entschluss des Arbeitnehmers entspricht. Dabei dürfte es schwierig werden, eine freie Entscheidungssituation für den Arbeitnehmer selbst zu schaffen, da der Arbeitgeber durch sein Bestreiten des Anspruchs gerade keine freie Wahl zwischen befristeter und unbefristeter Beschäftigung ermöglicht. Die freie Wahl kann der Richter nur herstellen, wenn er dem Arbeitnehmer die Möglichkeit bietet, zwischen einer Entscheidung auf Abschluss eines unbefristeten Arbeitsvertrags oder Befristung gem. § 14 Abs. 1 S. 2 Nr. 8 TzBfG zu wählen. Dies ist problematisch, da der Vergleich nach seiner Definition ein gegenseitiges Entgegenkommen zwischen Arbeitnehmer und Arbeitgeber enthalten soll, was kaum in einem freien Wahlrecht für den Arbeitnehmer gesehen werden kann. Rechtlich gebietet § 286 Abs. 1 ZPO grundsätzlich das richterliche Hinwirken auf eine gütliche Streitbeilegung und nicht auf ein einseitiges Wahlrecht zugunsten des Arbeitnehmers. Die Herstellung der freien Wahl für den Arbeitnehmer durch den Richter dürfte demnach nur geboten sein, wenn dieser das Verfahren so überblicken kann, dass er den Anspruch des Arbeitnehmers auf unbefristete Einstellung als gegeben und bewiesen erachtet und sodann dem Arbeitnehmer Entscheidungsoptionen anbieten kann. Auch entspricht es in den Fällen, wo der Arbeitnehmer einen Anspruch auf unbefristete Einstellung hat, nie seinem eigentlichen Begehren, erneut befristet angestellt zu werden. Gibt er sich mit der befristeten Beschäftigung zufrieden, tut er dies nicht wegen seiner freien Wahl, sondern weil er dem Bestreiten des Arbeitgebers ein Stück weit nachgibt und ansonsten Beschäftigungslosigkeit befürchtet. Die strukturelle Unterlegenheit des Arbeitnehmers beim Vertragsschluss findet sich dann auch in der alternativlosen Situation beim Prozessvergleich wieder. Insofern kann die freie Wahlmöglichkeit für den Arbeitnehmer selbst nicht während des prozessualen Vergleichs – auch nicht durch die richterliche Beteiligung – erreicht werden. Deshalb dürfen entsprechend der Begrenzung der Sachgrundbefristung gem. § 14 Abs. 1 S. 2 Nr. 6 TzBfG auch in diesem Fall des § 14 Abs. 1 S. 2 Nr. 8 TzBfG maximal die Grenzen gem. § 14 Abs. 2 S. 1 TzBfG erreicht werden. Dies muss der Richter berücksichtigen, wenn er den Parteien einen Vergleichsvorschlag unterbreitet.

Konsequenterweise kann sogar gefordert werden, dass für den Arbeitnehmer ohne die freie Wahlmöglichkeit in solchen Verfahren auf Abschluss eines unbefristeten Arbeitsvertrags keine Befristung nach § 14 Abs. 1 S. 2 Nr. 8 TzBfG möglich ist, da ansonsten ein Sachgrund konstruiert wird, obwohl der Tatbestand des § 14 Abs. 1 S. 2 Nr. 6 TzBfG mangels eines Wunschs des Arbeitnehmers nicht greifen würde. Eine verantwortliche Mitwirkung des Richters bedeutet dann, keinen prozessualen Vergleich über den Abschluss eines befristeten Arbeitsverhältnisses vorzuschlagen, damit die Voraussetzungen gem. § 14 Abs. 1 S. 2 Nr. 6 TzBfG nicht umgangen werden und Missbrauch vermieden wird.

Zusammenfassend ergibt dies für alle Fälle der Missbrauchskontrolle beim Sachgrund gemäß § 14 Abs. 1 S. 2 Nr. 8 TzBfG, dass die verantwortliche Mitwirkung des Richters anhand des konkreten Gegenstands des Beendigungsstreits konkretisiert werden kann. Orientierung bei den Missbrauchsgrenzen geben die jeweiligen Missbrauchsschutzsysteme der übrigen Sachgründe, die mit dem konkreten Gegenstand des Beendigungsstreits verbunden werden können. Fehlt trotz der verantwortlichen Mitwirkung des Richters bei der Befristung gem. § 14 Abs. 1 S. 2 Nr. 8 TzBfG eine Missbrauchskontrolle unter Berücksichtigung aller Umstände des Einzelfalls, kann der Arbeitnehmer gegen die Befristung gem. § 14 Abs. 1 S. 2 Nr. 8 erneut Klage erheben gem. § 17 TzBfG und auf diesem Weg eine Missbrauchskontrolle durchführen lassen, die im Erfolgsfall zur Entfristung seines Arbeitsvertrags gem. § 16 S. 1 TzBfG führt.

(9) Die Essenz der benannten Fälle eines sachlichen Grundes

In allen Sachgründen zeigt sich das Prinzip des Interessenausgleichs zwischen der Berufsfreiheit des Arbeitgebers oder des Arbeitnehmers auf der einen Seite und der Schutzpflicht zugunsten des Arbeitnehmers auf der anderen Seite. Dabei ist das Instrument, um den Bedarf des Arbeitnehmers oder den des Arbeitgebers an Befristung zu messen grundsätzlich das Sachgrundmerkmal. Gemeinsam ist den im Sachgrundkatalog aufgelisteten Befristungstatbeständen ein rechtlich anerkennenswertes Interesse daran, anstelle eines unbefristeten Arbeitsverhältnisses die rechtliche Gestaltungsmöglichkeit eines befristeten Arbeitsverhältnisses zu wählen.[650]

Das Schutzinteresse des Arbeitnehmers wird auf zwei unterschiedlichen Wegen mit dem Interesse des Arbeitgebers oder des Arbeitnehmers abgewogen. Entweder bietet der Tatbestand des Sachgrundes selbst Raum, um zumindest einen Teil der Schutzinteressen des Arbeitnehmers mit den zuvor genannten Freiheiten abzuwägen, oder die Abwägung muss durch eine umfassende Missbrauchskontrolle abgeschlossen werden. Hierbei werden die Grenzen bei Dauer und Anzahl der Befristungen zum essenziellen Schutzinstrument für den Arbeitnehmer.

Als Schutzsystem, das einen Ausgleich zwischen diesen Interessen leisten muss, orientieren sich die zeitlichen und zahlenmäßigen Grenzen immer an dem im sachlichen Grund enthaltenen Bedarf des Arbeitgebers oder des Arbeitnehmers. Ein schwacher Bedarf rechtfertigt nur enge Grenzen, während ein starker Bedarf auch weite Grenzen rechtfertigt.

Diese Relativität von Sachgrund einerseits und Grenzen von Anzahl und Dauer der Befristung andererseits wird zum einheitlichen System bei der Begrenzung der Sachgrundbefristung. Dieses bewegt sich innerhalb der unionsrechtlichen

---

650 BAG, Urteil vom 20.01.2016 – 7 AZR 740/14, NZA 2016, 755; BAG, Urteil vom 20.06.2018 – 7 AZR 690/16, NZA 2019, 324.

und verfassungsrechtlichen Vorgaben zwischen dem garantierten Untermaß an Arbeitnehmerschutz und dem Übermaß an Berufsfreiheit von Arbeitgeber und Arbeitnehmer. Insofern dürfen Sachgründe und mit ihnen relativ verknüpfte Grenzen bei der Anzahl und Dauer der Befristungen nicht ohne hinreichenden Grund an anderer Stelle umgangen werden. Dies muss insbesondere bei § 14 Abs. 1 S. 2 Nr. 8 TzBfG beachtet werden.

b) Die Fortentwicklung der unbenannten Fallgruppen

Als einheitliches Prinzip lässt sich dieses Schutzsystem bei der Sachgrundbefristung auch auf die Fälle übertragen, die in § 14 Abs. 1 S. 2 TzBfG nicht genannt sind. Unbenannte Sachgründe wurden vom BAG bereits in einigen Fällen angenommen.[651] Andere Stimmen in der Literatur ordnen diese Fallgruppen den wertungsmäßig vergleichbaren Sachgründen zu, die Pate für die Zulassung des neuen Sachgrundes stehen.[652] Unabhängig von dieser formalen Zuordnung werden Befristungen im Bühnen- und Rundfunkbereich, im Zusammenhang mit sozialstaatlichen Aufgaben, im Lehrerbereich, bei Drittmittelfinanzierungen, zu Arbeitsbeschaffungs- und Sozialhilfemaßnahmen, bei gesicherten Rückkehrmöglichkeiten, zur Mitarbeit in einer Parlamentsfraktion, bei beschränkter Aufenthaltserlaubnis, zu Beschäftigungen aufgrund einer Entscheidung des Sozialamts, bis zur Einstellung einer anderen Arbeitskraft, zur sozialen Überbrückung, zur befristeten Aus- und Fortbildung sowie zur Kontinuität der Betriebsratsarbeit als sonstige Sachgründe behandelt.[653]

(1) Die Vorgaben der Rechtsprechung

Für die Zulassung neuer Fallgruppen für einen Sachgrund ist es nach Rechtsprechung des BAGs notwendig, dass diese den Wertmaßstäben der gesetzlich geregelten Sachgründe entsprechen und den gem. § 14 Abs. 1 S. 2 TzBfG genannten Sachgründen von ihrem Gewicht her gleichwertig sind.[654]

---

651 Palandt/*Weidenkaff*, BGB, § 620 Rn. 25; Ascheid/Preis/Schmidt/*Backhaus*, TzBfG, § 14 Rn. 118; MüKo/*Hesse*, TzBfG, § 14 Rn. 78.

652 KR/Lipke, TzBfG, § 14 Rn. 499; ErfK/*Müller-Glöge*, TzBfG, § 14 Rn. 78.

653 KR/Lipke, TzBfG, § 14 Rn. 499; Boecken/Joussen/*Boecken*, § 14 Rn 102 ff.

654 BAG, Urteil vom 16.03.2005 - 7 AZR 289/04, AP TzBfG § 14 Nr. 16; BAG, Urteil vom 09.12.2009 - 7 AZR 399/08, NZA 2010, 495; BAG, Urteil vom 11.09.2013 - 7 AZR 107/12, AP TzBfG § 14 Nr. 110; BAG, Urteil vom 18.03.2015 - 7 AZR 115/13, BB 2015, 2100; BAG, Urteil vom 20.01.2016 - 7 AZR 740/14, NZA 2016, 755; BAG, Urteil vom 21.03.2017 – 7 AZR 207/15, BAGE 158, 266; BAG, Urteil vom 16.01.2018

Das Erfordernis des Entsprechens der Wertungsmaßstäbe soll verhindern, dass die Voraussetzungen für einen in § 14 Abs. 1 S. 2 TzBfG benannten Sachgrund umgangen werden. Weist eine als Befristungsgrund vorgetragene Fallgestaltung rechtserhebliche Besonderheiten auf, die ihrer Einordnung in die gesetzlichen Sachgründe oder in die von der Rechtsprechung bisher anerkannten Befristungsgründe entgegenstehen, so ist eine eigene rechtliche Bewertung dieser Fallgestaltung erforderlich. Laut Backhaus sei zu prüfen, ob bei ihr, nach den Wertungsmaßstäben der Orientierungsbeispiele des § 14 Abs. 1 S. 2 TzBfG, ein sachlicher Grund für eine Befristung anzuerkennen sei.[655]

Das Erfordernis der Gleichwertigkeit des Gewichts der Sachgründe verlangt ein rechtlich anerkennenswertes Interesse daran, anstelle eines unbefristeten Arbeitsverhältnisses die rechtliche Gestaltungsmöglichkeit eines befristeten Arbeitsverhältnisses zu wählen.[656] Allerdings sei eine eigenständige rechtliche Bewertung einer Fallgestaltung erst dann vorzunehmen, wenn sie gewichtige rechtserhebliche Besonderheiten aufweise, die eine nahtlose Einordnung in die bisher anerkannten Befristungstypen unmöglich mache, schränkt Backhaus ein.[657]

Denkbar ist, dass perspektivisch weitere nach diesen Kriterien entwickelte Sachgründe etabliert werden. Wenn andere Befristungsmöglichkeiten gesetzlich versagt werden, können diese ein Ausgleichsventil für den berechtigten Befristungs- und Flexibilisierungsbedarf des Arbeitgebers bieten.

Auf der zweiten Stufe der Prüfung, ob ein die Befristung rechtfertigender unbenannter Sachgrund vorliegt, kann dann wiederum das Interesse des Arbeitnehmers an Schutz vor missbräuchlicher Befristung angemessen berücksichtigt werden.

(2) Die unionsrechtskonforme Ausgestaltung

Das verfassungsrechtliche und unionsrechtliche Dogma des Interessensausgleichs ist also nicht nur in der Prüfung des die Befristung rechtfertigenden Sachgrundes verankert, es bestimmt auch die Perspektiven bei der Entwicklung neuer unbenannter Sachgründe.

- 7 AZR 21/16, NZA 2016, 663; BAG, Urteil vom 20.03.2019 - 7 AZR 98/17, AP § 1 TVG Tarifverträge Nr. 19.

655 Ascheid/Preis/Schmidt/*Backhaus*, TzBfG, § 14 Rn. 118.

656 BAG, Urteil vom 20.01.2016 – 7 AZR 740/14, NZA 2016, 755; BAG, Urteil vom 20.06.2018 – 7 AZR 690/16, NZA 2019, 324.

657 Ascheid/Preis/Schmidt/*Backhaus*, TzBfG, § 14 Rn. 118.

Die Formulierung „insbesondere“ in § 14 Abs. 1 S. 2 TzBfG als vom Gesetzgeber bewusst geöffnete Tür, durch höchstrichterliche Rechtsprechung weitere Sachgründe zu entwickeln, könne laut Lipke als unionsrechtliches Umsetzungsdefizit gesehen werden.[658] Nach der Rechtsprechung des EuGHs sind die Bestimmungen von Richtlinien so in nationales Recht umzusetzen, dass „die Begünstigten in der Lage sind, von allen ihren Rechten Kenntnis zu erlangen und diese ggf. vor den nationalen Gerichten geltend zu machen“.[659] Auch wenn die benannten Sachgründe einen Leitfaden geben würden, so könne den Arbeitsvertragsparteien Lipke zufolge nicht zugemutet werden, sich mit einer Vielzahl von Erkenntnissen der Rechtsprechung auseinanderzusetzen, um Rechtssicherheit zu gewinnen.[660]

Die Rechtsprechung des BAGs lässt es allerdings genügen, wenn eine Vertragspartei erst mithilfe des rechtskundigen Gerichts erkennen kann, dass ein anerkannter Befristungstatbestand vorliegt.[661] Es wird ferner von Thüsing und Lambrich darauf hingewiesen, dass der europäische Gesetzgeber seinerseits mit einer Generalklausel arbeite und den sachlichen Grund ebenfalls nicht umschreibe, sodass die Vorgaben der Richtlinie auch durch eine richtlinienkonforme Rechtsprechung des BAGs eingehalten werden könnten.[662]

(3) Zwischenergebnis für neue unbenannte Sachgründe

Bisher war das Kriterium der wertungsmäßigen Vergleichbarkeit zu den benannten Fällen eines Sachgrundes gem. § 14 Abs. 1 S. 2 TzBfG die Maxime der Rechtsprechung für die Zulassung neuer unbenannter Fallgruppen.[663] Dieses Kriterium dockt an die bereits bestehenden Fälle der Sachgründe und deren dogmatisches Verständnis durch die Rechtsprechung des BAGs an, das zu Teilen aus der Zeit vor Inkrafttreten des TzBfG stammt. Das Kriterium der

658 KR/*Lipke*, TzBfG, § 14 Rn. 116.

659 EuGH, Urteil vom 10.05.2001 - C-144/99, NJW 2001, 2244, Rn. 17.

660 KR/*Lipke*, TzBfG, § 14 Rn. 116.

661 BAG, Urteil vom 16.03.2005 - 7 AZR 289/04, BAGE 114, 146.

662 *Thüsing/Lambrich*, BB 2002, 829, 830.

663 BAG, Urteil vom 16.03.2005 - 7 AZR 289/04, AP TzBfG § 14 Nr. 16; BAG, Urteil vom 09.12.2009 - 7 AZR 399/08, NZA 2010, 495; BAG, Urteil vom 11.09.2013 - 7 AZR 107/12, AP TzBfG § 14 Nr. 110; BAG, Urteil vom 18.03.2015 - 7 AZR 115/13, BB 2015, 2100; BAG, Urteil vom 20.01.2016 - 7 AZR 740/14, NZA 2016, 755; BAG, Urteil vom 21.03.2017 – 7 AZR 207/15, BAGE 158, 266; BAG, Urteil vom 16.01.2018 - 7 AZR 21/16, NZA 2016, 663; BAG, Urteil vom 20.03.2019 - 7 AZR 98/17, AP § 1 TVG Tarifverträge Nr. 19; *Sievers*, TzBfG § 14 Rn. 198.

wertungsmäßigen Vergleichbarkeit darf dabei aber nicht nur zur Retroperspektive und Blockade für die Rechtsentwicklung werden. Die Evolution des TzBfG hin zur richtlinienbasierten Eigenständigkeit spricht dafür, die Anforderungen an einen neuen unbenannten Sachgrund primär unionsrechtskonform zu entwickeln.

Zu erwägen ist, die durch die Befristung bewirkte Flexibilität für den Arbeitgeber in Krisenzeiten für Unternehmen zum Rettungsanker werden zu lassen, um eine krisenbedingte Insolvenz durch gezielte Reduktion der Personalkosten abzuwenden und die Beschäftigtenzahl dem tatsächlichen Personalbedarf anzupassen. Auf diese Weise könnten auf lange Sicht Arbeitsplätze erhalten bleiben. Auch wenn es schwierig ist, die positive Beschäftigungswirkung einer Lockerung beim Befristungsschutz wegen zahlreicher anderer Faktoren empirisch festzustellen, heißt das noch nicht, dass positive Beschäftigungswirkungen ausgeschlossen sind.[664] Insofern können neue unbenannte Sachgründe die Möglichkeiten des Arbeitgebers erweitern.[665]

2. Die Befristung ohne Sachgrund

Für die Befristung ohne Sachgrund gem. § 14 Abs. 2, Abs. 2a und Abs. 3 TzBfG bestehen unterschiedliche Grenzen.[666] Die gesetzlich hinterlegten Grenzen können im Rahmen der richtlinienbasierten Eigenständigkeit des Befristungsrechts neu verstanden werden. Die teleologische Verklammerung aller Grenzen im Unionsrecht gem. § 5 der RV im Anhang der RL 1999/70/EG indiziert im deutschen Recht eine Annäherung der unterschiedlichen Schutzmodelle der sachgrundlosen Befristung und der Sachgrundbefristung. Die indizierte Annäherung der unterschiedlichen Schutzmodelle der sachgrundlosen Befristung und der Sachgrundbefristung könne letztlich in einer Verknüpfung aller Wege zum Zweck der wirksamen Vermeidung von Missbrauch münden, so der Ausblick von Greiner.[667] Hierzu könnte die Dogmatik des Missbrauchsschutzes bei der Sachgrundbefristung auch auf die sachgrundlose Befristung übertragen werden.

Bei der Sachgrundbefristung ist eine Missbrauchskontrolle des Sachgrundes erforderlich, bei welcher Anzahl und Dauer der mit dem Arbeitgeber vereinbarten Befristungen berücksichtigt werden. Der offene Rechtsbegriff Sachgrund

---

664 *Krebber*, in: FS Stürner, S. 1118.
665 Konkrete Reformvorschläge unter C) IV. 2. a).
666 Palandt/*Weidenkaff*, BGB, § 620 Rn. 30 f.
667 *Greiner*, ZESAR 2013, 305, 312.

wird richtlinienkonform ausgelegt, sodass alle Grenzen teleologisch verbunden werden, um Missbrauch durch Befristung effektiv zu vermeiden.

Für die sachgrundlose Befristung kann es dann unionsrechtlich geboten sein, dass eine Missbrauchskontrolle bei der Anzahl und Dauer der Befristung stattfindet. Diese überprüft im Einzelfall die Einhaltung des gesetzgeberischen Regelungsziels hinter der Zulassung der sachgrundlosen Befristung. Das Ziel des Gesetzgebers hinter § 14 Abs. 2, Abs. 2 a und Abs. 3 TzBfG kann dabei als sachlicher Grund verstanden werden.[668]

Dieser weitere Schritt hin zur Annäherung der bisher streng unterschiedenen Sachgrundbefristung und sachgrundlosen Befristung passt in das Regel-Ausnahme-Verhältnis, das gem. Nr. 6 der allg. Erwägungen in der Präambel der RV im Anhang der RL 199970/EG und nach der Gesetzesbegründung des TzBfG[669] zwischen befristeten und unbefristeten Arbeitsverhältnissen herzustellen ist. Der sachliche Grund sei dazu bestimmt, die Wahl des befristeten Arbeitsverhältnisses statt des als Regeltypus anzusehenden unbefristeten Arbeitsverhältnisses und damit den Entzug des bei diesem typischen Bestandsschutzes zu rechtfertigen, so Backhaus.[670] Dann müssen sowohl die Sachgrundbefristung gem. § 14 Abs. 1 TzBfG als auch die sachgrundlose Befristung gem. § 14 Abs. 2, Abs. 2a und Abs. 3 TzBfG die Ausnahme von der Regel der unbefristeten Beschäftigung rechtfertigen. Erfüllt bei der Befristung von Arbeitsverträgen gem. § 14 Abs. 1 TzBfG der Sachgrund dieses Rechtfertigungserfordernis, so bedarf es ebenso bei § 14 Abs. 2, Abs. 2a und Abs. 3 TzBfG eines Grundes, der die Ausnahme von einem unbefristeten Arbeitsverhältnis rechtfertigt. Denkbar ist, dass es dabei nur auf die engen zeitlichen und zahlenmäßigen Grenzen ankommt. Es können jedoch zusätzlich auch die gesetzgeberischen Motive als Rechtfertigung für die Zulassung der sachgrundlosen Befristung in den jeweils vorgesehen Grenzen gem. § 14 Abs. 2 S. 1, Abs. 2a S. 1 und Abs. 3 S. 1 TzBfG verstanden werden.[671]

Ausgehend vom Wortlaut ist deutlich normiert, dass ein Sachgrund bei der Befristung gem. § 14 Abs. 2, Abs. 2a und Abs. 3 TzBfG gerade nicht notwendig ist, denn die Befristung ist „ohne Vorliegen eines sachlichen Grundes" zulässig. Dies spricht dafür, dass die Ausnahme vom Grundsatz der unbefristeten

---

668 *Greiner*, ZESAR 2013, 305, 307.

669 BT-Drs. 14/4374, S. 13.

670 Ascheid/Preis/Schmidt/*Backhaus*, TzBfG, § 14 Rn. 28.

671 *Greiner*, ZESAR 2013, 305, 307.

Beschäftigung nur wegen der engen zeitlichen und zahlenmäßigen Grenzen gerechtfertigt ist.

Innerhalb der Systematik von § 14 TzBfG gebe es zudem ein weiteres Regel-Ausnahme-Verhältnis zwischen der Sachgrundbefristung als Regel und der sachgrundlosen Befristung als Ausnahme, ergänzt Backhaus.[672] Diese systematische Trennung zwischen § 14 Abs. 1 TzBfG und § 14 Abs. 2, Abs. 2a und Abs. 3 TzBfG in unterschiedlichen Absätzen im Normtext spricht ebenfalls dafür, dass kein Sachgrund für die Rechtfertigung maßgeblich ist. Einzig die starre zeitliche und zahlenmäßige Begrenzung der Befristungen rechtfertigt die Ausnahme von der Regel des unbefristeten Arbeitsverhältnisses.

Der Blick auf den Sinn und Zweck von § 14 Abs. 2, Abs. 2a und Abs. 3 TzBfG zeigt, dass die jeweiligen zeitlichen und zahlenmäßigen Grenzen der sachgrundlosen Befristung weniger nach dem systematischen Verhältnis zueinander bestimmt sind, sondern vielmehr an dem jeweiligen gesetzgeberischen Regelungsziel bemessen werden. § 14 Abs. 2 TzBfG soll für Arbeitnehmer eine geringe Hürde für den Zugang zu Beschäftigung darstellen, die auch als Erleichterung bei den Existenzgründern sowie Klein- und Mittelunternehmen wirken soll und so einen arbeitsmarktpolitischen Impuls setzt.[673] Hier finden sich die engsten zeitlichen und zahlenmäßigen Grenzen, die der Gesetzgeber als grundsätzlich unschädlichen Bereich von Befristung versteht.[674] § 14 Abs. 2a TzBfG bietet eine privilegierte Befristungsmöglichkeit in der schwer kalkulierbaren Startphase des Unternehmens.[675] Dies rechtfertigt dann weitere zeitliche und zahlenmäßige Grenzen als bei § 14 Abs. 2 S. 1 TzBfG. § 14 Abs. 3 TzBfG soll gerade älteren Arbeitnehmern den Einstieg in eine Beschäftigung erleichtern.[676] Auch hier finden sich wegen des besonderen Bedarfs älterer Arbeitnehmer weitere zeitliche und zahlenmäßige Grenzen als bei § 14 Abs. 2 S. 1 TzBfG. Der Grad der Begrenzung der einzelnen Tatbestände der sachgrundlosen Befristung richtet sich nach dem jeweiligen Zweck, der mit der Zulassung der sachgrundlosen Befristung verfolgt wird. Insofern ist es teleologisch nicht möglich, zwischen den zeitlichen und zahlenmäßigen Grenzen der Befristungen und dem gesetzgeberischen Regelungszweck zu trennen. Die teleologische Auslegung spricht dafür,

672 Ascheid/Preis/Schmidt/*Backhaus*, TzBfG, § 14 Rn. 14.
673 BT-Drs. 14/4374, S. 14.
674 BAG, Urteil vom 18.07.2012 - 7 AZR 443/09, NZA 2012, 1351 Rn. 48.
675 BT-Drs. 15/1204, S. 10.
676 BT-Drs. 16/3793, S. 14f.

das gesetzgeberische Motiv als Rechtfertigung für die Befristung und damit als sachlichen Grund zu verstehen.

Der Wortlaut „ohne Vorliegen eines sachlichen Grundes" kann unionsrechtskonform so ausgelegt werden, dass die Befristung „ohne Vorliegen eines vom Arbeitgeber darzulegenden sachlichen Grundes" gerechtfertigt ist. Der Wortlaut schließt also nicht zwingend aus, dass das gesetzgeberische Motiv als der die Befristung rechtfertigen Sachgrund verstanden wird.

Dieses Verständnis lässt sich zudem in die Systematik des § 14 TzBfG einpassen. Die Regel ist dann, dass die Befristung ausgehend von einem vom Arbeitgeber darzulegenden sachlichen Grund gerechtfertigt sein muss. Nur ausnahmsweise ist eine Befristung „ohne Vorliegen eines vom Arbeitgeber dazulegenden sachlichen Grundes" nach den engen Grenzen gem. § 14 Abs. 2, Abs. 2a oder Abs. 3 TzBfG zulässig.

Hieran kann kritisiert werden, dass mit den gesetzgeberischen Regelungsmotiven nur allgemeinen Interessen des Arbeitgebers an Flexibilität (§ 14 Abs. 2a TzBfG) oder dem allgemeinen Beschäftigungsinteresse des Arbeitnehmers (§ 14 Abs. 2 und Abs. 3 TzBfG) entsprochen wird. Allgemeine beschäftigungs- und sozialpolitische Erwägungen sind nicht geeignet, die Befristung eines Arbeitsvertrages aus sozialen Gründen gem. § 14 Abs. 1 S. 2 Nr. 6 TzBfG sachlich zu rechtfertigen.[677]

Dem kann für den Fall des § 14 Abs. 2a TzBfG widersprochen werden, welcher gerade dem besonders gesteigerten Flexibilisierungsbedarf des Arbeitgebers in der Gründungsphase eines Unternehmens entspricht. Es besteht in diesem Fall also ein wertiger sachlicher Grund für die Zulassung der Befristung gem. § 14 Abs. 2a TzBfG, der über das allgemeine Interesse des Arbeitgebers hinausgeht. Auch im Fall des § 14 Abs. 3 TzBfG haben ältere Arbeitnehmer ein gesteigertes Interesse an Zugang zu einer Beschäftigung, wenn diese zuvor vier Monate arbeitslos waren. Dieses Beschäftigungsbedürfnis geht bei Arbeitnehmern i.S.v. § 14 Abs. 3 TzBfG deutlich über das allgemeine Interesse der Arbeitnehmer an Beschäftigung hinaus. Lediglich im Fall des § 14 Abs. 2 TzBfG liegt grundsätzlich kein besonderes Interesse des Arbeitnehmers oder des Arbeitgebers vor.

Wird in den gesetzgeberischen Motiven kein besonderer Bedarf gesehen, heißt das aber noch nicht zwingend, dass dieser schwache allgemeine Bedarf keinen Sachgrund darstellen kann. Entsprechend des Schutzsystems des Befristungsrechts kann das allgemeine Motiv der Beschäftigungsförderung auch als Sachgrund verstanden werden, der dann aber nur enge zeitliche und zahlenmäßige

677 BAG, Urteil vom 24.02.1988 - 7 AZR 454/87, AP BeschFG 1985 § 1 Nr. 3

Grenzen bei der Befristung rechtfertigt, damit Missbrauch ausgeschlossen wird. Insofern können die gesetzgeberischen Motive gem. § 14 Abs. 2, Abs. 2a und Abs. 3 TzBfG als Sachgrund verstanden werden.

Dieses Verständnis der sachgrundlosen Befristung ermöglicht, das Schutzsystem bei der Sachgrundbefristung auch auf die sachgrundlose Befristung zu erstrecken, sodass ein einheitliches Schutzsystem entsprechend der teleologischen Verklammerung im Unionsrecht entsteht. Zum Zweck der Missbrauchsvermeidung können die einzelnen Formen der sachgrundlosen Befristung unionsrechtskonform ausgelegt werden. Hierbei soll aber nicht nur einseitig Arbeitnehmerschutz und eine damit verbundene strenge Begrenzung der sachgrundlosen Befristung erreicht werden. Ziel der richtlinienkonformen Auslegung ist das Erreichen eines Interessenausgleichs bei der Begrenzung von Befristung, sodass Arbeitgeber- oder Arbeitnehmerinteresse nach Abwägung mit den Arbeitnehmerschutzinteressen auch eine Lockerung der Grenzen der sachgrundlosen Befristung rechtfertigen können.

a) Die sachgrundlose Befristung gem. § 14 Abs. 2 TzBfG

Gemäß § 14 Abs. 2 S. 1 TzBfG ist grundsätzlich eine Höchstdauer von zwei Jahren und eine maximal dreimalige Verlängerung des befristeten Arbeitsvertrages in diesem Zeitraum vorgesehen. Durch die Verwendung von zeitlichen und zahlenmäßigen Grenzen erfüllt § 14 Abs. 2 S. 1 TzBfG grundsätzlich die Kriterien von § 5 der RV im Anhang der RL 1999/70/EG.[678] Der unionsrechtlich gebotene Missbrauchsschutz sei nach Bayreuther jedoch nur dann wirklich gewährleistet, wenn diese zeitlichen und zahlenmäßigen Grenzen durch das Vorbeschäftigungsverbot gem. § 14 Abs. 2 S. 2 TzBfG ergänzt würden.[679]

(1) Das Vorbeschäftigungsverbot als Instrument des Missbrauchsschutzes

Im Sinne eines einheitlichen Schutzsystems kann neben diesen starren zeitlichen und zahlenmäßigen Grenzen noch eine Missbrauchskontrolle verlangt werden, die absichert, dass das gesetzgeberische Motiv als „sachlicher Grund" für die Zulassung der Befristung gem. § 14 Abs. 2 TzBfG tatsächlich vorliegt. Grundsätzlich sind dabei keine Korrekturen der gesetzlichen Grenzen gem. § 14 Abs. 2 S. 1 TzBfG angezeigt, denn das vom Gesetzgeber verfolgte allgemeine

---

678 Ascheid/Preis/Schmidt/*Backhaus*, TzBfG, § 14 Rn. 508; MüKo/*Hesse*, TzBfG, § 14 Rn. 85; Boecken/Joussen/*Boecken*, § 14 Rn. 153.

679 *Bayreuther*, NZA 2018, 905, 908.

Beschäftigungsinteresse des Arbeitnehmers und das allgemeine Flexibilisierungsinteresse des Arbeitnehmers liegt bei jeder Befristung vor. Bei der Missbrauchskontrolle kommt es jedoch auch auf das Schutzbedürfnis des Arbeitnehmers an. Daraus können sich Einschränkungen für § 14 Abs. 2 S. 1 TzBfG ergeben. Diesem Schutzbedürfnis entspricht das sogenannte „Vorbeschäftigungsverbot“ gem. § 14 Abs. 2 S. 2 TzBfG. Es kann dabei als gesetzliches Instrument der unionsrechtlich gebotenen Missbrauchskontrolle verstanden werden und dementsprechend unionsrechtskonform ausgelegt werden.

(2) Die einschränkende Auslegung des Vorbeschäftigungsverbots

Der Blick auf den Wortlaut legt zunächst ein unbegrenztes, lebenslanges Verbot von Vorbeschäftigungen bei demselben Arbeitgeber nah, ist aber nicht ganz eindeutig bei der Frage, wann der Arbeitnehmer „bereits zuvor“ befristet oder unbefristet beschäftigt war.[680] Das BAG hat in seiner früheren Rechtsprechung den Wortlaut verfassungskonform dahin gehend einschränkend ausgelegt, dass nach einer dreijährigen Karenzzeit eine erneute Beschäftigung beim bisherigen Arbeitgeber möglich ist.[681] Diese Rechtsprechung des BAGs hatte das BVerfG zuletzt als unzulässige richterrechtliche Rechtsfortbildung gem. Art. 2 Abs. 1 i.V.m. Art. 20 Abs. 3 GG verworfen.[682] Es hat außerdem klargestellt, dass ein Eingriff in die Freiheit des Arbeitnehmers und des Arbeitgebers durch ein unbeschränktes Vorbeschäftigungsverbot nur insoweit gerechtfertigt sei, als es dieses Verbots für den Schutz vor der Gefahr der Kettenbefristung in Ausnutzung einer strukturellen Unterlegenheit und zur Sicherung des unbefristeten Arbeitsverhältnisses als Regelfall bedürfe.[683]

Auch aus Perspektive des Unionsrechts lässt sich eine pauschale dreijährige Karenzzeit nicht rechtfertigen. Eine pauschale Karenzzeit von drei Jahren führt dazu, dass die Möglichkeiten der sachgrundlosen Befristung erheblich erweitert werden, sodass der Ausnahmecharakter, den Befristungen gem. Abs. 2 der Präambel in der RV im Anhang der RL 1999/70/EG einnehmen sollen, verloren geht. Unbefristete Verträge müssen die übliche Form der Beschäftigung bleiben gem. Abs. 2 der Präambel in der RV im Anhang der RL 1999/70/EG. Wird das Vorbeschäftigungsverbot als Missbrauchsschutzinstrument verstanden, dann ist

680 BVerfG, Beschluss vom 06.06.2018 - 1 BvL 7/14, BVerfGE 149, 126, Rn. 79.

681 BAG, Urteil vom 06.04.2011 - 7 AZR 716/09, NZA 2011, 905; BAG, Urteil vom 21.09.2011 - 7 AZR 375/10, BAGE 139, 213.

682 BVerfG, Beschluss vom 06.06.2018 - 1 BvL 7/14, BVerfGE 149, 126, Rn. 88 f.

683 BVerfG, Beschluss vom 06.06.2018 - 1 BvL 7/14, BVerfGE 149, 126, Rn. 88 f.

eine Ausnahme hiervon nur denkbar, wenn Missbrauch durch die sachgrundlose Befristung ausgeschlossen ist. Eine pauschale Karenzzeit von drei Jahren kann aber nicht sicherstellen, dass im Einzelfall Missbrauch durch eine erneute sachgrundlose Befristung ausgeschlossen ist. Vielmehr muss im Einzelfall abgewogen werden, ob die Schutzpflicht zugunsten des Arbeitnehmers gem. Art. 15 Abs. 1 GRC tatsächlich ein lebenslanges Vorbeschäftigungsverbot erfordert, oder ob den Freiheiten der Arbeitnehmer gem. Art. 15 Abs. 1 GRC oder der Arbeitgeber gem. Art. 16 GRC Vorrang eingeräumt werden kann.

(a) Verfassungsrechtliche Einschränkung

Nach dem BVerfG sei ein Verbot der sachgrundlosen Befristung bei erneuter Einstellung bei demselben Arbeitgeber unzumutbar, soweit eine Gefahr der Kettenbefristung in Ausnutzung der strukturellen Unterlegenheit der Beschäftigten nicht bestehe und das Verbot der sachgrundlosen Befristung nicht erforderlich sei, um das unbefristete Arbeitsverhältnis als Regelbeschäftigungsform zu erhalten.[684] „Das (…) Verbot der sachgrundlosen Befristung des Arbeitsvertrages kann insbesondere unzumutbar sein, wenn die Vorbeschäftigung sehr lange zurückliegt, ganz anders geartet war oder von sehr kurzer Dauer gewesen ist."[685] Dies lässt aber für die konkrete Ausgestaltung der verfassungskonformen Einschränkung des Vorbeschäftigungsverbots durch das BAG viel Raum und ist gleichzeitig mit der Rechtsunsicherheit verbunden.[686]

Wesentliche Kriterien zur verfassungskonformen Einschränkung in der Rechtsprechung des BAGs bilden die typisierten Fallgruppen des BVerfG der Unzumutbarkeit.[687] Durch das „oder" in der Aufzählung der Fallgruppen durch das BVerfG wird deutlich, dass offenbar jede Fallgruppe für sich für die Unzumutbarkeit ausreichen soll, wobei dies durch das „kann" eingeschränkt wird, sodass auch bei der Bejahung einer Fallgruppe eine weitere Einzelfallbetrachtung geboten ist.[688] Zudem sind diese Merkmale nicht

---

684 BVerfG, Beschluss vom 06.06.2018 - 1 BvL 7/14, BVerfGE 149, 126, Rn. 62.

685 BVerfG, Beschluss vom 06.06.2018 - 1 BvL 7/14, BVerfGE 149, 126, Rn. 63.

686 *Bayreuther*, NZA 2018, 905, 908; *Beden/Denzer*, SAE 2019, 118, 121; *Chandna-Hoppe*, ZfA 2020, 70, 91; Ascheid/Preis/Schmidt/*Backhaus*, TzBfG, § 14 Rn. 539; ErfK/*Müller-Glöge*, TzBfG, § 14 Rn. 98.

687 *Beden/Denzer*, SAE 2019, 118, 121; *Chandna-Hoppe*, ZfA 2020, 70, 91; Ascheid/Preis/Schmidt/*Backhaus*, TzBfG, § 14 Rn. 539.

688 Ascheid/Preis/Schmidt/*Backhaus*, TzBfG, § 14 Rn. 539; ErfK/*Müller-Glöge*, TzBfG, § 14 Rn. 98; *Beden/Denzer*, SAE 2019, 118, 122; *Löwisch*, SAE 2018, 36, 38.

abschließend, denn das BVerfG spricht nur „insbesondere" von diesen Kriterien.[689]

Eine „sehr lange zurückliegende" Vorbeschäftigung wurde im Fall einer zweiundzwanzig Jahre zurückliegenden Vorbeschäftigung durch das BAG bejaht,[690] während ein Abstand von fünfeinhalb Jahren, acht Jahren oder fünfzehn Jahren nicht ausgereicht hat.[691] Dabei nimmt das BAG bei einem durchschnittlichen Erwerbsleben eines Arbeitnehmers von vierzig Jahren an, dass eine erneute Befristung bei einer mehr als zwanzig Jahre zurückliegenden Vorbeschäftigung nur ein weiteres Mal möglich sei, sodass das Regel-Ausnahme-Verhältnis zwischen unbefristeter und befristeter Beschäftigung eingehalten werde.[692] Seien drei- oder vierfache sachgrundlose Befristungen denkbar, könne nicht mehr vom Ausnahmecharakter bei der sachgrundlosen Befristung gesprochen werden.[693] Zudem werde auf die ebenfalls den Bestandsschutz betreffende Regel des § 622 Abs. 2 Nr. 7 BGB verwiesen, nach der die längste Kündigungsfrist nach zwanzig Jahren eingreift.[694]

Auch das Kriterium einer „sehr kurzen" Vorbeschäftigung enthält Wertungsspielräume für die Rechtsprechung.[695] Bei der Ausfüllung dieses Spielraums wählt das BAG die Sechs-Monats-Frist des § 1 Abs. 1 KSchG und die Möglichkeit, eine kürzere Kündigungsfrist zu vereinbaren, wenn der Arbeitnehmer als vorübergehende Aushilfe weniger als drei Monate beschäftigt wird gem. § 622 Abs. 5 S. 1 Nr. 1 BGB.[696] Eine Vorbeschäftigung mit einer Dauer von neun Monaten sei deshalb keine „sehr kurze" Vorbeschäftigung, urteilte das BAG.[697]

Eine völlig andersgeartete Tätigkeit liegt z.B. bei geringfügigen Nebenbeschäftigungen während der Schul- oder Studienzeit vor.[698] Das BAG definiert dieses Kriterium in seiner aktuellen Rechtsprechung damit, dass die erneute

---

689 Ascheid/Preis/Schmidt/*Backhaus*, TzBfG, § 14 Rn. 539.

690 BAG, Urteil vom 21.08.2019 - 7 AZR 452/17, NZA 2020, 40, Rn. 25.

691 BAG, Urteil vom 23.01.2019 - 7 AZR 13/17, BeckRS 2019, 6894, Rn. 23; BAG, Urteil vom 17.04.2019 – 7 AZR 324/17, BeckRS 2018, 20224, Rn. 19 f.; BAG, Urteil vom 20.03.2019 – 7 AZR 409/16, NZA 2019, 1274, Rn. 32.

692 BAG, Urteil vom 21.08.2019 - 7 AZR 452/17, NZA 2020, 40, Rn. 25.

693 BAG, Urteil vom 17.04.2019 – 7 AZR 324/17, BeckRS 2018, 20224, Rn. 19 f.; BAG, Urteil vom 20.03.2019 – 7 AZR 409/16, NZA 2019, 1274, Rn. 32.

694 BAG, Urteil vom 21.08.2019 - 7 AZR 452/17, NZA 2020, 40, Rn. 25.

695 BAG, Urteil vom 16.09.2020 - 7 AZR 552/19, NZA 2021, 338, Rn. 21.

696 BAG, Urteil vom 23.01.2019 - 7 AZR 13/17, BeckRS 2019, 6894, Rn. 25.

697 BAG, Urteil vom 23.01.2019 - 7 AZR 13/17, BeckRS 2019, 6894, Rn. 25.

698 BVerfG, Beschluss vom 06.06.2018 - 1 BvL 7/14, BVerfGE 149, 126, Rn. 63.

Beschäftigung Kenntnisse und Fähigkeiten erfordere, die sich grundlegend zu denjenigen der Vorbeschäftigung unterscheiden würden.[699] Das Kriterium wird vom BVerfG vergleichbar konkretisiert, denn die neue Tätigkeit müsse eine Unterbrechung der Erwerbsbiographie darstellen, die mit einer beruflichen Neuorientierung oder einer Aus- und Weiterbildung einhergehe.[700] Das BAG greift dies auf und schränkt ein, dass nicht jede Aus- und Weiterbildung zu einer solchen Unterbrechung führe und damit zur Unzumutbarkeit der Anwendung des § 14 Absatz Abs. 2 S. 2 TzBfG, sondern diese Aus- oder Weiterbildung müsse den Arbeitnehmer zur Erfüllung von Aufgaben befähigen, die der Erwerbsbiographie des Arbeitnehmers eine völlig andere Richtung geben würden.[701] Die auf einem Hochschulstudium als Ingenieur aufbauende Weiterbildungen an einer Verwaltungs- und Wirtschaftsakademie reiche hierfür nicht aus, wenn die im Hochschulstudium erworbene Expertise oder die bereits gesammelte berufliche Erfahrung Grundkenntnisse für die neue Beschäftigung bilden.[702] Der Bruch der Erwerbsbiographie sei außerdem inhaltlich und nicht zeitlich zu verstehen.[703] Insofern sei eine zeitliche Zäsur zur Vorbeschäftigung bei der Unterbrechung der Erwerbsbiographie und damit beim Kriterium der ganz andersgearteten Tätigkeit erst mal nicht maßgeblich, könne aber bei einer Gesamtschau aller Umstände relevant werden, wenn keines der Kriterien erfüllt wurde.[704]

Damit das Kriterium der sehr kurzen Vorbeschäftigung an Konturen gewinnt, ist die Rechtsprechung des BAGs dazu übergegangen, das Kriterium durch die sechsmonatige Frist gem. § 1 Abs. 1 KSchG und damit durch die gesetzgeberischen Wertungen aus dem Kündigungsschutzrecht zu konkretisieren.[705] Hierdurch werde anders als beim Kriterium der lang zurückliegenden Vorbeschäftigung und dem dabei erforderlichen Blick auf das durchschnittliche Erwerbsleben des Arbeitnehmers kein Lebenssachverhalt typisiert, sondern es würden die gesetzgeberischen Wertungen des Kündigungsrechts auf einen anderen Kontext übertragen, kritisiert Chandna-Hoppe.[706]

---

699 BAG, Urteil vom 12.06.2019 - 7 AZR 477/17, BeckRS 2019, 25428 Rn. 28; BAG, Urteil vom 17.04.2019 - 7 AZR 323/17, NZA 2019, 1271 Rn. 26; BAG, Urteil vom 16.09.2020 - 7 AZR 552/19, NZA 2021, 338, Rn. 28.

700 BVerfG, Beschluss vom 06.06.2018 - 1 BvL 7/14, BVerfGE 149, 126, Rn. 63.

701 BAG, Urteil vom 16.09.2020 - 7 AZR 552/19, NZA 2021, 338, Rn. 28.

702 BAG, Urteil vom 16.09.2020 - 7 AZR 552/19, NZA 2021, 338, Rn. 30 f.

703 BAG, Urteil vom 16.09.2020 - 7 AZR 552/19, NZA 2021, 338, Rn. 28.

704 BAG, Urteil vom 17.04.2019 - 7 AZR 323/17, NZA 2019, 1271, Rn. 28.

705 *Chandna-Hoppe*, ZfA 2020, 70, 93.

706 *Chandna-Hoppe*, ZfA 2020, 70, 93.

Dieser Rückbezug auf die Wertungen des Kündigungsrechts ist im Kontext der nunmehr richtlinienbasierten Eigenständigkeit des Befristungsrechts jedoch nicht versperrt, wenn die Wertungen des Kündigungsschutzes gleichzeitig die effektive Vermeidung von Missbrauch durch aufeinanderfolgende Befristungen bei der Frage nach der Einschränkung des Vorbeschäftigungsverbotes sicherstellen können. Wurde die Vorbeschäftigung des Arbeitnehmers innerhalb der ersten sechs Monate gekündigt oder ist durch Ablauf einer Befristung beendet worden, kann eine spätere sachgrundlos befristete Wiedereinstellung eine zweite Chance für den Arbeitnehmer darstellen. Bei einer Vorbeschäftigung mit einer Dauer von weniger als sechs Monaten ist ein unbeschränktes Vorbeschäftigungsverbot für den Arbeitnehmer und Arbeitgeber dann grundsätzlich unzumutbar und zum Zweck der Vermeidung von Missbrauch gem. § 5 der RV im Anhang der RL 1999/70/EG nicht geboten.

Die fehlende Typisierung durch die Übertragung des starren Grenzwertes der sechsmonatigen Frist gem. § 1 Abs. 1 KSchG wird dadurch vermieden, dass bei der Prüfung der Unzumutbarkeit stets eine Einbeziehung der sonstigen Umstände des Falles geboten ist. Das eigentlich erfüllte Kriterium einer sehr kurzen Vorbeschäftigung könne kaum für sich allein das Entfallen der Schutzziele des Vorbeschäftigungsverbots begründen, da selbst bei einer entsprechend kurzen Vorbeschäftigung die Gefahr einer hohen Zahl von aufeinanderfolgenden sachgrundlosen Befristungen bestehe, warnt Chandna-Hoppe.[707] Auch bei einer völlig andersgearteten Tätigkeit müsse hinzukommen, dass ein gewisser zeitlicher Abstand verstrichen sei, damit die Gefahr von Kettenbefristungen nicht bestehe.[708]

Dies verdeutlicht, dass ein Zusammenspiel aller Kriterien erforderlich ist, damit Lücken im Missbrauchsschutzkonzept geschlossen werden.[709] Der Versuch, einzelne Kriterien jeweils isoliert zu konkretisieren und damit das Vorbeschäftigungsverbot über den Einzelfall hinaus berechenbar zu machen, scheitere, weil es in jedem Einzelfall notwendig sei, in einer Gesamtschau das Verhältnis der einzelnen Kriterien abzuwägen, stellt Arnold fest.[710] Würden unterschiedliche Kriterien die von der Rechtsprechung aufgestellten Anforderungen nur beinahe erfüllen, könne in der Gesamtwürdigung indiziert sein, dass die Schwelle

707 *Chandna-Hoppe*, ZfA 2020, 70, 93.
708 *Chandna-Hoppe*, ZfA 2020, 70, 93.
709 *Chandna-Hoppe*, ZfA 2020, 70, 93; *Arnold*, NZA-RR 2020, 1, 2; *Fabisch*, NZA 2021, 9, 14.
710 *Arnold*, NZA-RR 2020, 1, 2.

der Unzumutbarkeit überschritten sei, folgert Fabisch daraus.[711] Exemplarisch stehe hierfür der Arbeitnehmer, der nicht vor zwanzig Jahren, sondern vor neunzehn Jahren für eine Dauer von sechs Monaten vorbeschäftigt gewesen sei, womit die Vorbeschäftigung nicht lange genug zurückliege, und zugleich nicht hinreichend kurz wäre.[712] Werden aber die einzelnen Indizien addiert, erreicht dies in Summe die Unzumutbarkeit. Erfüllte Kriterien und ihre Indizwirkung können zudem in der Gesamtschau durch andere Kriterien entkräftet werden, sodass die Schwelle der Unzumutbarkeit nicht erreicht wird.[713] Mittels der Kriterien muss die Unzumutbarkeit des Vorbeschäftigungsverbots letztlich für jeden konkreten Einzelfall beurteilt werden.[714]

Andeutungen einer „Gesamtschau" finden sich bereits in der Rechtsprechung des BAGs.[715] Unklar ist jedoch noch, wie die Fragmente einzelner Kriterien und andere Umstände in der Gesamtschau und im Verhältnis zueinander zu werten sind und eine einschränkende Auslegung rechtfertigen können. Dabei erinnere die verfassungskonforme Einschränkung des Vorbeschäftigungsverbots nach der Gesamtschau des Einzelfalls laut Beden und Denzer an die Missbrauchskontrolle bei der Sachgrundbefristung.[716] Die einschränkende Auslegung des Vorbeschäftigungsverbots orientiert sich dabei ebenso an unterschiedlichen Umständen, die eine Unzumutbarkeit des Vorbeschäftigungsverbots indizieren. Aufgrund dieser Parallele kann die unionsrechtliche Missbrauchskontrolle als Orientierungspunkt und Vorbild für eine Unzumutbarkeitskontrolle beim Vorbeschäftigungsverbot dienen. Denkbar ist außerdem, dass offene Fragen im Hinblick auf das Verhältnis der Kriterien zueinander unionsrechtskonform beantwortet werden.

(b) Unionsrechtliche Einschränkung

Das BVerfG hat eine unionsrechtliche Determinierung bei der Frage der Einschränkung des Vorbeschäftigungsverbots grundsätzlich abgelehnt,[717] dies jedoch unzureichend begründet. Demgegenüber erkennt das BAG, dass diese

---

711 *Fabisch*, NZA 2021, 9, 14.

712 *Fabisch*, NZA 2021, 9, 14.

713 *Arnold*, NZA-RR 2020, 1, 2.

714 *Arnold*, NZA-RR 2020, 1, 2.

715 BAG, Urteil vom 23.01.2019 - 7 AZR 13/17, BeckRS 2019, 6894, Rn. 26; BAG, Urteil vom 17.04.2019 - 7 AZR 323/17, NZA 2019, 1271, Rn. 28.

716 *Beden/Denzer*, SAE 2019, 118, 124.

717 BVerfG, Beschluss vom 06.06.2018 - 1 BvL 7/14, BVerfGE 149, 126, Rn. 31.

Frage auch in den Anwendungsbereich der RL 1999/70/EG fällt.[718] Einen Vorlagebedarf sieht das BAG jedoch nicht, da die unionsrechtlichen Vorgaben im TzBfG eingehalten worden seien.[719] Zudem verweist das BAG auf die „contra-legem-Grenze" der richtlinienkonformen Auslegung, die bei einer unionsrechtskonform einschränkenden Auslegung, die eine dreijährige Karenzzeit vorsehe, überschritten werde.[720] Die Gerichte können nicht nach dem Gebot der richtlinienkonformen Auslegung zu einer bestimmten Auslegung verpflichtet werden, die eine verfassungsrechtlich unzulässige Rechtsfortbildung gem. Art. 20 Abs. 3 GG darstellen würde, so das BAG.[721]

Diese Ausführungen des BAGs zur „contra-legem-Grenze" der richtlinienkonformen Auslegung können nicht beanstandet werden. Allerdings beziehen sie sich nur auf eine richtlinienkonforme Auslegung, die eine dreijährige Karenzzeit gebietet. Andere Varianten der richtlinienkonform einschränkenden Auslegung des Vorbeschäftigungsverbots werden von den Ausführungen des BAGs nicht erfasst. Da der Wortlaut der Norm und der Wille des Gesetzgebers eine verfassungskonforme Auslegung zulassen, liegen grundsätzlich auch die methodischen Voraussetzungen für die richtlinienkonforme Auslegung vor.[722]

Neben den zuvor diskutierten Einwänden[723] kann gegen eine richtlinienkonforme Auslegung des Vorbeschäftigungsverbots noch eingewandt werden, dass die Vorgaben der RL 1999/70/EG bei der verfassungskonform einschränkenden Auslegung des § 14 Abs. 2 S. 2 TzBfG bereits eingehalten werden.[724] Jedoch geht es bei der Frage nach der Einschränkung des Vorbeschäftigungsverbots darum, Missbrauch durch Befristung gem. § 1 lit. b) und § 5 der RV im Anhang der RL 1999/70/EG zu vermeiden. Dies gehört zum Kernanliegen der Richtlinie.[725] Insofern kann kritisiert werden, dass das BAG über die unionsrechtlichen Bezüge hinweggeht, obwohl eine Missbrauchskontrolle im Einzelfall angezeigt ist und die Frage nach der Einschränkung des Vorbeschäftigungsverbots eigentlich dem EuGH gem. Art. 267 Abs. 3 AEUV vorzulegen ist. Ob dies aus Respekt vor den Vorgaben zur einschränkenden Auslegung durch das BVerfG geschieht oder vor

---

718 BAG, Urteil vom 23.01.2019 - 7 AZR 13/17, BeckRS 2019, 6894, Rn. 29 ff.
719 BAG, Urteil vom 23.01.2019 - 7 AZR 13/17, BeckRS 2019, 6894, Rn. 29.
720 BAG, Urteil vom 23.01.2019 - 7 AZR 13/17, BeckRS 2019, 6894, Rn. 31.
721 BAG, Urteil vom 23.01.2019 - 7 AZR 13/17, BeckRS 2019, 6894, Rn. 31.
722 Vgl. hierzu B) II. 2. a) (2).
723 Vgl. hierzu B) II. 2. a) (2).
724 BAG, Urteil vom 23.01.2019 - 7 AZR 13/17, BeckRS 2019, 6894, Rn. 29; Preis/Sagan/*Brose*, § 13 Rn. 181.
725 Franzen/Gallner/Oetker/*Krebber*, RL 1999/70/EG § 5 Rn. 2.

dem Hintergrund, einen Kompetenzkonflikt zwischen BVerfG und dem EuGH zu vermeiden, bleibt unklar. Klar ist aber, dass nicht ohne Weiteres über die Vorgaben der RL 1999/70/EG und eine mögliche unionsrechtliche Determinierung hinweggegangen werden darf – auch dann nicht, wenn sich die Vorgaben der Verfassung mit denen der Richtlinie bei der Frage nach der einschränkenden Auslegung überlagern.

Um die Kriterien der Unzumutbarkeit und deren Verhältnis zueinander zu konkretisieren, kann sich die unionsrechtskonforme Auslegung des Vorbeschäftigungsverbots der Problemstellung bei der Einschränkung des § 14 Abs. 2 S. 2 TzBfG von der anderen Seite des Interessenkonflikts nähern, der zwischen der Schutzpflicht zugunsten des Arbeitnehmers und den Freiheiten der Arbeitsvertragsparteien besteht. Während das BVerfG von der Unzumutbarkeit der Eingriffe in die Freiheiten der Arbeitsvertragsparteien ausgeht,[726] zielt das unionsrechtliche Gebot der Vermeidung von Missbrauch gem. § 1 lit. b) und § 5 der RV im Anhang der RL 1999/70/EG auf die Einhaltung eines Untermaßes an Arbeitnehmerschutz.[727]

Wird das Kriterium der Unzumutbarkeit bejaht, gebietet dies eine verfassungskonform einschränkende Auslegung des Vorbeschäftigungsverbots. Wird auf der Ebene des Unionsrechts der Missbrauch angenommen, gebietet dies grundsätzlich ein unbeschränktes Vorbeschäftigungsverbot. Genauer betrachtet ist das unionsrechtliche Gebot zunächst auf ein unbeschränkt geltendes Vorbeschäftigungsverbot ausgerichtet. Eine einschränkende Auslegung kann zu Missbrauch durch aufeinanderfolgende befristete Arbeitsverträge führen, wenn das unionsrechtlich gebotene Untermaß an Arbeitnehmerschutz gem. Art. 15 Abs. 1 GRC unterschritten wird und damit Missbrauch durch aufeinanderfolgende befristete Arbeitsverträge gem. § 1 lit. b) und § 5 der RV im Anhang der RL 1999/70/EG vorliegt.

Obwohl die jeweiligen Auslegungsgebote gegenläufig wirken, können sie grundsätzlich zu vergleichbaren Ergebnissen gelangen, indem bei der Einschränkung der Schutzpflicht des Arbeitnehmers oder der Einschränkung der Freiheiten der Arbeitsvertragsparteien am Abschluss befristeter Arbeitsverträge letztlich eine Verhältnismäßigkeitsprüfung geboten ist, die einen Interessenausgleich herstellen soll.[728] Die verfassungsrechtlich interessengerechte Einschränkung

---

726 BVerfG, Beschluss vom 06.06.2018 - 1 BvL 7/14, BVerfGE 149, 126, Rn. 54 ff.

727 Zur unionsgrundrechtskonformen Auslegung des Zwecks der Missbrauchsvermeidung vgl. B) II. 2. b) (3) (b).

728 Zur Vergleichbarkeit des verfassungsrechtlichen und des unionsrechtlichen Rahmens vgl. B) II. 2. c).

des Vorbeschäftigungsverbots gleicht wertungsmäßig einer unionsrechtlich interessengerechten Begrenzung der Einschränkung des Vorbeschäftigungsverbots. Somit ist eine Kooperation zwischen dem verfassungsrechtlichen Gebot zur einschränkenden Auslegung des Vorbeschäftigungsverbots und dem unionsrechtlichen Gebot zur Begrenzung der einschränkenden Auslegung möglich.

Bei der Prüfung der Verhältnismäßigkeit auf Ebene des Unionsrechts kann damit auf die Kriterien zurückgegriffen werden, die das BVerfG in seiner Rechtsprechung zur Unzumutbarkeit entwickelt hat. Der Vergleich dieser Kriterien mit den Instrumenten zur Missbrauchsvermeidung gem. § 5 Nr. 1 der RV im Anhang der RL 1999/70/EG offenbart einige Parallelen. Durch eine sehr lang zurückliegende Vorbeschäftigung wird die Anzahl der bisher mit demselben Arbeitgeber vereinbarten sachgrundlosen Befristungen begrenzt. Durch die sehr kurze Dauer einer Vorbeschäftigung wird die Gesamtdauer der bisher vereinbarten sachgrundlosen Befristungen begrenzt. Schließlich erfordert eine völlig andersgeartete Tätigkeit, dass das gesetzgeberische Motiv der Zugangserleichterung und Brückenfunktion als Sachgrund der Befristung gem. § 14 Abs. 2 TzBfG trotz der Vorbeschäftigung vorliegt. Insofern könne im Einzelfall ein wertungsmäßiger Vergleich der erneuten Befristung mit einer Neueinstellung erfolgen, schlägt Chandna-Hoppe vor.[729] Handele es sich trotz der Vorbeschäftigung wertungsmäßig eigentlich um eine Neueinstellung, sei das Vorbeschäftigungsverbot bei der sachgrundlosen Befristung zur Missbrauchsvermeidung nicht notwendig.[730] Im Ergebnis finden sich alle drei Instrumente zur Vermeidung von Missbrauch gem. § 5 Nr. 1 der RV im Anhang der RL 1999/70/EG in den Kriterien zur Einschränkung des Vorbeschäftigungsverbots wieder.

Ist bei den verfassungsrechtlichen Vorgaben unklar, in welchem Verhältnis die Kriterien bei der Einzelfallprüfung stehen, so können diese unionsrechtlich präzisiert werden. Der Zweck der Missbrauchsvermeidung verbindet alle drei Kriterien. Diese müssen nicht kumulativ vorliegen, wenn sie ausreichend sicherstellen, dass Missbrauch vermieden wird. Einzelne Kriterien können also ausreichen, um einen Missbrauch auszuschließen. Indizieren andere Kriterien allerdings einen Missbrauch, so kann ein eigentlich erfülltes Kriterium nur eine Ausnahme vom unbeschränkten Vorbeschäftigungsverbot rechtfertigen, wenn es den indizierten Missbrauch widerlegt. Schließlich ist ein beschränktes Vorbeschäftigungsverbot unionsrechtskonform, wenn die Kriterien jeweils für sich

---

729 *Chandna-Hoppe*, ZfA 2020, 70, 91.
730 *Chandna-Hoppe*, ZfA 2020, 70, 91.

genommen nicht erfüllt sind, jedoch in Summe einen Missbrauch durch die erneute sachgrundlose Befristung ausschließen.

Eine Vorbeschäftigung, die zwanzig Jahre zurückliegt, erfüllt das Kriterium sehr lang zurückliegend, sodass Missbrauch grundsätzlich vermieden wird. Auch wenn die Vorbeschäftigung völlig identisch ist mit der erneuten Tätigkeit und die Vorbeschäftigung nicht besonders kurz war, ist ein Missbrauch in diesem Fall ausgeschlossen. Gleiches gilt, wenn die Vorbeschäftigung tatsächlich von sehr kurzer Dauer oder ganz andersgeartet ist. Die sachgrundlose Befristung nach einer Vorbeschäftigung befindet sich dann im „grünen" Bereich, sodass eine einschränkende Auslegung des Vorbeschäftigungsverbots unionsrechtskonform ist.

Liege eine Vorbeschäftigung des Arbeitnehmers z.B. wegen eines Auslandsaufenthalts mehr als fünfzehn Jahre zurück und sei vollkommen identisch mit der vorherigen Tätigkeit des Arbeitnehmers beim Arbeitgeber, so spreche dies laut Beden und Denzer für einen Missbrauch.[731] Unionsrechtlich ist dann grundsätzlich ein unbeschränktes Vorbeschäftigungsverbot geboten. Es muss im Einzelfall vom Arbeitgeber durch die übrigen Indizien dargelegt werden, dass eine Beschränkung des Vorbeschäftigungsverbots unionsrechtskonform ist (Gelbphase). In diesem Fall muss genau geprüft werden, ob das die sachgrundlose Befristung rechtfertigende gesetzgeberische Motiv trotz der nicht sehr lang zurückliegenden Vorbeschäftigung erfüllt wird. Nach einer Rückkehr auf dieselbe Stelle kann eine sachgrundlose Befristung trotzdem den (Wieder-)Einstieg beim Arbeitgeber erleichtern, der seinen Personalbedarf wegen des langen Auslandsaufenthalts durch den Einsatz eines anderen Arbeitnehmers angepasst hat. Er weiß jedoch um die Kompetenzen des zurückkehrenden Arbeitnehmers und möchte diesen erst mal sachgrundlos befristet an sein Unternehmen binden. Langfristig kann die Befristung dann die Brücke zu einer Dauerbeschäftigung schlagen. Insofern kann gegen einen Missbrauch sprechen, dass die Tätigkeit, die der Arbeitnehmer beim Arbeitgeber bei seiner erneuten Einstellung übernimmt, nicht identisch mit der Vorbeschäftigung, aber in einem gewissen Maß vergleichbar ist, sodass keine völlig andersartige Vorbeschäftigung gegeben ist.

Sprechen die Umstände des Einzelfalls aber dafür, dass der Arbeitgeber die erneute sachgrundlose Befristung nutzen möchte, um seinen ständigen Bedarf an Arbeitskräften zu decken, ist der Ausnahmecharakter der sachgrundlosen Befristung nicht mehr gewahrt und eine erneute sachgrundlose Befristung wäre missbräuchlich (Rotphase). Unionsrechtlich ist dann ein unbeschränktes Vorbeschäftigungsverbot geboten.

---

731 *Beden/Denzer*, SAE 2019, 118, 122.

(c) *Zwischenergebnis für den Reformbedarf beim Vorbeschäftigungsverbot*

Die durch den Rechtsprechungswechsel bei der Einschränkung des Vorbeschäftigungsverbots wenig transparenten Kriterien und die damit aufgeworfenen Abwägungsfragen, wann nach einer Einzelbetrachtung die Unzumutbarkeit eines unbegrenzten Vorbeschäftigungsverbots bejaht werden kann, führen ohne eine transparente und gleichförmige Rechtsprechungspraxis zu erheblicher Unsicherheit, der durch eine gesetzgeberische Neufassung des Vorbeschäftigungsverbots vorgebeugt werden kann.[732] Perspektivisch werde sogar ein Ausweichen zur Sachgrundbefristung erwogen, prognostizieren Lembke und Tegel.[733] Dem könne die Rechtsprechung begegnen, indem sie eine verlässliche Rechtsprechungspraxis schaffe, so Fabisch.[734]

Die Alternative zur richterrechtlichen Lösung ist, dass der Gesetzgeber die Regelung des § 14 Abs. 2 S. 2 TzBfG novelliert. Hierzu wird eine gesetzgeberische Neugestaltung vorgeschlagen, die eine sinnvolle Gewichtung der durch das BVerfG aufgestellten Kriterien beinhaltet und damit zu verlässlichen Urteilen und zu mehr Rechtssicherheit beiträgt.[735] Die vorgeschlagene quotale Begrenzung der sachgrundlosen Befristung könne die Probleme im Zusammenhang mit einem verfassungskonformen ausgestalteten Vorbeschäftigungsverbot nicht lösen, stellen Greiner und Senk fest.[736] Starre Grenzwerte oder Quoten können die vielschichtigen Abwägungsfragen bei der Einschränkung der sachgrundlosen Befristung nicht interessengerecht für den Einzelfall beantworten.

Das Zusammenwirken verfassungsrechtlicher und unionsrechtlicher Vorgaben bei der Einschränkung des Vorbeschäftigungsverbots bietet Raum für die Abwägungen der unterschiedlichen Interessen, sodass die jetzige Rechtslage bei der Begrenzung der sachgrundlosen Befristung gegenüber einer geplanten starren Quotenregelung vorzuziehen ist.

---

732 *Bayreuther*, NZA 2018, 905, 908; *Löwisch*, SAE 2018, 36, 40; *Beden/Denzer*, SAE 2019, 118, 124; *Chandna-Hoppe*, ZfA 2020, 70, 94; *Treichel*, AuR 2019, 424; *Höpfner*, RdA 2018, 321, 332; ErfK/*Müller-Glöge*, TzBfG, § 14 Rn. 98; *Arnold*, NZA-RR 2020, 1, 8.

733 *Lembke/Tegel*, NZA 2019, 1029.

734 *Fabisch*, NZA 2021, 9, 15.

735 *Rudolf*, AuA 2019, 45, 46; *Greiner/Senk*, RdA 2019, 236, 239.

736 *Greiner/Senk*, RdA 2019, 236, 239.

(3) Die teleologische Extension des Vorbeschäftigungsverbots

Neue Impulse für diese Diskussion gehen von einer teleologischen Extension des Vorbeschäftigungsverbots aus, die die Anwendung des § 14 Abs. 2 TzBfG auf die konzerndimensionale Ebene erstreckt, damit die konzerninterne Zirkulation von sachgrundlos befristeten Arbeitnehmern zwischen formal unterschiedlichen Arbeitgebern eingedämmt wird.[737]

Methodisch setzt die teleologische Extension damit am Merkmal „mit demselben Arbeitgeber" gem. § 14 Abs. 2 S. 2 TzBfG an. Mit demselben Arbeitgeber hat der vorhergehende Vertrag grundsätzlich dann bestanden, wenn die Vertragspartner dieselben natürlichen oder juristischen Personen waren.[738] Demnach kommt es nicht auf den Beschäftigungsbetrieb oder den Arbeitsplatz an.[739]

In der Rechtsprechung des BAGs wurde das Merkmal „mit demselben Arbeitgeber" bisher eher eng ausgelegt: Eine vorherige Beschäftigung mit demselben Arbeitgeber liege nicht vor, wenn der befristet eingestellte Arbeitnehmer zuvor bei einem anderen Konzernunternehmen beschäftigt gewesen sei.[740] Das frühere Arbeitsverhältnis mit einem im Zuge einer umwandlungsrechtlichen Verschmelzung übertragenen Rechtsträger stehe dem Abschluss eines sachgrundlos befristeten Arbeitsverhältnisses mit dem übernehmenden Rechtsträger mangels rechtlicher Identität der Arbeitsvertragsparteien nicht entgegen.[741] Auch greife das Vorbeschäftigungsverbot nicht ein, wenn ein Arbeitnehmer sachgrundlos zwei Jahre beschäftigt worden sei und im Anschluss an dieses Arbeitsverhältnis von einem als Verleiher tätigen Arbeitgeber wiederum sachgrundlos eingestellt werde und an den vorherigen Arbeitgeber ausgeliehen werde.[742] Ein Missbrauch liege nur dann vor, wenn mehrere rechtlich und tatsächlich verbundene Vertragsarbeitgeber in bewusstem und gewolltem Zusammenwirken aufeinanderfolgende befristete Arbeitsverträge mit einem Arbeitnehmer allein deshalb schließen würden, um auf diese Weise über die nach § 14 Abs. 2 S. 1 TzBfG

---

737 *Greiner/Senk*, RdA 2019, 236, 238.

738 Ascheid/Preis/Schmidt/*Backhaus*, TzBfG, § 14 Rn. 564; MüKo/*Hesse*, TzBfG, § 14 Rn. 90; ErfK/*Müller-Glöge*, TzBfG, § 14 Rn. 93; Boecken/Joussen/*Boecken*, § 14 Rn. 150; KR/*Lipke*, TzBfG, § 14 Rn. 582.

739 Ascheid/Preis/Schmidt/*Backhaus*, TzBfG, § 14 Rn. 564; ErfK/*Müller-Glöge*, TzBfG, § 14 Rn. 93; Boecken/Joussen/*Boecken*, § 14 Rn. 150; KR/*Lipke*, TzBfG, § 14 Rn. 582.

740 BAG, Urteil vom 09.02.2011 - 7 AZR 32/10, NZA 2011, 791, Rn. 26.

741 BAG, Urteil vom 10.11.2004 - 7 AZR 101/04, NZA 2005, 514, Rn. 21 ff.

742 BAG, Urteil vom 09.03.2011 - 7 AZR 657/09, NZA 2011, 1147, Rn. 19.

vorgesehenen Befristungsmöglichkeiten hinaus sachgrundlose Befristungen aneinanderreihen zu können.[743]

Die Rechtsprechung im Bereich dieses Merkmals kann auf Grundlage der teleologischen Leitlinie, die das BVerfG in seiner Entscheidung zum Vorbeschäftigungsverbot aufgestellt hat, neu ausgerichtet werden. Greiner und Senk zeigen auf, dass der verfassungsrechtlich gebotene Interessenausgleich unter Berücksichtigung der Vorbeschäftigung des Arbeitnehmers beim Arbeitgeber im Wege der Auslegung oder der zulässigen Rechtsfortbildung erreicht werden müsse.[744] Nur eine einzelfallorientierte Prüfung verhindere Missbrauch und wahre somit das verfassungsrechtliche Untermaß an Arbeitnehmerschutz, denn der Arbeitnehmer habe sich auf seinem konkreten Arbeitsplatz bewährt und bedürfe im Falle seiner Weiterbeschäftigung des staatlichen Schutzes vor Kettenbefristungen.[745] Werde ein Arbeitnehmer auf seinem bisherigen Arbeitsplatz von einem formal neuen Arbeitgeber weiterbeschäftigt, welcher jedoch rechtlich und wirtschaftlich eng mit dem bisherigen verbunden sei, müsse gefragt werden, ob das Verbot einer erneuten sachgrundlosen Befristung auf diesen Fall anzuwenden sei.[746]

Hier ist auch nach dem Unionsrecht eine Prüfung des Einzelfalls geboten, ob Missbrauch durch aufeinanderfolgende befristete Arbeitsverträge vorliegt. Wird der Arbeitnehmer innerhalb des Konzerns auf demselben Arbeitsplatz wie zuvor nahtlos ohne Unterbrechung weiter eingesetzt, erfüllt also faktisch am gleichen Ort dieselben Aufgaben für einen nur formal rechtlich unterschiedlichen Arbeitgeber, ist dies ein Indiz für Missbrauch und eine teleologische Extension des § 14 Abs. 2 S. 2 TzBfG ist angezeigt. Erfüllt der Arbeitgeber aber völlig neue Aufgaben innerhalb eines Konzerns für einen rechtlich unterschiedlichen Arbeitgeber, spricht dies eher dafür, dass der neue Arbeitgeber einen berechtigten Bedarf hat, auf die Möglichkeit der sachgrundlosen Befristung gem. § 14 Abs. 2 S. 1 TzBfG zurückzugreifen.

Der denkbare Einwand, dass auch die Beschränkung des Befristungsschutzes auf den jeweiligen Rechtsträger eine durch Verwendung des „Arbeitgeber“-Begriffs vollzogene gesetzgeberische „Grundentscheidung“ und damit

---

743 BAG, Urteil vom 04.12.2013 - 7 AZR 290/12, BAGE 146, 371, Rn. 25; BAG, Urteil vom 19.03.2014 - 7 AZR 527/12, NZA 2014, 840, Rn. 25; BAG, Urteil vom 24.06.2015 - 7 AZR 452/13, NZA 2015, 1507, Rn 24.

744 *Greiner/Senk*, RdA 2019, 236, 238.

745 *Greiner/Senk*, RdA 2019, 236, 238.

746 *Greiner/Senk*, RdA 2019, 236, 238.

Rechtsfortbildungsgrenze sein könnte, gehe laut Greiner und Senk fehl.[747] Die Gesetzgebungshistorie ergebe insofern kein klares Bild.[748]

Außerdem sei es laut Greiner und Senk sehr fragwürdig, dem Arbeitnehmer – wie bisher vom BAG verlangt – die Beweislast dafür aufzuerlegen, dass die formal unterschiedlichen Arbeitgeber einerseits „bewusst und gewollt" zusammengewirkt hätten und andererseits „ausschließlich" die Regelung gem. § 14 Abs. 2 S. 2 TzBfG umgehen wollten.[749] Es bedürfe nicht allzu großer Kreativität, um einen Grund zu nennen, der das Merkmal „ausschließlich" entfallen lasse.[750] Die Beweislast stelle keine adäquate und interessengerechte Risikoverteilung dar, wenn nur der ungeschickte Rechtsmissbrauch erfasst werde.[751] Auch wenn die Beweislast zugunsten des Arbeitnehmers durch das BAG abgestuft werde, hemme die grundsätzliche Verteilung der Beweislast und die einfache Widerlegbarkeit den effektiven Schutz des Arbeitnehmers vor Befristungsmissbrauch und sei in der Praxis grundsätzlich untauglich, ergänzt Sievers.[752]

Gerade vor dem Hintergrund des Gebots zum effektiven Schutz vor Missbrauch gem. Art. 5 Nr. 1 der RV im Anhang der RL 1999/70/EG kann es nicht bei dieser Beweislastverteilung bleiben. Vielmehr muss sogar eine Umkehrung der Beweislast für den Rechtsmissbrauch erwogen werden, wenn der Arbeitnehmer konzernintern derselben Beschäftigung am gleichen Arbeitsort nachgeht, obwohl er nunmehr formal bei einem neuen Arbeitgeber beschäftigt ist.

Bei der Begrenzung von Befristung kann auf ein einheitliches System zur Vermeidung von Missbrauch zurückgegriffen werden, sodass auch die im Bereich der Sachgrundbefristung längst überkommene Rechtsprechung des subjektiven Rechtsmissbrauchs auch beim Merkmal „mit demselben Arbeitgeber" überwunden werden kann. Es bedarf demnach ebenso einer Missbrauchskontrolle, die alle Umstände des Falls berücksichtigt. Hier dienen dann, wie auch in der bisherigen Rechtsprechung des BAGs,[753] die rechtliche oder tatsächliche Verbundenheit der Vertragsarbeitgeber, der nahtlose Anschluss der Beschäftigung, der identische Arbeitsort oder die gleiche Tätigkeit, die Ausübung des Weisungsrechts durch den bisherigen Arbeitgeber, eine Vermittlung des Arbeitnehmers

747 *Greiner/Senk*, RdA 2019, 236, 238.
748 *Greiner/Senk*, RdA 2019, 236, 238.
749 *Greiner/Senk*, RdA 2019, 236, 239.
750 *Greiner/Senk*, RdA 2019, 236, 239.
751 *Greiner*, DB 2014, 1987, 1990.
752 *Sievers*, § 14 Rn 535.
753 BAG, Urteil vom 04.12.2013 - 7 AZR 290/12, BAGE 146, 371, Rn. 26.

durch den bisherigen Arbeitgeber oder ein erkennbares systematisches Zusammenwirken als Indizien für einen Missbrauch.

Eine nach diesen Grundsätzen neu ausgerichtete Rechtsprechung des BAGs, die zur Missbrauchsvermeidung eine unionsrechtlich und verfassungsrechtlich gebotene Extension des Merkmals „bei demselben Arbeitgeber“ annimmt, ermöglicht eine interessengerechte Begrenzung der sachgrundlosen Befristung, die nicht einseitig zugunsten des Arbeitgebers fehlgewichtet ist. So werden konzerninterne Gestaltungsspielräume da erhalten, wo sie einem berechtigten Bedarf entsprechen. Gleichzeitig wird Missbrauch durch die sachgrundlose Befristung von Arbeitsverträgen vermieden.

b) Die sachgrundlose Befristung gem. § 14 Abs. 2a TzBfG

Der durch das Gesetz zur Reform am Arbeitsmarkt vom 24.12.2003 eingefügte § 14 Abs. 2a TzBfG erweitert die sachgrundlosen Befristungsmöglichkeiten des § 14 Abs. 2 TzBfG für neu gegründete Unternehmen in zeitlicher Hinsicht.[754] Gem. § 14 Abs. 2a TzBfG ist die Vereinbarung oder mehrmalige Verlängerung der Befristung, ohne dass es eines sachlichen Grundes bedarf, innerhalb von vier Jahren ab Gründung des Unternehmens bis zu einer Befristungsdauer von vier Jahren zulässig. Der Gesetzgeber erhofft sich hierdurch einen beschäftigungspolitischen Impuls.[755] Dabei begegnet die Dauer der Befristung von vier Jahren grundsätzlich keinen unionsrechtlichen Bedenken.[756]

(1) Die Befristungsdauer

Innerhalb der Grenzen von § 14 Abs. 2a TzBfG kann die Privilegierung noch bis zum Ablauf des achten Jahres nach Gründung des Unternehmens wirken, wenn der letzte Vertrag über eine vierjährige Laufzeit bis zum vierten Geburtstag des Unternehmens vereinbart wird, denn Verlängerungsverträge können von einem über vier Jahre alten Unternehmen nicht mehr nach Abs. 2a geschlossen werden.[757] Es wird jedoch von Bader gefordert, die Befristungsdauer auf die

---

754 Ascheid/Preis/Schmidt/*Backhaus,* TzBfG, § 14 Rn. 608; ErfK/*Müller-Glöge*, TzBfG, § 14 Rn. 103; MüKo/*Hesse*, TzBfG, § 14 Rn. 103.

755 BT-Drs. 15/1204, S. 14.

756 Staudinger/*Preis*, BGB, § 620 Rn. 200; Franzen/Gallner/Oetker/*Krebber*, RL 1999/70/EG, § 5 Rn. 47; Arnold/Gräfl/*Gräfl* TzBfG, § 14 Rn. 325; Laux/Schlachter/*Schlachter*, § 14 Rn. 13; *Thüsing*/*Stelljes*, BB 2003, 1673, 1680.

757 Arnold/Gräfl/*Gräfl*, TzBfG, § 14 Rn. 312; MüKo/*Hesse*, TzBfG, § 14, Rn. 107; ErfK/*Müller-Glöge*, TzBfG, § 14 Rn. 105; Laux/Schlachter/*Schlachter*, § 14 Rn. 137; Annuß/

Gründungsphase zu begrenzen, sodass Befristungen nach § 14 Abs. 2a TzBfG mit dem vierten Geburtstag enden müssten.[758]

Der Wortlaut kann grundsätzlich nach beiden Auslegungsvarianten verstanden werden.[759] Genügt es, dass die Vereinbarung der Befristung als „Befristung" in den ersten vier Jahren stattfindet, ist auch eine Privilegierung über acht Jahre möglich. Wird der Wortlaut aber so verstanden, dass die maximal zulässige Dauer auf vier Jahre gedeckelt ist, spricht das dafür, dass die Befristung spätestens am vierten Geburtstag des Unternehmens endet.

Unionsrechtlich ergibt sich kein Gebot, den § 14 Abs. 2a S. 1 TzBfG bzgl. der Befristungsdauer einschränkend auszulegen, wenn die letzte Befristungsvereinbarung innerhalb der Gründungsphase erfolgt. Zulässig ist dann sogar eine sachgrundlose Befristung, die am vierten Geburtstag des Unternehmens für die Dauer von vier Jahren vereinbart wird. Erstbefristungen fallen aus dem Anwendungsbereich der Richtlinie heraus und sind kontrollfrei.[760] In dem Fall, dass die befristete Beschäftigung am vierten Geburtstag nach bisher einem Jahr für weitere drei Jahre fortgesetzt wird, könnte das unionsrechtliche und verfassungsrechtliche Untermaß der Schutzpflicht zugunsten des Arbeitnehmers nicht eingehalten sein.[761] Bei wenigen langdauernden Befristungen verbessert sich gem. § 15 Abs. 3 TzBfG der Bestandsschutz, was dafür spricht, den Arbeitnehmer eigenverantwortlich über die Befristung entscheiden zu lassen.[762] Die Belastung des Schutzinteresses des Arbeitnehmers kann also durch die Freiheit des Arbeitnehmers und das Flexibilisierungsinteresse des Arbeitgebers aufgewogen werden, sodass weder verfassungsrechtlich noch unionsrechtlich eine einschränkende Auslegung bei der Dauer der Befristung nach § 14 Abs. 2a TzBfG geboten ist.

Nach dem Sinn und Zweck der Vorschrift sollen Unternehmen in der Gründungsphase mithilfe der sachgrundlosen Befristungsmöglichkeiten von zu hohen wirtschaftlichen Risiken befreit bleiben.[763] Gegen Ende der vierjährigen Aufbauphase müsse ein neu gegründetes Unternehmen abschätzen können, wie

---

Thüsing/*Maschmann*, § 14 Rn. 79f; Bauer/Preis/Schunder/*Preis*, NZA 2004, 195, 197; *Hanau*, ZIP 2004, 1169, 1178; *Thüsing*, ZfA 2004, 67, 96; *Lipinski*, BB 2004, 1221, 1222.

758 Bader NZA 2004, 65, 76.

759 KR/*Lipke*, § 14 Rn. 633.

760 Franzen/Gallner/Oetker/*Krebber*, RL 1999/70/EG § 5 Rn. 5; Preis/Sagan/*Brose*, § 13 Rn. 130.

761 KR/*Lipke*, § 14 Rn. 633.

762 *Greiner*, ZESAR 2013, 305, 311.

763 KR/*Lipke*, § 14 Rn. 633; Ascheid/Preis/Schmidt/*Backhaus*, TzBfG, § 14 Rn. 617.

es sich weiter entwickelt und wie hoch der Personalbedarf sein wird, so Lipke.[764] Nach dem Sinn und Zweck ist dann aber gerade auch eine vierjährige Befristung am vierten Geburtstag nach § 14 Abs. 2a TzBfG erfasst, die einerseits noch dem besonderen Bedürfnis des Arbeitgebers am Tag des Vertragsschlusses entspricht und andererseits sich in eine längerfristige Personalplanung einfügt. Der Gesetzeszweck spricht hier für eine weite Auslegung.[765]

Damit ist der weiten Auslegung im Hinblick auf die Befristungsdauer zu folgen. Innerhalb der Grenzen von § 14 Abs. 2a TzBfG kann die Privilegierung noch bis zum Ablauf des achten Jahres nach Gründung des Unternehmens wirken, wenn der letzte Vertrag über eine vierjährige Laufzeit bis zum vierten Geburtstag des Unternehmens vereinbart wird und der Arbeitsbeginn noch innerhalb der Gründungsphase erfolgt.[766]

(2) Das unionsrechtliche Gebot einer Höchstzahl an Verlängerungen

Die fehlende Bestimmung einer gesetzlichen Höchstzahl durch den Normtext „mehrfache Verlängerung" wird zum möglichen Türöffner für Missbrauch durch den Arbeitgeber. Ohne weitere Einschränkungen des § 14 Abs. 2a S. 1 Hs. 2 TzBfG ist es möglich, dass mit einem Arbeitnehmer in der Gründungsphase ein befristeter Arbeitsvertrag vereinbart wird, der insgesamt die Höchstdauer von vier Jahren erreicht und wöchentlich oder sogar täglich neu verlängert wird, sodass letztlich bis zu 1460 Verlängerungen möglich wären. Eine so hohe Zahl an Verlängerungen stellt einen starken Eingriff in die Schutzpflicht zugunsten des Arbeitnehmers dar. Dieser Eingriff kann nicht durch das besondere Flexibilisierungsbedürfnis des Arbeitgebers in der Gründungsphase seines Unternehmens gerechtfertigt werden. Eine solch hohe Anzahl mit täglichen Verlängerungen sei wohl realitätsfern, denn es dürfe nicht der Verwaltungsaufwand vergessen werden, der schon durch die Einhaltung der Schriftform gem. § 14 Abs. 4 TzBfG verursacht werde, so die Prognose von Stoye.[767] Realistischer und nach

---

764 KR/*Lipke,* § 14 Rn. 633.

765 Ascheid/Preis/Schmidt/*Backhaus*, TzBfG, § 14 Rn. 617.

766 Arnold/Gräfl/*Gräfl,* TzBfG, § 14 Rn. 312; MüKo/*Hesse*, TzBfG, § 14, Rn. 107; ErfK/*Müller-Glöge*, TzBfG, § 14 Rn. 105; Laux/Schlachter/*Schlachter,* § 14 Rn. 137; Annuß/Thüsing/*Maschmann,* § 14 Rn. 79f; Bauer/Preis/Schunder/*Preis*, NZA 2004, 195, 197; *Hanau*, ZIP 2004, 1169, 1178; *Thüsing*, ZfA 2004, 67, 96; *Lipinski*, BB 2004, 1221, 1222.

767 Stoye, Rechtsdogmatische und rechtspolitische Probleme des § 14 Abs. 2 TzBfG, S. 101.

dem Wortlaut ohne Weiteres denkbar sei jedoch eine Zahl von 48 monatlichen Verlängerungen.[768]

Eine zu hohe Zahl an Verlängerungen überschreitet aber die Missbrauchsgrenze, sodass eine einschränkende Auslegung von § 14 2a S. 1 Hs. 2 TzBfG gem. § 5 Nr. 1 der RV im Anhang der RL 1999/70/EG geboten ist. Um Missbrauch zu vermeiden, ist dann eine Missbrauchskontrolle geboten, welche die Zahl der Verlängerungen überprüft.[769] Die Zahl der Verlängerungen darf den Flexibilisierungsbedarf des Arbeitgebers im Einzelfall nicht überschreiten. Dabei muss berücksichtigt werden, dass in manchen Branchen mehr Verlängerungen in der Gründungsphase des Unternehmens wirtschaftlich notwendig sind als in anderen. Zudem bietet auch der Grundtatbestand der sachgrundlosen Befristung Orientierung. Dieser kennzeichnet den in jedem Fall unproblematischen Bereich an Verlängerungen.[770]

Es wird vorgeschlagen, die zahlenmäßige Höchstgrenze von neun Verlängerungen zu übertragen, die das BAG schon zu § 14 Abs. 2 S. 3 statuiert habe.[771] Dabei wurde die Missbrauchskontrolle bei der Sachgrundbefristung als Orientierungspunkt gewählt, die bei der dreimaligen Überschreitung der in § 14 Abs. 2 S. 1 TzBfG genannten Werte in der Regel eine Rechtsmissbrauchskontrolle nach sich zieht.[772] Insbesondere die unionsrechtlich vorgegebene teleologische Verklammerung der Grenzen zur Missbrauchsvermeidung, die ein einheitliches System bei der Begrenzung von Befristung gebietet, ermöglicht den Rückgriff auf die Grundsätze der Missbrauchskontrolle bei der Sachgrundbefristung,

(3) Die einschränkende Auslegung von § 14 Abs. 2a S. 1 Hs. 2 TzBfG

Unklar ist, ob nach der vierjährigen Gründungsphase des Unternehmens noch weitere Verlängerungen gem. § 14 Abs. 2a TzBfG zulässig sind. Für weitere Verlängerungen nach Ablauf der Gründungsphase von vier Jahren wird vorgebracht, dass der Wortlaut in § 14 Abs. 2a S. 1 Hs. 2 TzBfG die mehrfache Verlängerung „bis zu dieser Gesamtdauer von vier Jahren“ zulasse, wobei der Wortlaut

---

768 Stoye, Rechtsdogmatische und rechtspolitische Probleme des § 14 Abs. 2 TzBfG, S. 101.

769 Ascheid/Preis/Schmidt/Backhaus, TzBfG, § 14 Rn. 610; Staudinger/*Preis*, BGB, § 620 Rn. 200.

770 BAG, Urteil vom 18.07.2012 - 7 AZR 443/09, NZA 2012, 1351 Rn. 48; BAG, Urteil vom 26.10.2016 - 7 AZR 135/15, NZA 2017, 382, Rn. 24 ff.

771 Ascheid/Preis/Schmidt/Backhaus, TzBfG, § 14 Rn. 610.

772 BAG, Urteil vom 26.10.2016 – 7 AZR 140/15, NZA 2017, 463, Rn. 32.

„Gesamtdauer“ die Höchstdauer der Befristung und nicht die Gründungsphase des Unternehmens meine.[773]

Gegen weitere Verlängerungen nach der Gründungsphase kann aber wiederum der Wortlaut des § 14 Abs 2a S. 1 Hs. 1 TzBfG angeführt werden, wonach die „Befristung“ nur innerhalb der Gründungsphase des Unternehmens zulässig ist. „Befristung“ gelte nicht nur für die erste Befristungsvereinbarung, sondern auch für die Verlängerungen der Befristung, wenden die Vertreter einer strengen Auslegung ein.[774] Der Wortlaut enthält hier also Spielraum für unterschiedliche Auslegungsergebnisse.

Ein Anhaltspunkt für die Auslegungsfrage ist der gesetzgeberische Wille, welcher sich aus den Gesetzesmaterialien[775] ergibt. Einerseits wird hier die Gründungsphase von vier Jahren und deren Beginn im ersten Absatz der Gesetzesbegründung genau erläutert. Dies spricht dafür, dass gerade der Dauer der Gründungsphase entscheidende Bedeutung bei der Begrenzung der Befristung zukommt. Andererseits wird im zweiten Absatz geschildert, dass der befristete Arbeitsvertrag nach dieser Vorschrift auch mehrfach verlängert werden darf. Eine Einschränkung auf die Gründungsphase fehlt hier. Aus den Gesetzesmaterialien kann kein eindeutiger Wille des Gesetzgebers entnommen werden, welche Auslegung zutrifft.

An dieser Stelle kann aber eine unionsrechtskonform einschränkende Auslegung des Wortlauts ansetzen, um Missbrauch durch weitere Verlängerungen nach der Gründungsphase von vier Jahren auszuschließen. Als in der RL 1999/70/EG vorgesehenes einheitliches System bei der Begrenzung von Befristung hängen die zeitlichen und die zahlenmäßigen Grenzen einer Befristung immer mit dem Sachgrund zusammen, der die Befristung rechtfertigt. Im Fall der sachgrundlosen Befristung kann auf das gesetzgeberische Motiv als Rechtfertigung für die Zulassung der Befristung zurückgegriffen werden. Insofern tritt der vom Gesetzgeber erkannte besondere Flexibilisierungsbedarf des Arbeitgebers bei einer Unternehmensgründung in den Mittelpunkt. Diese Gründungsphase

773 Ascheid/Preis/Schmidt/*Backhaus*, TzBfG, § 14 Rn. 617; Boecken/Joussen/*Boecken*, § 14 Rn. 166; Bauer/Preis/Schunder/*Bauer*, NZA 2004, 195, 197; Stoye, Rechtsdogmatische und rechtspolitische Probleme des § 14 Abs. 2 TzBfG, S. 104 f.; Lembke, NJW 2006, 325, 330.

774 Arnold/Gräfl/*Gräfl*, TzBfG, § 14 Rn. 312; MüKo/*Hesse*, TzBfG, § 14, Rn. 107; ErfK/*Müller-Glöge*, TzBfG, § 14 Rn. 105; Laux/Schlachter/*Schlachter*, § 14 Rn. 137; Bauer/Preis/Schunder/*Preis*, NZA 2004, 195, 197; *Hanau*, ZIP 2004, 1169, 1178; *Thüsing*, ZfA 2004, 67, 96.

775 BT-Drs. 15/1204, S. 14.

wird eindeutig vom Gesetzgeber auf vier Jahre eingegrenzt.[776] Danach endet der besondere Flexibilisierungsbedarf, sodass auch keine weiteren Verlängerungen nach § 14 Abs. 2a S. 1 Hs. 2 TzBfG mehr zulässig sind. Das allgemeine Flexibilisierungsbedürfnis des Arbeitgebers im fünften Jahr ab der Unternehmensgründung kann die Relativierung des Arbeitnehmerschutzes durch die weiten Grenzen der Befristung gem. § 14 Abs. 2a TzBfG nicht mehr rechtfertigen, sodass weitere Verlängerungen Missbrauch bedeuten. Dies gebietet eine richtlinienkonform einschränkende Auslegung von § 14 Abs. 2a S. 1 Hs. 2 TzBfG, sodass Verlängerungen der Befristung nur während der Gründungsphase von vier Jahren erfolgen dürfen.

Es muss aber beachtet werden, dass die Verlängerungen dieser sachgrundlosen Befristung nach der Gründungsphase nicht völlig ausgeschlossen sind, sondern auch ohne Sachgrund innerhalb der gesetzlichen Grenzen von § 14 Abs. 2 S. 1 TzBfG erfolgen können. Dagegen wird zwar eingewendet, dass § 14 Abs. 2a TzBfG eine speziellere Regelung als § 14 Abs. 2 TzBfG enthalte.[777] Die Spezialität kann aber nur im Bereich der Gründungsphase des Unternehmens gelten. Wurde während der Gründungsphase erst eine Befristung mit einer Dauer von einem Jahr vereinbart, muss die Verlängerung nach der Gründungsphase bis zum Erreichen der Grenzen von § 14 Abs. 2 S. 1 TzBfG auch nach dem Grundtatbestand der sachgrundlosen Befristung möglich sein. Anders sei es laut Dörner nur, wenn die Parteien einen Rückgriff auf § 14 Abs. 2 TzBfG vertraglich ausgeschlossen hätten.[778]

Weitere Verlängerungen der Befristung gem. § 14 Abs. 2a TzBfG scheiden gem. § 14 Abs. 2 S. 2 i.V.m. § 14 Abs. 2a S. 4 TzBfG unabhängig vom Ablauf der vierjährigen Gründungszeit aus, wenn die befristete Beschäftigung unterbrochen wurde.[779] Insofern greift grundsätzlich das Vorbeschäftigungsverbot. Ausnahmsweise kann dieses in den Fällen der Unzumutbarkeit verfassungskonform oder in den Fällen des Missbrauchs unionsrechtskonform einschränkend ausgelegt werden.

Die sachgrundlosen Befristungsmöglichkeiten aus § 14 Abs. 2a und Abs. 3 TzBfG können in einem neu gegründeten Unternehmen nur nach einer viermonatigen Beschäftigungslosigkeit des Arbeitnehmers hintereinandergeschaltet

776 BT-Drs. 15/1204, S. 14.
777 KR/*Lipke*, TzBfG, § 14 Rn. 638; Annuß/Thüsing/*Maschmann*, § 14 Rn. 79i.
778 *Dörner*, Der befristete Arbeitsvertrag, Rn. 506.
779 KR/*Lipke*, TzBfG, § 14 Rn. 638; Boecken/Joussen/*Boecken*, § 14 Rn. 169; ErfK/*Müller-Glöge*, TzBfG, § 14 Rn. 106.

werden.[780] Das Vorbeschäftigungsverbot gilt grundsätzlich nicht für eine Befristung gem. § 14 Abs. 3 TzBfG.[781]

(4) Weitere Missbrauchsschutzinstrumente

Neben diesen Grenzen für Verlängerungen der Befristung dient § 14 Abs. 2a S. 2 TzBfG dazu, die missbräuchliche Ausnutzung der Befristungsmöglichkeit durch „Neugründungen im Zusammenhang mit der rechtlichen Umstrukturierung von Unternehmen und Konzernen" zu verhindern.[782] Die Befristungsprivilegien des § 14 Abs. 2a TzBfG sollten nur für echte Existenzgründungen greifen, so Hesse.[783]

§ 14 Abs. 2a S. 2 TzBfG ist § 112a Abs. 2 S. 2 BetrVG nachgebildet.[784] Nach den Gesetzesmaterialien zu § 112a BetrVG gehören zu den „Neugründungen im Zusammenhang mit der rechtlichen Umstrukturierung von Unternehmen und Konzernen" die Verschmelzung bestehender Unternehmen auf ein neugegründetes Unternehmen, die Umwandlung eines bestehenden Unternehmens, die Auflösung eines bestehenden Unternehmens und die Übertragung seines Vermögens auf ein neugegründetes Unternehmen, die Aufspaltung eines bestehenden Unternehmens auf mehrere neugegründete Unternehmen und die Abspaltung von bestehenden Unternehmensteilen auf neugegründete Tochtergesellschaften.[785] Diese Aufzählung sieht das BAG nur als beispielhaft und nicht abschließend an.[786] Das Merkmal kann als Missbrauchsschutzinstrument die Befristungsmöglichkeit nach § 14 Abs. 2a TzBfG immer dann versagen, wenn der für die Gründungsphase charakteristische Flexibilisierungsbedarf tatsächlich nicht besteht. Dann wird dem Arbeitgeber die gesetzgeberisch intendierte Privilegierung bei der Befristung gem. § 14 Abs. 2a TzBfG nicht gewährt.

Das gesetzgeberische Motiv kann auch in § 14 Abs. 2a TzBfG als sachlicher Grund verstanden werden, der die Befristung nach § 14 Abs. 2a TzBfG rechtfertigt. Diesen Sachgrund muss der Arbeitgeber nicht darlegen, sondern er wird vom Gesetzgeber in der vierjährigen Gründungsphase des Unternehmens

780 KR/*Lipke*, TzBfG, § 14 Rn. 637.
781 KR/*Lipke*, TzBfG, § 14 Rn. 665.
782 ErfK/*Müller-Glöge*, TzBfG, § 14 Rn. 104; MüKo/*Hesse*, TzBfG, § 14 Rn. 103.
783 MüKo/*Hesse*, § 14 Rn. 103.
784 BT-Drs. 15/1204, S. 10.
785 BT-Drs. 10/2102, S. 28.
786 BAG, Beschluss vom 22.02.1995 - 10 ABR 21/94, NZA 1995, 699; BAG, Urteil vom 12.06.2019 – 7 AZR 317/17, NZA 2019, 1568, Rn. 19.

grundsätzlich als gegeben erachtet. Die Prüfung gem. § 14 Abs. 2a S. 2 TzBfG ist demnach eine Missbrauchskontrolle, die unter Betrachtung des Einzelfalls den gründungsspezifischen Flexibilisierungsbedarf überprüft. Für „Neugründungen im Zusammenhang mit der rechtlichen Umstrukturierung von Unternehmen und Konzernen" wird allerdings gesetzlich vermutet, dass kein Flexibilisierungsbedarf besteht. Daher obliegt es dem Arbeitgeber zu beweisen, dass die Umstrukturierung nicht im Zusammenhang mit der rechtlichen Umstrukturierung von Unternehmen und Konzernen stattgefunden hat.[787]

Dabei kann die Missbrauchskontrolle trotz einer Neugründung innerhalb einer Konzernstruktur zu dem Ergebnis kommen, dass der für die Gründungsphase charakteristische Flexibilisierungsbedarf trotzdem besteht. Eine solche Ausnahme von § 14 Abs. 2a TzBfG macht das BAG bei der Neugründung einer Tochtergesellschaft, die neue, bisher im Konzern nicht wahrgenommene Tätigkeiten verfolgt.[788] Auf eine rechtliche Verbindung zwischen dem neuen und dem ausgründenden Unternehmen komme es dann nicht an.[789]

Auf diese Weise wird die gesetzgeberisch erwünschte Neugründung von Unternehmen im Bereich von Konzernstrukturen nicht pauschal ausgeschlossen, sodass der mit § 14 Abs. 2a TzBfG bezweckte Beschäftigungsimpuls dort volle Wirkung entfaltet, wo der Flexibilisierungsbedarf tatsächlich besteht.[790] Das Ziel der Missbrauchsvermeidung gem. § 1 lit. b), § 5 Nr. 1 der RV im Anhang der RL 1999/70/EG gebietet eben nicht nur einseitigen Arbeitnehmerschutz, sondern lässt ebenso den Interessen der Arbeitgeber dort Raum, wo Missbrauchsschutz nicht angezeigt ist.

§ 14 Abs. 2a S. 2 TzBfG macht durch seine Funktion als Missbrauchsschutzinstrument die teleologische Extension des Vorbeschäftigungsverbots gem. § 14 Abs. 2 S. 2 TzBfG obsolet und ergänzt damit den Missbrauchsschutz durch das Vorbeschäftigungsverbot gem. § 14 Abs. 2a S. 4 i.V.m. § 14 Abs. 2 S. 2 TzBfG.

c) Die sachgrundlose Befristung gem. § 14 Abs. 3 TzBfG

Gemäß § 14 Abs. 3 TzBfG ist eine Befristung des Arbeitsvertrages ohne Vorliegen eines sachlichen Grundes zulässig, wenn der Arbeitnehmer bei Beginn des befristeten Arbeitsverhältnisses das 52. Lebensjahr vollendet hat und

---

787 Ascheid/Preis/Schmidt/*Backhaus*, TzBfG, § 14 Rn. 623; ErfK/*Müller-Glöge*, TzBfG, § 14 Rn. 107; Arnold/Gräfl/*Gräfl*, TzBfG, § 14 Rn. 323.

788 BAG, Urteil vom 12.06.2019 - 7 AZR 317/17, NZA 2019, 1568, Rn. 22.

789 BAG, Urteil vom 12.06.2019 - 7 AZR 317/17, NZA 2019, 1568, Rn. 26 ff.

790 BAG, Urteil vom 12.06.2019 - 7 AZR 317/17, NZA 2019, 1568, Rn. 22.

unmittelbar vor Beginn des befristeten Arbeitsverhältnisses mindestens vier Monate beschäftigungslos im Sinne des § 138 Abs. 1 Nr. 1 SGB III gewesen ist, Transferkurzarbeitergeld bezogen oder an einer öffentlich geförderten Beschäftigungsmaßnahme nach dem SGB II oder SGB III teilgenommen hat. Der Gesetzgeber strebt mit der erleichterten Befristung des Arbeitsvertrages bei älteren Arbeitnehmern eine Verbesserung der Chancen dieser Berufsgruppe auf dem Arbeitsmarkt an.[791] Die durch den Gesetzgeber angestrebten Vorteile müssen dabei im unionsrechtlich und verfassungsrechtlich vorgegebenen Spielraum realisiert werden. Insofern erfährt das Interesse des älteren Arbeitnehmers an befristeter Beschäftigung dort Einschränkung, wo die Schutzpflicht zugunsten des Arbeitnehmers eingreift und ein Missbrauch droht.

(1) Voraussetzungen

Die sachgrundlose Befristung darf nur mit Arbeitnehmern vereinbart werden, die bei Beginn des befristeten Arbeitsverhältnisses das 52. Lebensjahr vollendet haben.[792] Maßgebend sei laut Müller-Glöge das Alter des Arbeitnehmers bei Vertragsbeginn, nicht bei Vertragsabschluss.[793] Damit ist das Alter des Arbeitnehmers die erste Voraussetzung, die absichert, dass das altersbedingt besonders gesteigerte Beschäftigungsinteresse des Arbeitnehmers als Rechtfertigung für die Befristung des Arbeitsvertrages gem. § 14 Abs. 3 TzBfG tatsächlich vorliegt.

Hinzukommen muss zudem ein Sachverhalt, der typischerweise die „prekäre“ Situation des Arbeitsuchenden belege, so das BAG.[794] Entweder muss eine mindestens vier Monate lange Beschäftigungslosigkeit im Sinne des § 138 Absatz 1 Nummer 1 des Dritten Buches Sozialgesetzbuch, der mindestens viermonatige Bezug von Transferkurzarbeitergeld oder die mindestens viermonatige Teilnahme an einer öffentlich geförderten Beschäftigungsmaßnahme nach dem SBG II oder SGB III unmittelbar vor Beginn des befristeten Arbeitsverhältnisses hinzukommen. Damit sollen strukturelle Besonderheiten dieser Altersgruppe auf dem Arbeitsmarkt oder eine vergleichbare persönlich schwierige Situation des älteren Arbeitnehmers, auf die der EuGH zur Rechtfertigung einer Altersdiskriminierung abhebt, erfasst werden.[795]

---

791 BT-Drs. 14/4374, S. 20.

792 ErfK/*Müller-Glöge*, TzBfG, § 14 Rn. 111.

793 Ascheid/Preis/Schmidt/*Backhaus*, TzBfG, § 14 Rn. 426; ErfK/*Müller-Glöge*, TzBfG, § 14 Rn. 111; KR/*Lipke* TzBfG, § 14 Rn. 665; MüKo/*Hesse*, TzBfG, § 14 Rn. 109.

794 BAG, Urteil vom 28.05.2014 - 7 AZR 360/12, NZA 2015, 1131, Rn. 34.

795 BAG, Urteil vom 28.05.2014 - 7 AZR 360/12, NZA 2015, 1131, Rn. 34.

Hintergrund der weiteren Voraussetzungen ist die Entscheidung des EuGHs[796] in der Rechtssache „Mangold", der in der alten Fassung von § 14 Abs. 3 TzBfG eine nicht gerechtfertigte Ungleichbehandlung wegen des Alters gem. Art. 6 Abs. 1 der RL 2000/78/EG sah.[797] § 14 Abs. 3 TzBfG aF. begründe nach der Rechtsprechung des EuGHs dadurch, dass die Arbeitgeber mit Arbeitnehmern, die das 52. Lebensjahr vollendet hätten, uneingeschränkt befristete Arbeitsverträge schließen könnten, eine unmittelbar auf dem Alter beruhende Ungleichbehandlung.[798] Ältere Arbeitnehmer mussten also durch die erweiterten Befristungsmöglichkeiten einen tieferen Eingriff in die Schutzpflicht gem. Art. 15 Abs. 1 GRC hinnehmen als jüngere Arbeitnehmer, die unterhalb dieser Altersschwelle sind.

Art. 6 Abs. 1 der RL 2000/78/EG bestimmt, dass solche Ungleichbehandlungen „keine Diskriminierung darstellen, sofern sie objektiv und angemessen sind und im Rahmen des nationalen Rechts durch ein legitimes Ziel, worunter insbesondere rechtmäßige Ziele aus den Bereichen Beschäftigungspolitik, Arbeitsmarkt und berufliche Bildung zu verstehen sind, gerechtfertigt sind und die Mittel zur Erreichung dieses Ziels angemessen und erforderlich sind."[799] Das vom Gesetzgeber mit dem § 14 Abs. 3 TzBfG aF. verfolgte Ziel, die berufliche Eingliederung arbeitsloser älterer Arbeitnehmer zu fördern, stelle grundsätzlich einen legitimen Zweck dar und sei geeignet, um die Ungleichbehandlung zu rechtfertigen, urteilt der EuGH.[800] Auch wenn dem Gesetzgeber bei der Wahl der Mittel zum Erreichen des legitimen Zwecks im Bereich der Arbeits- und Sozialpolitik ein weiter Ermessensspielraum zustehe, sei die konkrete Ausgestaltung in § 14 Abs. 3 TzBfG aF. zur Erreichung des legitimen Zwecks nicht angemessen und erforderlich.[801] Die große, ausschließlich nach dem Lebensalter definierte Gruppe von Arbeitnehmern gem. § 14 Abs. 3 TzBfG aF. laufe während eines erheblichen Teils ihres Berufslebens Gefahr, von festen Beschäftigungsverhältnissen ausgeschlossen zu sein, die doch, wie sich aus der Rahmenvereinbarung ergebe, einen wichtigen Aspekt des Arbeitnehmerschutzes darstellen würden.[802]

---

796 EuGH, Urteil vom 22.11.2005 - C-144/04 (Mangold), AP RL 2000/78/EG Nr. 1.

797 Dörner, Der befristete Arbeitsvertrag, Rn. 512.

798 EuGH, Urteil vom 22.11.2005 - C-144/04 (Mangold), AP RL 2000/78/EG Nr. 1, Rn. 57.

799 EuGH, Urteil vom 22.11.2005 - C-144/04 (Mangold), AP RL 2000/78/EG Nr. 1, Rn. 58.

800 EuGH, Urteil vom 22.11.2005 - C-144/04 (Mangold), AP RL 2000/78/EG Nr. 1, Rn. 59 ff.

801 EuGH, Urteil vom 22.11.2005 - C-144/04 (Mangold), AP RL 2000/78/EG Nr. 1, Rn. 64 ff.

802 EuGH, Urteil vom 22.11.2005 - C-144/04 (Mangold), AP RL 2000/78/EG Nr. 1, Rn. 64.

Das Alter des Arbeitnehmers als einziges Kriterium genüge demnach nicht, um die Ungleichbehandlung zu rechtfertigen.[803]

Durch das Gesetz zur Verbesserung der Beschäftigungschancen älterer Menschen vom 19.04.2007 erfolgte letztlich eine Neufassung des § 14 Abs. 3 TzBfG.[804] Durch diese soll eine Anpassung an das Unionsrecht erreicht werden.[805] Die in § 14 Abs. 3 S. 1 TzBfG eingefügten weiteren Voraussetzungen bieten vor dem Hintergrund der EuGH-Entscheidung in der Rechtssache „Mangold" einen sachlichen Grund, um die tatbestandliche Anknüpfung des § 14 Abs. 3 TzBfG an das Alter des Arbeitnehmers und die damit verbundene Ungleichbehandlung zu rechtfertigen.

In der Befristungsmöglichkeit gem. § 14 Abs. 3 TzBfG wird durch den EuGH hingegen jedenfalls kein Verstoß gegen § 5 Nr. 1 der RV im Anhang der RL 1999/70/EG gesehen, wenn es um die erste Befristung eines Arbeitsvertrages geht.[806] Bei Verlängerungen der Befristung hat der Gesetzgeber mit der Festlegung einer Grenze für die Dauer der Befristung von maximal fünf Jahren gem. § 14 Abs. 3 TzBfG grundsätzlich die Vorgaben gem. § 5 Nr. 1 lit. b) der RV im Anhang der RL 1999/70/EG erfüllt, jedoch besteht ausnahmsweise Bedarf zur Vermeidung von Missbrauch, eine richtlinienkonforme Auslegung des § 14 Abs. 3 TzBfG vorzunehmen. Die unbestimmte Anzahl der Verlängerungen der Befristung des Arbeitsvertrages und die Möglichkeit, nach einer viermonatigen Beschäftigungslosigkeit wiederholt für weitere fünf Jahre eine Befristung nach § 14 Abs. 3 TzBfG abzuschließen, lassen Raum für Missbrauch.[807]

Das gesetzgeberische Motiv von § 14 Abs. 3 TzBfG, die altersbedingt prekäre Situation des Arbeitnehmers durch die Erleichterung von Befristung zu verbessern, bildet einen sachlichen Grund gem. § 5 Nr. 1 lit. a) der RV im Anhang der RL 1999/70/EG. Die über das Alter des Arbeitnehmers hinausgehenden Voraussetzungen sichern dann ab, dass der vom Gesetzgeber grundsätzlich unterstellte „sachliche Grund" für die erleichterte Befristung gem. § 14 Abs. 3 TzBfG tatsächlich besteht. Die zum Alter hinzutretenden Voraussetzungen sichern, dass

---

803 EuGH, Urteil vom 22.11.2005 - C-144/04 (Mangold), AP RL 2000/78/EG Nr. 1, Rn. 65.

804 ErfK/*Müller-Glöge*, TzBfG, § 14 Rn. 110; *Dörner*, Der befristete Arbeitsvertrag, Rn. 516.

805 BT-Drs. 16/3793, S. 16 ff.

806 EuGH, Urteil vom 22.11.2005 - C-144/04 (Mangold), AP RL 2000/78/EG Nr. 1, Rn. 40 ff.; BAG, Urteil vom 28.05.2014 - 7 AZR 360/12, NZA 2015, 1131, Rn. 12.

807 BAG, Urteil vom 28.05.2014 - 7 AZR 360/12, NZA 2015, 1131, Rn. 15; MüKo/*Hesse*, TzBfG, § 14 Rn. 108; ErfK/*Müller-Glöge*, TzBfG, § 14 Rn. 110a; Ascheid/Preis/Schmidt/*Backhaus*, TzBfG, § 14 Rn. 634.

die älteren Arbeitnehmer einen besonderen Bedarf an Beschäftigung haben, der über den allgemeinen Beschäftigungsbedarf des Arbeitnehmers hinausgeht. Nur ein altersbedingt gesteigertes Beschäftigungsbedürfnis des Arbeitnehmers kann den durch die weiten Befristungsgrenzen des § 14 Abs. 3 TzBfG bewirkten Eingriff in die Schutzpflicht zugunsten des Arbeitnehmers gem. Art. 15 Abs. 1 GRC rechtfertigen.

Das gesetzgeberische Motiv fungiert dann nicht nur als sachlicher Grund, der die Ungleichbehandlung wegen des Alters gem. Art. 6 Abs. 1 der RL 2000/78/EG rechtfertigt, sondern eignet sich ebenso als sachlicher Grund für die Zulassung der Befristung gem. § 5 Nr. 1 lit. a) der RV im Anhang der RL 1999/70/EG. Insofern kann § 14 Abs. 3 TzBfG an unterschiedlichen Stellen auch nach den Vorgaben der RL 1999/70/EG unionsrechtskonform ausgelegt werden, sodass eine erneute Unionsrechtswidrigkeit vermieden wird.[808]

(a) Beschäftigungslosigkeit im Sinne von § 138 Abs. 1 Nr. 1 SGB III

Der Gesetzgeber stellt in § 14 Abs. 3 S. 1 TzBfG bewusst auf den gegenüber der Arbeitslosigkeit umfassenderen Fall der Beschäftigungslosigkeit ab.[809] Damit sollen auch die Arbeitnehmer gefördert werden, die aus persönlichen Gründen nicht arbeitssuchend gemeldet sind.[810] Solche persönlichen Gründe können etwa die Pflege von Angehörigen, das Verbüßen einer Freiheitsstrafe oder die vorübergehende Erwerbsunfähigkeit sein.[811] Nach dem in Bezug genommenen § 138 Abs. 1 Nr. 1 SGB III und dem leistungsrechtlichen Verständnis ist es für eine Beschäftigungslosigkeit nicht erforderlich, dass das Arbeitsverhältnis beendet wurde.[812] Für eine Beschäftigungslosigkeit genügt es, wenn der Arbeitgeber weitere Dienste nicht mehr annimmt – also sein Direktionsrecht nicht ausübt – oder

808 *Dörner*, Der befristete Arbeitsvertrag, Rn. 520; *Bader*, NZA 2007, 713, 715; *Köster/Korte/Schiefer*, DB 2007, 1081 ff.; *Bauer*, NZA 2007, 544 f.; KR/*Lipke*, TzBfG, § 14 Rn. 661 ff; MüKo/*Hesse*, TzBfG, § 14 Rn. 110; Staudinger/*Preis*, BGB, § 620 Rn. 210, 212; Ascheid/Preis/Schmidt/*Backhaus*, TzBfG, § 14 Rn. 631, 634.

809 BT-Dr 16/3793, S. 16.

810 *Köster/Korte/Schiefer*, DB 2007, 1084 f; Ascheid/Preis/Schmidt/*Backhaus*, TzBfG, § 14 Rn. 636.

811 ErfK/*Müller-Glöge*, TzBfG, § 14 Rn. 111a; Ascheid/Preis/Schmidt/*Backhaus*, TzBfG, § 14 Rn. 636.

812 ErfK/*Müller-Glöge*, TzBfG, § 14 Rn. 111a; *Bader*, NZA 2007, 713, 715; Ascheid/Preis/Schmidt/*Backhaus*, TzBfG, § 14 Rn. 639.

den Arbeitnehmer bis zum Ablauf der Kündigungsfrist freistellt.[813] Kein Fall der Beschäftigungslosigkeit liegt hingegen vor, wenn einer geringfügigen Beschäftigung – etwa einem 450-Euro-Job – nachgegangen wird, da nicht auf § 138 Abs. 3 SBG III verwiesen wird.[814]

In dem Fall, dass der Arbeitgeber den Arbeitnehmer freigestellt hat, kann es geboten sein, diese Konstellation im Wege der europarechtskonform einschränkenden Auslegung nicht als Beschäftigungslosigkeit i.S.d. § 14 Abs. 3 S. 1 TzBfG anzuerkennen.[815] Da es in den meisten Fällen um eine Erstbefristung geht, ist nur die RL 2000/78/EG und nicht die RL 1999/70/EG anwendbar. Es muss gesichert sein, dass eine spezifisch altersbedingte prekäre Situation vorliegt, die eine Ungleichbehandlung durch eine privilegierte Befristung nach § 14 Abs. 3 TzBfG rechtfertigt. Wenn der Arbeitgeber allerdings dem Arbeitnehmer kündigt und dann bis zum Ablauf der Kündigungsfrist freistellt, damit der Arbeitnehmer als beschäftigungslos gilt, um ihn nach Ablauf der Kündigungsfrist nach § 14 Abs. 3 TzBfG befristetet einzustellen, fehlt die altersbedingt prekäre Lage des Arbeitnehmers. Zwar droht dem Arbeitnehmer, nach Verstreichen der Kündigungsfrist keine neue Beschäftigung zu finden, jedoch bietet die von vornherein geplante befristete Weiterbeschäftigung des Arbeitnehmers beim Arbeitgeber eine gewisse Sicherheit, nicht in eine wirklich prekäre Beschäftigungslage zu geraten.

Hier gestaltet der Arbeitgeber die Vertragssituation so, dass sein allgemeines Bedürfnis an Flexibilisierung durch die Befristung des Arbeitsvertrags gem. § 14 Abs. 3 TzBfG gedeckt wird. Dieses Interesse liefert für sich genommen keinen ausreichenden Grund, um einen Rückgriff auf § 14 Abs. 3 TzBfG und die damit verbundene Ungleichbehandlung wegen des Alters des Arbeitnehmers zu rechtfertigen.

Das allgemeine Interesse des Arbeitgebers am Abschluss von Befristungen kann zudem nicht das Minus beim besonderen Beschäftigungsinteresse des älteren Arbeitnehmers kompensieren, um in der Summe die Ungleichbehandlung

---

813 ErfK/*Müller-Glöge*, TzBfG, § 14 Rn. 111a; *Bader*, NZA 2007, 713, 715; Ascheid/Preis/Schmidt/*Backhaus*, TzBfG, § 14 Rn. 639.

814 ErfK/*Müller-Glöge*, TzBfG, § 14 Rn. 111c; Laux/Schlachter/*Schlachter*, § 14 Rn. 152; *Bader*, NZA 2007, 713, 715; Ascheid/Preis/Schmidt/*Backhaus*, TzBfG, § 14 Rn. 637, 641.

815 *Bader*, NZA 2007, 713, 715; *Bauer*, NZA 2007, 544 f.; Ascheid/Preis/Schmidt/*Backhaus*, TzBfG, § 14 Rn. 639; MüKo/*Hesse*, TzBfG, § 14 Rn. 110; Arnold/Gräfl/*Gräfl*, TzBfG, § 14 Rn. 340; Laux/Schlachter/*Schlachter*, § 14 Rn. 153; *Hamann*, Befristete Arbeitsverträge, S. 62.

durch § 14 Abs. 3 TzBfG zu rechtfertigen. Kann der Arbeitgeber durch Kündigung die Vertragslage selbst so gestalten, dass eine Beschäftigungslosigkeit i.S.d. § 14 Abs. 3 TzBfG vorliegt, erfordert dieser Tatbestand der sachgrundlosen Befristung faktisch nur noch das Alter des Arbeitnehmers als einzige Voraussetzung. Die neu eingeführten Voraussetzungen des § 14 Abs. 3 TzBfG würden wirkungslos. Es bestände erneut die Gefahr, dass die Gruppe der älteren Arbeitnehmer gem. § 14 Abs. 3 TzBfG während eines erheblichen Teils ihres Berufslebens von festen Beschäftigungsverhältnissen ausgeschlossen ist.[816]

Gegen eine uferlose Weite des Tatbestandes spricht aber, dass der Arbeitgeber bei der Kündigung zur Vertragsumgestaltung in Richtung einer Befristung gem. § 14 Abs. 3 TzBfG immer noch die Regeln des Kündigungsschutzgesetzes - insbesondere die soziale Rechtfertigung gem. § 1 KSchG - beachten muss. Der damit garantierte Bestandsschutz schränkt die Gestaltungsmöglichkeiten des Arbeitgebers ein, sodass die Befristung gem. § 14 Abs. 3 TzBfG nicht beliebig vom Arbeitnehmer eingesetzt werden kann.

Durch den Hinweis auf den Kündigungsschutz ist der Bestandsschutz des Arbeitnehmers in Bezug auf die Kündigung des Arbeitsvertrages gesichert. Davon muss aber die Frage nach dem Befristungsschutz getrennt werden, denn das Befristungsrecht ist nunmehr eigenständig und unabhängig vom Kündigungsschutz im TzBfG geregelt.[817] Dabei wirkt der Kündigungsschutz nur vorgelagert in Bezug auf die Kündigung. Ist die Kündigung wirksam, muss die Wirksamkeit der später vereinbarten befristeten Weiterbeschäftigung gesondert beurteilt werden. Führen eine einmal wirksame Kündigung und eine mindestens viermonatige Freistellung bis zum Ablauf der Kündigungsfrist dazu, dass jedes Mal der Tatbestand des § 14 Abs. 3 TzBfG erfüllt ist, besteht im Ergebnis für ältere Arbeitnehmer kein eigener Befristungsschutz mehr. Insofern kann der Verweis auf den Kündigungsschutz die durch § 14 Abs. 3 TzBfG bewirkte Ungleichbehandlung von älteren Arbeitnehmern nicht rechtfertigen.

Trotz des Bestandsschutzes bei einer Kündigung könnte durch § 14 Abs. 3 TzBfG zudem ein Anreiz für die Kündigung älterer, unbefristet beschäftigter Arbeitnehmer gesetzt werden, obwohl eigentlich ein Impuls für die Beschäftigung älterer Arbeitgeber vom Gesetzgeber intendiert war. Dieser Anreiz steht

---

816 EuGH, Urteil vom 22.11.2005 - C-144/04 (Mangold), AP RL 2000/78/EG Nr. 1, Rn. 64.

817 MüKo/*Hesse*, TzBfG, § 14 Rn.; ErfK/Müller-Glöge, § 14 Rn. 7; Laux/Schlachter/*Schlachter*, § 14 Rn. 6; *Preis/Temming*, Individualarbeitsrecht, § 68, Rn. 3232; Boecken/Joussen/*Boecken*, § 14 Rn. 28; *Thüsing*, europäisches Arbeitsrecht, S. 158 Rn. 26; Ascheid/Preis/Schmidt/*Backhaus*, TzBfG, § 14 Rn. 11.

im klaren Widerspruch zum Sinn und Zweck von § 14 Abs. 3 TzBfG und kann durch einschränkende Auslegung vermieden werden.

Damit ist eine einschränkende Auslegung des Tatbestandes der Beschäftigungslosigkeit in solchen Fallgruppen gem. Art. 6 Abs. 1 der RL 2000/78/EG unionsrechtlich geboten.

(b) Der Bezug von Transferkurzarbeitergeld und die Teilnahme an geförderten Beschäftigungsmaßnahmen

Der Bezug von Transferkurzarbeitergeld gem. § 111 SGB III ist als weitere Voraussetzung neben der Beschäftigungslosigkeit aufgenommen worden, weil ältere Arbeitnehmer, die durch eine Betriebsänderung ihren Arbeitsplatz verlieren, besonderer Hilfe bedürfen, um eine Anschlussbeschäftigung zu finden und Arbeitslosigkeit vermeiden zu können.[818] Auch wenn in diesen Fällen der rechtliche Rahmen des versicherungspflichtigen Arbeitsverhältnisses entweder zum alten Arbeitgeber oder zur Beschäftigungs- und Qualifizierungsgesellschaft weiter bestehe, sei die frühere Beschäftigungsmöglichkeit für die Bezieher von Transferkurzarbeitergeld infolge einer Betriebsänderung i.S.v. § 111 BetrVG dauerhaft entfallen, stellen einige Stimmen in der Literatur fest.[819] Die Möglichkeit des Abschlusses eines nach § 14 Abs. 3 TzBfG befristeten Arbeitsvertrags bedeute in dieser Situation eine ernst zu nehmende Chance, eine Anschlussbeschäftigung zu finden und Arbeitslosigkeit zu vermeiden.[820] Insbesondere ist ausgeschlossen, dass die Befristung nach § 14 Abs. 3 TzBfG einzig durch eine Vertragsumgestaltung durch den Arbeitgeber erreicht wird.

Zudem werden in den Gesetzesmaterialien den Zeiten der Beschäftigungslosigkeit die Zeiten gleichgestellt, in denen der Arbeitnehmer an einer öffentlich geförderten Beschäftigungsmaßnahme nach dem SGB II oder SGB III teilgenommen hat, weil die Teilnehmer an solchen Maßnahmen in einer gleich schwierigen Situation wie beschäftigungslose Arbeitnehmer sind.[821] Der Begriff der „öffentlich geförderten Beschäftigungsmaßnahmen" ist weder im Befristungsrecht noch im Sozialrecht definiert.[822] Dies wird drastisch als eine der „gravierenden

818 BT-Drs. 16/3793, S. 22 f.

819 ErfK/*Müller-Glöge*, TzBfG, § 14 Rn. 111d; Ascheid/Preis/Schmidt/*Backhaus*, TzBfG, § 14 Rn. 643; MüKo/*Hesse*, TzBfG, § 14 Rn. 111.

820 ErfK/*Müller-Glöge*, TzBfG, § 14 Rn. 111d; Ascheid/Preis/Schmidt/*Backhaus*, TzBfG, § 14 Rn. 643.

821 BT-Drs. 16/3793, S. 22 f.

822 Ascheid/Preis/Schmidt/*Backhaus*, TzBfG, § 14 Rn. 645; ErfK/*Müller-Glöge*, TzBfG, § 14 Rn. 111e; KR/Lipke, TzBfG, § 14 Rn. 671.

Unschärfen der Regelung“[823] bezeichnet und bietet Raum zur Auslegung. Vor dem Hintergrund der Rechtfertigung der altersbedingten Ungleichbehandlung kann eine einschränkende Auslegung geboten sein.

Die von der Gesetzesbegründung genannten Arbeitsgelegenheiten gem. § 16d SGB II sind vom Begriff der öffentlich geförderten Beschäftigungsmaßnahme erfasst.[824] Bei der Förderung der Teilnahme an Transfermaßnahmen gem. § 110 SGB III, bei Eingliederungszuschüssen gem. §§ 45, 46, 88, 90 SGB III, bei Leistungen zur Eingliederung gem. § 16 SGB II und bei Einstiegsgeld gem. § 16b SGB II muss genau geprüft werden, ob eine altersspezifisch prekäre Beschäftigungssituation beim Arbeitnehmer vorliegt, die einen Rückgriff auf § 14 Abs. 3 TzBfG rechtfertigt.[825] Ansonsten ist eine einschränkende Auslegung des offenen Wortlauts der „öffentlich geförderten Beschäftigungsmaßnahmen“ gem. Art. 6 Abs. 1 der RL 2000/78/EG unionsrechtlich geboten. Es empfehle sich aus Gründen der Rechtssicherheit, nur im Fall von Arbeitsgelegenheiten gem. § 16d SGB II auf eine Befristung gem. § 14 Abs. 3 TzBfG zurückzugreifen, so das Fazit von Backhaus, Gräfl und Müller-Glöge.[826]

(c) Vier-Monats-Zeitraum

Die viermonatigen Zeiten der Beschäftigungslosigkeit nach § 138 Abs. 1 Nr. 1 SGB III, des Bezuges von Transferkurzarbeitergeld oder der Teilnahme an den öffentlich geförderten Beschäftigungsmaßnahmen nach SGB II oder III müssten unmittelbar vor Beginn des befristeten Arbeitsverhältnisses liegen, fordern Vertreter in der Literatur.[827] „Unmittelbar“ bedeute, dass der Beginn des befristeten Arbeitsverhältnisses nahtlos an diese Zeiten anschließen müsse.[828]

Zudem darf der viermonatige Zeitraum nicht unterbrochen sein, sodass schon kurzzeitige Zwischenbeschäftigungen schädlich sind und ausscheiden

---

823 Ascheid/Preis/Schmidt/*Backhaus*, TzBfG, § 14 Rn. 645.

824 Ascheid/Preis/Schmidt/*Backhaus*, TzBfG, § 14 Rn. 644, 647.

825 Ascheid/Preis/Schmidt/*Backhaus*, TzBfG, § 14 Rn. 646.

826 Ascheid/Preis/Schmidt/*Backhaus*, TzBfG, § 14 Rn. 647; Arnold/Gräfl/*Gräfl*, TzBfG, § 14 Rn. 344; ErfK/*Müller-Glöge*, TzBfG, § 14 Rn. 111e.

827 Ascheid/Preis/Schmidt/*Backhaus*, TzBfG, § 14 Rn. 648; ErfK/*Müller-Glöge*, TzBfG, § 14 Rn. 111f.

828 Ascheid/Preis/Schmidt/*Backhaus*, TzBfG, § 14 Rn. 648; ErfK/*Müller-Glöge*, TzBfG, § 14 Rn. 111f; *Sievers*, § 14 Rn. 642.

müssen.[829] Zwar wird in der Gesetzesbegründung etwas anderes formuliert.[830] Fristen müssen aber grundsätzlich gem. § 191 BGB ununterbrochen verlaufen, sodass Unterbrechungen der Frist nur unbeachtlich sind, wenn dies ausdrücklich bestimmt wird.[831] An einer abweichenden gesetzlichen Regelung fehlt es in § 14 Abs. 3 TzBfG, sodass die Frist zusammenhängend verlaufen muss.

Ein weiteres Argument kann ausgehend vom Sinn und Zweck des § 14 Abs. 3 TzBfG entwickelt werden. Es scheint zwar auf den ersten Blick unter dem Gesichtspunkt der Beschäftigungsförderung verfehlt, dass schon kürzeste Beschäftigungen den viermonatigen Zeitraum neu beginnen lassen. Immerhin bieten kurze Beschäftigungen auch ein gewisses Auskommen für den Arbeitnehmer. Wird aber das Ziel betrachtet, älteren Arbeitnehmern den Weg von einer prekären Beschäftigungslage hin zu einer langfristigen Beschäftigung durch die Befristung gem. § 14 Abs. 3 TzBfG zu ebnen, so entpuppt sich die kurzzeitige Zwischenbeschäftigung als gesetzgeberisch unerwünschte Vertragssituation, die langfristig vermieden werden soll. Werden kurzfristige Zwischenbeschäftigungen zugelassen, verliert das Ziel, eine dauerhafte Beschäftigung zu erreichen, an Bedeutung und die Maßnahme gem. § 14 Abs. 3 TzBfG an Wirkung.

Allerdings könnten die vier Monate durch unterschiedliche Formen der Beschäftigungslosigkeit bzw. gleichgestellter Tatbestände abgedeckt sein, die sich im Ergebnis zu einem ununterbrochenen Zeitraum von mindestens vier Monaten zusammensetzen würden, vertritt Müller-Glöge.[832] Ist jeder Tatbestand des § 14 Abs. 3 TzBfG für sich genommen ausreichend, um eine Befristung zu rechtfertigen, ist eine Kombination aus den unterschiedlichen Tatbeständen auch zulässig.

Diese viermonatige Frist harmoniert im Hinblick auf ihre Dauer auch mit den Vorgaben der EuGH-Entscheidung in der Rechtssache „Mangold“.[833] Insbesondere eine Frist von vier Monaten, die nicht durch Zwischenbeschäftigungen unterbrochen werden darf, sichert ab, dass eine altersbedingt prekäre Situation beim Arbeitnehmer vorliegt, die die Befristungsmöglichkeit gem. § 14 Abs 3 TzBfG rechtfertigt.

---

829 Ascheid/Preis/Schmidt/*Backhaus*, TzBfG, § 14 Rn. 648; ErfK/*Müller-Glöge*, TzBfG, § 14 Rn. 111f; *Sievers*, § 14 Rn. 642; *Bader*, NZA 2007, 716; Laux/Schlachter/*Schlachter*, § 14 Rn. 156.

830 BT-Drs. 16/3793, S. 23.

831 Ascheid/Preis/Schmidt/*Backhaus*, TzBfG, § 14 Rn. 648.

832 ErfK/*Müller-Glöge*, TzBfG, § 14 Rn. 111f.

833 BVerfG, Beschluss vom 06.07.2010 - 2 BvR 2661/06, NZA 2010, 995.

(2) Die zeitlichen und zahlenmäßigen Grenzen

§ 14 Abs. 3 S. 2 TzBfG begrenzt die Höchstdauer der Befristung auf fünf Jahre und erfüllt damit die Vorgaben von § 5 Nr. 1 lit. b) der RV im Anhang der RL 1999/70/EG.[834] Die zeitliche Höchstdauer der Befristung von fünf Jahren bemisst sich ab dem vereinbarten Beginn des Arbeitsverhältnisses und nicht nach dem Zeitpunkt des Vertragsschlusses.[835]

Nicht begrenzt wird die Anzahl der Verlängerungsmöglichkeiten.[836] Theoretisch wären damit Tagesbefristungen über einen Zeitraum von fünf Jahren zugelassen.[837] Dies entspricht kaum dem gesetzgeberischen Ziel, den Weg zu einer langfristigen Beschäftigung zu ebnen und ist zudem aus Perspektive des Arbeitnehmerschutzes ohne triftige Gründe nicht zu rechtfertigen. Es bedarf einer unionsrechtskonformen, einschränkenden Auslegung der nach dem Wortlaut unbegrenzten Anzahl der Verlängerungen.[838] Eine starre Begrenzung der Verlängerungsmöglichkeiten lässt sich jedoch hieraus nicht ableiten. Vielmehr ist eine Missbrauchsprüfung - vergleichbar mit der Sachgrundbefristung - geboten.[839] Entscheidend sind die Umstände des Einzelfalls, insbesondere das Verhältnis von Gesamtdauer der Beschäftigung zur Anzahl der Verlängerungen.[840] So erscheint es etwa vertretbar, bei längerer Laufzeit des Arbeitsverhältnisses die zulässige Mindestdauer der einzelnen Verträge heraufzusetzen.[841] Zudem kann auch eine besondere Art der Beschäftigung oder ein besonderes Interesse des Arbeitgebers eine hohe Zahl an Verlängerungen rechtfertigen.

Es wird außerdem von Backhaus vorgeschlagen, die zahlenmäßige Höchstgrenze von neun Verlängerungen zu übertragen, die das BAG zu § 14 Abs. 2 S. 3 TzBfG statuiert habe.[842] Die neunmalige Verlängerung kann aber nur als Richtwert für eine Grenze genommen werden, der an die Missbrauchskontrolle

---

834 MüKo/*Hesse*, TzBfG, § 14 Rn. 108 f; ErfK/*Müller-Glöge*, TzBfG, § 14 Rn. 112; Ascheid/Preis/Schmidt/*Backhaus*, TzBfG, § 14 Rn. 650.

835 ErfK/*Müller-Glöge*, TzBfG, § 14 Rn. 112a; MüKo/*Hesse*, TzBfG, § 14 Rn. 108 f.; Ascheid/Preis/Schmidt/*Backhaus*, TzBfG, § 14 Rn. 650.

836 MüKo/*Hesse*, TzBfG, § 14 Rn. 108 f; ErfK/*Müller-Glöge*, TzBfG, § 14 Rn. 110; Ascheid/Preis/Schmidt/Backhaus, TzBfG, § 14 Rn. 652.

837 MüKo/*Hesse*, TzBfG, § 14 Rn. 113.

838 KR/*Lipke* TzBfG, § 14 Rn. 682; MüKo/*Hesse*, TzBfG, § 14 Rn. 113.

839 Ascheid/Preis/Schmidt/*Backhaus*, TzBfG, § 14 Rn. 652; Arnold/Gräfl/*Gräfl*, TzBfG, § 14 Rn. 351; BAG, Urteil vom 28.05.2014 - 7 AZR 360/12, BAGE 148, 193, Rn. 14.

840 MüKo/*Hesse*, TzBfG, § 14 Rn. 113.

841 MüKo/*Hesse*, TzBfG, § 14 Rn. 113.

842 Ascheid/Preis/Schmidt/*Backhaus*, TzBfG, § 14 Rn. 652.

bei der Sachgrundbefristung angelehnt ist. Demnach ist auch hier keine starre Grenze geboten, sondern eine Einzelfallbetrachtung erforderlich. Die Überschreitung der Grenze von neun Verlängerungen kann dann als Anlass dienen, einen verschärften Prüfungsmaßstab bei der Missbrauchskontrolle zu verlangen. Insbesondere ab einer Zahl von fünfzehn Verlängerungen wird der missbräuchliche Einsatz der vielen Verlängerungen nicht mehr zu widerlegen sein.

(3) Die erneute sachgrundlose Befristung gem. § 14 Abs. 3 TzBfG

Da ein dem Zeitraum viermonatiger Beschäftigungslosigkeit vorhergegangenes Arbeitsverhältnis im Gegensatz zur Altfassung grundsätzlich unschädlich ist, könnte entsprechend des Gesetzeswortlauts nach einem fünfjährigen Zeitraum sachgrundloser Befristungen gem. § 14 Abs. 3 TzBfG und einer zwischenzeitlichen viermonatigen Beschäftigungslosigkeit ein weiteres Mal für die Gesamtdauer von fünf Jahren nach § 14 Abs. 3 befristet werden.[843]

Damit wären in der Praxis bei einem anzunehmenden zukünftigen Rentenalter von 67 Jahren Befristungsketten mit einer Gesamtlaufzeit bis zu fünfzehn Jahren möglich. Ein derartiges Verständnis der Norm ist mit Europarecht nicht vereinbar. Es entstünde dann die gleiche Situation, die der EuGH[844] zur Begründung der Unanwendbarkeit des § 14 Abs. 3 S. 4 aF angeführt hat: Es käme zur Ausgrenzung der Gruppe der älteren Arbeitnehmer aus festen Beschäftigungsverhältnissen für einen erheblichen Teil ihres Berufslebens ohne eine auf diesen Zeitraum bezogene sachliche Rechtfertigung.[845] Somit gebietet Art. 6 Abs. 1 der RL 2000/78/EG unter dem Gesichtspunkt der Gleichbehandlung eine unionsrechtskonform einschränkende Auslegung von § 14 Abs. 3 TzBfG.

Zudem kann § 5 Nr. 1 lit. b) der RV im Anhang der RL 1999/70/EG eine einschränkende Auslegung gebieten, um Missbrauch durch aufeinanderfolgende befristete Arbeitsverträge zu verhindern.[846] Die viermonatige Beschäftigungslosigkeit kann aber eine Unterbrechung der Befristungskette darstellen, sodass die zweite fünfjährige Befristung nach § 14 Abs. 3 TzBfG wieder als Erstbefristung

---

843 Ascheid/Preis/Schmidt/*Backhaus*, TzBfG, § 14 Rn. 651; MüKo/*Hesse*, TzBfG, § 14 Rn. 108; Boecken/Joussen/*Boecken*, § 14 Rn. 185.

844 EuGH, Urteil vom 22.11.2005 - C 144/04 (Mangold), AP Richtlinie 200/78/EG Nr. 1, Rn. 64.

845 MüKo/*Hesse*, TzBfG, § 14 Rn. 114; Ascheid/Preis/Schmidt/*Backhaus*, TzBfG, § 14 Rn. 651; *Bader*, NZA 2007, 713, 716; KR/*Lipke*, TzBfG, § 14 Rn. 678; ErfK/*Müller-Glöge*, TzBfG, § 14 Rn. 112b.

846 BAG, Urteil vom 28.05.2014 – 7 AZR 360/12, NZA 2015, 1131, Rn. 15.

gilt. Allerdings soll die richtlinienkonforme Auslegung nicht an dieser „zweiten" Erstbefristung ansetzen, sondern begrenzt nach der ersten Befristungskette gem. § 14 Abs. 3 TzBfG die Befristungsmöglichkeiten. Nach diesen ersten fünf Jahren scheidet eine weitere Befristung im restlichen Erwerbsleben des Arbeitnehmers nach unionsrechtskonform einschränkender Auslegung des § 14 Abs. 3 TzBfG aus.

Die richtlinienkonform einschränkende Auslegung setzt an dem Begriff der „Gesamtdauer" gem. § 14 Abs. 3 S. 2 TzBfG an, der hierfür einigen Spielraum enthält. Dieser kann einerseits so verstanden werden, dass die „Gesamtdauer" nur die einzelne Befristung nach § 14 Abs. 3 TzBfG meint und nach vier Monaten Beschäftigungslosigkeit erneut eine Befristungsgesamtdauer von fünf Jahren gem. § 14 Abs. 3 TzBfG zulässig ist. Andererseits ist das Verständnis des Wortlauts „Gesamtdauer" möglich, die fünf Jahre Gesamtdauer auf das gesamte Erwerbsleben des Arbeitnehmers zu beziehen. Eine einschränkend unionsrechtskonforme Auslegung befindet sich demnach innerhalb der Wortlautgrenzen.

Die richtlinienkonform einschränkende Auslegung darf zudem nicht gegen den klaren Willen des Gesetzgebers erfolgen und nicht gegen das Verbot der Auslegung „contra-legem" verstoßen.[847] Dabei widerspricht der vom Gesetzgeber verfolgte Sinn und Zweck des § 14 Abs. 3 TzBfG der einschränkenden Auslegung nicht, sondern gebietet diese Auslegung sogar.[848] Der Gesetzgeber wollte bewusst mit der Begrenzung auf fünf Jahre der Beanstandung des EuGHs entgegenkommen, der in der Altfassung die Gefahr sah, dass ältere Arbeitnehmer während eines erheblichen Teils ihres Berufslebens von festen Beschäftigungsverhältnissen ausgeschlossen sind.[849] Nach diesem Willen des Gesetzgebers muss es bei einer einmaligen Gesamtdauer von fünf Jahren bleiben, sodass eine einschränkend unionsrechtskonforme Auslegung als „intra-legem" zulässig und geboten ist.

Durch die befristete Beschäftigung gem. § 14 Abs. 3 TzBfG soll zudem die prekäre Beschäftigungssituation älterer Arbeitnehmer auf dem Arbeitsmarkt nachhaltig verbessert werden.[850] Insofern würden die weite Auslegung und die

---

847 EuGH, Urteil vom 04.07.2006, C-212/04 (Adeneler u.a.), Slg. 2006, I-6057, Rn. 110; EuGH, Urteil vom 16.06.2005, C-105/03 (Pupino), Slg. 2005, I-5285 Rn. 44, 47; *Möllers*, Juristische Methodenlehre, § 8 Rn. 49, Rn. 55.

848 MüKo/*Hesse*, TzBfG, § 14 Rn. 114; Ascheid/Preis/Schmidt/*Backhaus*, TzBfG, § 14 Rn. 651.; KR/*Lipke*, TzBfG, § 14 Rn. 678; ErfK/*Müller-Glöge*, TzBfG, § 14 Rn. 112b; Laux/Schlachter/*Schlachter*, § 14 Rn. 159; *Bader*, NZA 2007, 713, 716; *Sievers*, § 14 Rn. 593.

849 vgl. BT-Drs. 16/3793, S. 16

850 vgl. BT-Drs. 14/4374, S. 20.

damit verbundene Zulassung einer zweiten oder dritten Befristung nach § 15 Abs. 3 TzBfG dazu führen, dass für den älteren Arbeitnehmer vor Renteneintritt keine langfristige Beschäftigung mehr erreicht wird. Zudem wäre es für eine erneute Befristung gem. § 14 Abs. 3 TzBfG Voraussetzung, dass der Arbeitnehmer jedes Mal eine Phase der viermonatigen Beschäftigungslosigkeit durchlebt. Die eigentlich bezweckte Verbesserung der Lage des Arbeitnehmers auf den Arbeitsmarkt wird hierdurch nicht nur verfehlt, sie wird sogar durch die weite Auslegung der „Gesamtdauer" gem. § 14 Abs. 3 S. 2 TzBfG verhindert. Damit gerät eine weite Auslegung in die Gefahr, gegen die „contra-legem-Grenze" zu verstoßen.

Alle Voraussetzungen einer richtlinienkonform einschränkenden Auslegung liegen vor. Trotzdem wird vertreten, dass eine Art Vorbeschäftigungsverbot im Bereich des § 14 Abs. 3 TzBfG abzulehnen sei.[851] Dies verkennt aber, dass es bei der Frage der einschränkenden Auslegung nicht um ein Vorbeschäftigungsverbot geht, sondern um die Festlegung einer maximal zulässigen Höchstdauer für die Befristung gem. § 14 Abs. 3 TzBfG. Die Frage nach etwaigen Vorbeschäftigungen ist hiervon gesondert zu betrachten.

(4) Kein Vorbeschäftigungsverbot

Anders als in § 14 Abs. 2 und Abs. 2a TzBfG komme es für die sachgrundlose Befristung nach § 14 Abs. 3 TzBfG laut Backhaus und Boecken nicht darauf an, ob „zuvor" ein Arbeitsverhältnis mit demselben Arbeitgeber bestanden habe.[852] Nach dem Tatbestand sei es sogar möglich, dass die Befristung des § 14 Abs. 3 TzBfG unmittelbar an ein Arbeitsverhältnis anknüpft, wenn die Beschäftigungssituation im Arbeitsverhältnis zuvor nach dem sozialrechtlichen Verständnis eine Beschäftigungslosigkeit i.S.v. § 138 Abs. 1 Nr. 1 SGB III darstellt oder das vorherige Arbeitsverhältnis im Rahmen einer öffentlich geförderten Beschäftigungsmaßnahme nach dem SGB II oder SGB III begründet war.[853]

Somit ist es zulässig, dass der Arbeitnehmer beim Arbeitgeber bereits zuvor beschäftigt war oder die Befristung gem. § 14 Abs. 3 TzBfG unmittelbar an die Vorbeschäftigung bei demselben Arbeitgeber anschließt. Wird die Beschäftigungslosigkeit allerdings durch die Kündigung und anschließende Freistellung des Arbeitnehmers bis zum Ablauf der Kündigungsfrist benutzt, um das

851 *Schiefer/Köster/Korte*, DB 2007, 1081, 1084.

852 Ascheid/Preis/Schmidt/*Backhaus*, TzBfG, § 14 Rn. 653; Boecken/Joussen/*Boecken*, § 14 Rn. 185.

853 Ascheid/Preis/Schmidt/*Backhaus*, TzBfG, § 14 Rn. 653.

unbefristete Vertragsverhältnis des älteren Arbeitnehmers in eine Befristung nach § 14 Abs. 3 TzBfG umzuwandeln, ist dies jedoch nicht vom Tatbestand des § 14 Abs. 3 TzBfG erfasst.[854]

Das Verhältnis einer Befristung gem. § 14 Abs. 3 TzBfG zu einer vorherigen Beschäftigung bei demselben Arbeitgeber regeln die besonderen Merkmale des § 14 Abs. 3 TzBfG, die neben dem Alter nunmehr Voraussetzung für eine wirksame Befristung sind. Diese Merkmale bestimmen im besonderen Kontext bei der Beschäftigungsförderung älterer Arbeitnehmer, welche Vorbeschäftigungen zugelassen werden dürfen. Diese bieten einen hinreichenden Schutz vor Missbrauch durch eine mögliche Vorbeschäftigung des Arbeitnehmers. Ein Vorbeschäftigungsverbot ist damit in § 14 Abs. 3 TzBfG nicht nur überflüssig, sondern sogar sinnwidrig.

Teilweise wird befürchtet, dass durch das fehlende Vorbeschäftigungsverbot in § 14 Abs. 3 TzBfG ältere Arbeitnehmer völlig vom Normalarbeitsverhältnis ausgeschlossen würden.[855] Allerdings sichert eine einschränkende unionsrechtskonforme Auslegung der Gesamtdauer auf maximal fünf Jahre, dass befristete Beschäftigung auch für ältere Arbeitnehmer die Ausnahme bleibt und nicht zur Regel wird. Insofern bedarf § 14 Abs. 3 TzBfG hier keines Vorbeschäftigungsverbots, denn die einschränkend richtlinienkonforme Auslegung gewährleistet hinreichenden Missbrauchsschutz im Bereich des § 14 Abs. 3 TzBfG.

d) Zwischenergebnis für das Konzept der sachgrundlosen Befristung

Die sachgrundlose Befristung und die Sachgrundbefristung zeigen viele Gemeinsamkeiten. Hinter den Regelungen der Zulassung der Befristung in gewissen Grenzen steht immer ein sachlicher Grund, der entweder vom Arbeitgeber darzulegen ist – Sachgrundbefristung – oder vom Gesetzgeber in gewissen Situationen unterstellt wird – sachgrundlose Befristung.

Die verschiedenen Situationen werden vom Gesetzgeber mit Tatbestandsmerkmalen definiert. Liegen die Voraussetzungen vor, besteht regelmäßig nach der Wertung des Gesetzgebers ein sachlicher Grund, der eine Befristung in den Grenzen von § 14 Abs. 2, Abs. 2a oder Abs. 3 TzBfG rechtfertigt. Somit wird der

---

854 *Bader*, NZA 2007, 713, 715; *Bauer*, NZA 2007, 544 f.; Ascheid/Preis/Schmidt/*Backhaus*, TzBfG, § 14 Rn. 639; MüKo/*Hesse*, TzBfG, § 14 Rn. 110; Arnold/Gräfl/*Gräfl*, TzBfG, § 14 Rn. 340; Laux/Schlachter/*Schlachter*, § 14 Rn. 153; *Hamann*, Befristete Arbeitsverträge, S. 62.

855 *Bayreuther*, BB 2007, 1113, 1114; *Preis/Temming*, NZA 2010, 185, 197.

sachliche Grund im Bereich der „sachgrundlosen“ Befristung gewissermaßen vom Gesetzgeber vermutet und muss nicht vom Arbeitgeber dargelegt werden.

Das unionsrechtlich und verfassungsrechtlich gebotene System bei der Begrenzung der Sachgrundbefristung kann dann auch auf die sachgrundlose Befristung übertragen werden. Die Grundregel ist dabei, dass der sachliche Grund den Eingriff in die Schutzpflicht zugunsten des Arbeitnehmers, der durch die jeweilige Zahl und Dauer der Befristungen bewirkt wird, rechtfertigen muss. Mit steigender Zahl und Dauer der Befristung ist dementsprechend auch ein stärkerer Sachgrund erforderlich. Bei der Sachgrundbefristung wird der rechtfertigende Sachgrund im Gesetz oder in der Rechtsprechung in unterschiedlichen Tatbeständen fixiert und bei der Missbrauchskontrolle müssen dementsprechende zeitliche und zahlenmäßige Grenzen ermittelt werden. Bei der sachgrundlosen Befristung richtet sich der Blick für eine Missbrauchskontrolle auf den „sachlichen Grund“, während die zeitlichen und zahlenmäßigen Grenzen durch das Gesetz bereits festgelegt sind.

Ausnahmsweise müssen noch zahlenmäßige Grenzen in § 14 Abs. 2a und Abs. 3 TzBfG ergänzt werden. Maßgeblich dabei ist der sachliche Grund, der hinter der Zulassung dieser Sondertatbestände der sachgrundlosen Befristung steht. Starre Grenzen können hierbei nicht gezogen werden, denn der jeweilige Grenzwert richtet sich im Einzelfall nach dem jeweiligen Bedarf des Arbeitnehmers oder Arbeitgebers, der in Abwägung mit der Schutzpflicht zugunsten des Arbeitnehmers gebracht werden muss.

Als Gesamtsystem bildet der Grundtatbestand der sachgrundlosen Befristung gem. § 14 Abs. 2 TzBfG den in jedem Fall zulässigen Bereich von Befristung. Weitere Grenzen können je nach Gewicht des Sachgrundes zugelassen werden. Dabei kann der Arbeitgeber selbst einen Sachgrund vortragen oder muss die Voraussetzungen von § 14 Abs. 2a TzBfG darlegen und beweisen, damit weite zeitliche und zahlenmäßige Grenzen bei der Verlängerung gerechtfertigt sind.

Eine zu strenge Begrenzung durch ein Vorbeschäftigungsverbot greift schließlich im Bereich des § 14 Abs. 3 TzBfG in die Freiheit älterer Arbeitnehmer ein, Zugang zu einer Beschäftigung zu erhalten. Dieser Eingriff lässt sich nicht durch den Verweis auf das notwendige Untermaß an Arbeitnehmerschutz rechtfertigen, da das Missbrauchsschutzkonzept bereits ohne das Vorbeschäftigungsverbot hinreichenden Schutz für Arbeitnehmer gewährt. Es ist damit interessengerecht, die Anwendung des Vorbeschäftigungsverbots für § 14 Abs. 3 TzBfG abzulehnen.

3. Das Gesamtkonzept des geltenden Befristungsrechts als Hybrid starrer Grenzen und einzelfallbezogener Korrekturen

Diese dogmatische Verknüpfung der Sachgrundbefristung und der sachgrundlosen Befristung erlaubt es, Einzelfragen bei der Begrenzung von Befristung interessengerecht zu lösen, sodass die gesetzlichen Wertungen, soweit sie Raum bieten, durch einzelfallbezogene Korrekturen im Wege der Auslegung ergänzt werden.

Das Gesamtkonzept der Sachgrundbefristung und der sachgrundlosen Befristung zeigt, dass es keineswegs nur starre Grenzen sind, die die Befristungsmöglichkeiten für Arbeitgeber einschränken. Vielmehr greifen für Befristungen auch an den Einzelfall anknüpfende Grenzen, sodass das verfassungsrechtliche und unionsrechtliche festgestellte Dogma vom Interessenausgleich auch im geltenden Befristungsrecht verwirklicht wird. Während bei der Sachgrundbefristung die Sachgründe in Regeltatbeständen definiert werden, fehlen in diesem Bereich zeitliche und zahlenmäßige Grenzen. Diese werden bei der Missbrauchskontrolle für jeden Einzelfall ermittelt. Umgekehrt sind bei der sachgrundlosen Befristung zeitliche und zahlenmäßige Grenzen gesetzlich vorgeschrieben, während ein Sachgrund im Befristungstatbestand fehlt. Der vom Gesetzgeber mit der Zulassung der sachgrundlosen Befristung verfolgte sachliche Grund kann aber im Einzelfall überprüft werden, sodass eine teleologische Reduktion der sachgrundlosen Befristung im Einzelfall geboten ist.

Die Vermischung von starren Grenzen einerseits und einzelfallbezogener Grenzen andererseits gibt dem Gesamtkonzept des Befristungsrechts einen hybriden Charakter.

Der Vorteil starrer Grenzen ist, dass der Arbeitgeber seinen Befristungsbedarf innerhalb der Grenzen sicher und flexibel planen kann. Ein Arbeitnehmer, der das Ende seines Arbeitsvertrags recht klar absehen kann, ist in der Lage, seine weitere berufliche Tätigkeit frühzeitig zu planen – gewissermaßen eine „win-win“[856] Situation.

Nachteil der starren Grenzen ist, dass sie zwar für den Regelfall einen gerechten Ausgleich herstellen, allerdings für atypische Fälle unter Umständen keine „gerechten“ Lösungen zulassen. In solchen Ausnahmefällen kann dann eine teleologische Extension oder Reduktion durch den Richter den gerechten Ausgleich herbeiführen.

---

856 *Thüsing*, jM 2018, 239, 242.

Flexible und einzelfallbezogene Grenzen stellen diesen Ausgleich für alle Fälle „ipso iure“ her. Für Arbeitnehmer und Arbeitgeber führt dies zur Verwirklichung einer größeren Einzelfallgerechtigkeit. Dabei wird für den Arbeitgeber ein weiterer Raum geschaffen, personelle Ressourcen passend zum betrieblichen Bedarf einzustellen. Nachteil dieser Einzelfallprüfungen ist, dass sie ohne verlässliche Maßstäbe zu erheblicher Rechtsunsicherheit führen können, was sich in den ersten Entscheidungen des BAGs zum Vorbeschäftigungsverbot gezeigt hat.[857]

Das hybride System im TzBfG bei der Begrenzung von Befristungen vereint die Vorteile starrer und einzelfallbezogener Grenzen in sich. Bei der Sachgrundbefristung garantieren die gesetzlich hinterlegten „starren“ Sachgründe Rechtssicherheit, während die Missbrauchskontrolle die interessengerechte Begrenzung von Befristung auch für den Einzelfall sichert. Ein genauer Blick auf den Sachgrund zeigt, dass auch bei den gesetzlich hinterlegten Sachgründen Einzelfallkorrekturen durchgeführt werden. So sichert die Rechtsprechungspraxis bei der Missbrauchskontrolle berechenbare und verlässliche Maßstäbe, wann Einzelfallkorrekturen geboten sind. Bei der sachgrundlosen Befristung werden starre zeitliche und meist auch zahlenmäßige Vorgaben geregelt, die aber im Einzelfall korrigiert werden, wenn der mit der Zulassung des sachgrundlosen Befristungstatbestandes verfolgte Zweck – als sachlicher Grund - nicht vorliegt. Diese Korrekturen können im Bereich der Einschränkung des Vorbeschäftigungsverbots gem. § 14 Abs. 2 S. 2 TzBfG noch durch eine verlässliche Rechtsprechungspraxis berechenbarer ausgestaltet werden. Fehlt es bei der sachgrundlosen Befristung ausnahmsweise an starren Grenzen bei der Anzahl der Verlängerungen, können hier am Einzelfall ausgerichtete Grenzwerte ermittelt werden.

Starre und einzelfallbezogene Regelungsmodelle werden also im TzBfG kombiniert, sodass ihre jeweiligen Vorteile nebeneinander zur größtmöglichen Entfaltung kommen und umgekehrt die Nachteile des jeweiligen Regelungsmodells vermindert werden. Damit verpflichtet das hybride Konzept neben dem Gesetzgeber auch die Gerichte, den Schutz des Arbeitnehmers in Entscheidungen so zu realisieren, dass Beschäftigungsimpulse, die durch befristete Einstellung entstehen, nicht verloren gehen.[858] Um diesen Interessenausgleich dauerhaft zu gewährleisten, müssen sowohl die Rechtsprechung als auch der Gesetzgeber aktuelle Entwicklungen und Rechtsprobleme im Befristungsrecht antizipieren.

---

857 ErfK/*Müller-Glöge*, TzBfG, § 14 Rn. 98.

858 *Thüsing*, ZfA 2004, 67, 99.

IV. Vorhaben zur Bestimmung neuer Grenzen im Befristungsrecht

Dem nunmehr eigenständigen Weg des Befristungsrechts folgen bereits unterschiedliche Vorhaben zur Neubestimmung der Grenzen für die Befristung von Arbeitsverträgen. Neben einem Rechtsprechungswechsel beim Vorbeschäftigungsverbot kündigen die Vereinbarungen im letzten Koalitionsvertrag eine größere Reform des Befristungsrechts an.[859] Die bevorstehenden Rechtsentwicklungen müssen sich dabei in dem Rahmen vollziehen, den sowohl das Grundgesetz (GG) als auch das Unionsrecht mit der Richtlinie 1999/70/EG für das TzBfG vorgeben.

1. Die Änderungsvorschläge ausgehend vom Koalitionsvertrag

Die zulässige Höchstdauer für sachgrundlose Befristungen soll laut Koalitionsvertrag auf achtzehn Monate,[860] eventuell sogar auf zwölf Monate heruntergesetzt werden. Auch soll eine Befristung nicht möglich sein, wenn der Arbeitnehmer bereits zuvor für fünf Jahre oder länger beim Arbeitgeber beschäftigt war, wobei eine Ausnahme bei § 14 Abs. 1 S. 2 Nr. 4 TzBfG gelten soll.[861] Schließlich wird eine quotale Begrenzung (2,5 %) der sachgrundlosen Befristung vorgeschlagen, die in Unternehmen ab einem Schwellenwert von 75 Arbeitnehmern gelten soll.[862]

Gerade an der vorgeschlagenen Begrenzung der sachgrundlosen Befristung wird deutliche Kritik geäußert, die von unpraktikabel bis verfassungswidrig reicht.[863] Die vorgeschlagenen Änderungen entsprechen in erster Linie dem Schutzbedürfnis des Arbeitnehmers, indem die Grenzen für Befristungen enger gestaltet werden sollen. Dadurch wird das verfassungsrechtlich und unionsrechtlich gebotene Untermaß an Arbeitnehmerschutz gewährleistet. Zugleich schränken die Änderungsvorhaben die Freiheiten von Arbeitgebern und Arbeitnehmern an der Vereinbarung von Befristung deutlich ein. Insofern besteht bei

---

859 Koalitionsvertrag zwischen CDU, CSU und SPD 19. Legislaturperiode.

860 Koalitionsvertrag zwischen CDU, CSU und SPD 19. Legislaturperiode, S. 53, Rn. 2342 ff.

861 Koalitionsvertrag zwischen CDU, CSU und SPD 19. Legislaturperiode, S. 53, Rn. 2347 ff.

862 Koalitionsvertrag zwischen CDU, CSU und SPD 19. Legislaturperiode, S. 52, Rn. 2336 ff.

863 *Stoffels*, ZfA 2019, 291; *Thüsing*, jM 2018, 239, 241; *Waltermann*, AuR 2018, 346, 348; *Giesen*, Reform des Befristungsrechts – rechtliche und rechtspolitische Aspekte, 53 f.

der Umsetzung dieser Vorhaben die Gefahr, dass das unionsrechtliche und verfassungsrechtliche Übermaßverbot überschritten wird.

Die Umsetzung der im Koalitionsvertrag vereinbarten Änderungen des Befristungsrechts wird vor dem Hintergrund des nahenden Endes der Legislaturperiode zunehmend unwahrscheinlicher.[864] Dazu tragen auch die negativen wirtschaftlichen Entwicklungen auf dem deutschen Arbeitsmarkt im Zuge der Covid-19-Pandemie bei.[865] Die wirtschaftliche Ausgangslage und die Situation auf dem Arbeitsmarkt waren ganz anders, als die Änderungsvorhaben des Befristungsrechts am 07.02.2018 im Koalitionsvertrag vereinbart wurden: Die Wirtschaft boomte und noch nie waren so viele Menschen in Arbeit und Beschäftigung.[866] Die aktuellen negativen Entwicklungen in diesen Bereichen verschärfen die möglichen Auswirkungen der mit den Änderungsvorschlägen verbundenen Eingriffe in die Freiheiten von Arbeitgeber und Arbeitnehmer deutlich. Demnach ist die Gefahr noch größer geworden, dass der Arbeitnehmerschutz bei der Umsetzung der Änderungsvorhaben für das Befristungsrecht ein verfassungsrechtlich und unionsrechtlich unzulässiges Übermaß erreicht.

Neben den Änderungsvorhaben im noch aktuellen Koalitionsvertrag ist es möglich, dass die aktuellen Entwicklungen in der Wirtschaft und auf dem deutschen Arbeitsmarkt Einfluss auf den Bereich Befristungsrecht im zukünftigen Koalitionsvertrag haben werden, sodass Reformen im Befristungsrecht weiterhin auf der politischen Agenda bleiben.

2. Die Extension der Befristungsmöglichkeiten als Mittel zur Beschäftigungsförderung in Zeiten wirtschaftlicher Rezession

Laut Klös und Schäfer würden sich die durch die Covid-19-Pandemie hervorgerufenen negativen wirtschaftlichen Folgen für den Arbeitsmarkt zunehmend deutlicher offenbaren.[867] Zwar falle der Anstieg der registrierten Arbeitslosigkeit wegen des starken Einsatzes von Kurzarbeit gemessen am Nachfrage- und Produktionseinbruch bisher vergleichsweise gering aus.[868] Jedoch würden die Beschäftigtenzahlen im Bereich der geringfügig Beschäftigten und Selbstständigen, in dem kein Anspruch auf Kurzarbeitergeld bestehe, bereits deutlicher

---

864 *Arnold*, NZA-RR 2020, 1, 8.

865 *Klös/Schäfer*, IW-Policy-Paper Nr. 20, 2020, S. 3.

866 Koalitionsvertrag zwischen CDU, CSU und SPD 19. Legislaturperiode, S. 4, Rn. 11 f.

867 *Klös/Schäfer*, IW-Policy-Paper Nr. 20, 2020, S. 3.

868 *Klös/Schäfer*, IW-Policy-Paper Nr. 20, 2020, S. 3.

zurückgehen.[869] An den Einsatz konjunkturell wirkender Maßnahmen – wie der Kurzarbeit – müssten weitere strukturell wirkende Maßnahmen des Gesetzgebers anschließen.[870] Diese können eine Kehrtwende bei der Bewältigung der wirtschaftlichen Krise einleiten und zu langfristigen Multiplikatoren für eine positive Entwicklung in der Wirtschaft und auf dem Arbeitsmarkt werden.

Zudem sei Klös und Schäfer zufolge mit der pandemisch induzierten Wirtschaftskrise die Unsicherheit der Arbeitgeber über die zukünftige Entwicklung der Arbeitskraftnachfrage verbunden.[871] Dies lasse Unternehmen bei der Personalplanung von der Einstellung neuer Arbeitskräfte Abstand nehmen – selbst wenn ein aktueller Bedarf nach neuen Arbeitskräften bestehe.[872] Sinke dieser Bedarf nach der Neueinstellung wieder, müsse der Betrieb eine erneute, gegebenenfalls kostspielige Anpassung vornehmen.[873]

Dieser Planungsunsicherheit der Arbeitgeber kann mit der Flexibilisierung durch Befristungen von Arbeitsverträgen begegnet werden. Dabei gibt es verschiedene Varianten, um dem krisenbedingten Flexibilisierungsbedarf des Arbeitgebers zu entsprechen. Gelingt es, den Flexibilisierungsbedarf des Arbeitgebers mit dem Interesse des Arbeitnehmers an einem erleichterten Zugang zum Arbeitsmarkt mit Perspektive auf eine unbefristete Beschäftigung zu verbinden, wird die Befristung zur „win-win“[874] Situation für Arbeitgeber und Arbeitnehmer.

a) Umsetzungsvarianten zur Beschäftigungsförderung

Eine erste Variante zur Erweiterung der Befristungsmöglichkeiten ist, die benannten Sachgründe in § 14 Abs. 1 S. 2 Nr. 1 bis Nr. 8 TzBfG extensiv auszulegen, um dem Arbeitgeber mehr Flexibilität zu ermöglichen, und dem Arbeitnehmer den Einstieg in die Beschäftigung zu erleichtern. Arbeitsmarktpolitische Zielsetzungen stellen aus Perspektive des Unionsrechts einen zulässigen sachlichen Grund für die Befristung eines Arbeitsvertrages dar und rücken in Zeiten wirtschaftlicher Rezession in den Mittelpunkt. Insbesondere kommt eine befristete Anstellung nach § 14 Abs. 1 S. 2 Nr. 6 TzBfG in Betracht, um die

869 *Klös/Schäfer*, IW-Policy-Paper Nr. 20, 2020, S. 6.
870 *Klös/Schäfer*, IW-Policy-Paper Nr. 20, 2020, S. 10.
871 *Klös/Schäfer*, IW-Policy-Paper Nr. 20, 2020, S. 16.
872 *Klös/Schäfer*, IW-Policy-Paper Nr. 20, 2020, S. 16.
873 *Klös/Schäfer*, IW-Policy-Paper Nr. 20, 2020, S. 16.
874 *Thüsing*, jM 2018, 239, 242.

Beschäftigungslosigkeit des krisenbedingt entlassenen Arbeitnehmers aus sozialen Gründen bis zu seiner nächsten Beschäftigung zu überbrücken.[875]

Eine zweite Variante wäre, einen unbenannten Sachgrund gem. § 14 Abs. 1 S. 1 TzBfG zuzulassen, der bis zur Überbrückung der wirtschaftlichen Krise greift. Der Tatbestand eines unbenannten Sachgrundes müsste sich an den Wertungsmaßstäben der benannten Sachgründe orientieren und bedürfte der Anerkennung und Ausformung durch die Rechtsprechung.

Alternativ könnte der Gesetzgeber als dritte Variante die Regeltatbestände gem. § 14 Abs. 1 S. 2 TzBfG durch einen weiteren Sachgrundtatbestand ergänzen, der erst einmal nur befristet gilt.

Es ist zudem als vierte Variante denkbar, die Grenzen der sachgrundlosen Befristung zu erweitern, um einen beschäftigungspolitischen Impuls an den Arbeitsmarkt zu senden. Zuletzt werden deshalb weitere Maßnahmen wie die temporäre Aussetzung des Vorbeschäftigungsverbots im Befristungsrecht gefordert, um krisenbedingte Kündigungen mit befristeten Wiedereinstellungen aufzufangen, um so der wirtschaftlichen Rezession entgegenzutreten und diese in eine positive Entwicklung auf dem Arbeitsmarkt umzukehren.[876]

b) Diskussion und Entwicklung eines Umsetzungsvorschlags

Gegen die erste Variante spricht, dass auf diese Weise die in der Rechtsprechung entwickelte Systematik und die nuancierte Begrenzung etwa beim „sozialen Zweck“ bei der Fallgruppe der sozialen Überbrückung gem. § 14 Abs. 1 S. 2 Nr. 6 TzBfG aufgelöst werden müsste. Dies kann zwar einen Beschäftigungsimpuls ermöglichen, erleichtert jedoch durch die Erweiterung des Tatbestandes möglichen Missbrauch durch Befristung zulasten des Arbeitnehmers erheblich. Ohne vollständige Neukonzeption der Sachgrundbefristung, die die Vermeidung von Missbrauch absichert, scheidet eine extensive Auslegung einzelner Sachgründe aus.

Die zweite Variante setzt im Bereich des § 14 Abs. 1 S. 1 TzBfG an den Auslegungsspielraum beim „sachlichen Grund“ an, der verfassungs- und unionsrechtskonform gefüllt werden kann. Ein neuer unbenannter Sachgrund kann in die Rechtsprechungssystematik der wertungsmäßigen Vergleichbarkeit eingepasst werden und unionsrechtskonform so ausgestaltet werden, dass Missbrauch vermieden wird. Insofern darf ein unbenannter Sachgrund, der auf die

---

875 Franzen/Gallner/Oetker/*Krebber*, RL 1999/70/EG, § 5 Rn. 22.

876 *Klös/Schäfer*, IW-Policy-Paper Nr. 20, 2020, S. 3, 16 f.; BT-Drs. 19/21028, S. 2.

pandemisch bedingte Notlage am Arbeitsmarkt abstellt, nicht zu weit gefasst werden.

Für die vierte Variante, die Möglichkeiten der sachgrundlosen Befristung durch temporäre Aussetzung des Vorbeschäftigungsverbots zu erweitern, spricht, dass die sachgrundlose Befristung nach ihrer ursprünglich gesetzgeberisch intendierten Funktion als beschäftigungspolitischer Impuls im Ausgangspunkt die richtige Stellschraube im Gesamtsystem der Begrenzung von Befristung im TzBfG ist, um der pandemisch bedingten Krise auf den Arbeitsmarkt zu begegnen. Die Einstellungsdynamik werde bei der sachgrundlosen Befristung insbesondere durch das Vorbeschäftigungsverbot gehemmt, so Klös und Schäfer.[877]

Das Problem einer gesetzgeberischen Streichung des Vorbeschäftigungsverbots ist allerdings, dass diese grundsätzlich nicht nur vorübergehend gilt, sondern zunächst dauerhafte und statische Wirkung hat, bis eine erneute Gesetzesänderung beschlossen wird. Eine in der Rechtsprechung zu etablierende unbenannte Fallgruppe kann bis zur Aufgabe der Rechtsprechung bedarfsgerecht zugesprochen werden, solange der Arbeitgeber krisenbedingt mehr Flexibilität benötigt. Insofern ist ein in der Rechtsprechung anerkannter unbenannter Sachgrund dynamischer als eine gesetzgeberische Reform des Befristungsrechts.

Es besteht jedoch die Möglichkeit für den Gesetzgeber, eine befristete Reform des Befristungsrechts einzuführen. Hierdurch kann am Ende der Befristungsdauer der Gesetzesänderung durch den Gesetzgeber geprüft werden, ob die gewollte Wirkung erreicht wurde oder der krisenbedingte Bedarf für die gesetzgeberische Lockerung noch besteht. Je nach Prüfungsergebnis kann dann eine Verlängerung verabschiedet werden oder durch Auslaufen der Frist zur alten Rechtslage zurückgekehrt werden. Dies ermöglicht dem Gesetzgeber eine dynamische Antwort auf die krisenbedingte wirtschaftliche Rezession.

Die vierte Variante der vorübergehenden gesetzlichen Aussetzung des Vorbeschäftigungsverbots erscheint aber wegen der Entscheidung des BVerfG[878] zur verfassungskonformen Einschränkung des Vorbeschäftigungsverbots verfassungsrechtlich nicht unproblematisch und wird durch die Bundesregierung nicht beabsichtigt.[879] Wenn ein unbeschränktes Vorbeschäftigungsverbot schon im Regelfall verfassungskonform ist und die Ausnahme hiervon verfassungsrechtlich an strenge Voraussetzungen geknüpft wird, kann eine vollständige

877 *Klös/Schäfer*, IW-Policy-Paper Nr. 20, 2020, S. 17.
878 BVerfG, Beschluss vom 06.06.2018 - 1 BvL 7/14, BVerfGE 149, 126.
879 BT-Drs, 19/21294, S. 2.

Aussetzung des Vorbeschäftigungsverbots - selbst wenn diese nur befristet gilt -verfassungsrechtlich schwerlich gerechtfertigt werden. Respektive des gesetzgeberischen Spielraums zwischen dem Untermaßverbot beim Arbeitnehmerschutz und einem Übermaßverbot im Hinblick auf Eingriffe in die Freiheiten von Arbeitnehmern und Arbeitgebern birgt die vollständige Aussetzung des Vorbeschäftigungsverbots die Gefahr, das verfassungsrechtlich gebotene Untermaß an Arbeitnehmerschutz zu unterschreiten. Auch unionsrechtlich ist das Vorbeschäftigungsverbot grundsätzlich ein wichtiger Baustein im Missbrauchsschutzkonzept gem. § 5 Nr. 1 lit. b) und c) der RV im Anhang der RL 1999/70/EG. Ein vollständiger Verzicht auf das Vorbeschäftigungsverbot stünde unter dem Verdacht der Verfassungs- und Unionsrechtswidrigkeit. Die damit verbundene Rechtsunsicherheit wird etwaige Beschäftigungsimpulse abschwächen. In dieser Form ist die vierte Variante abzulehnen.

Daher wird vorgeschlagen, das Vorbeschäftigungsverbot nicht ersatzlos zu streichen, sondern durch eine dreijährige Karenzzeit zu ersetzen.[880] Das Karenzzeitmodell war bis vor Kurzem in der Rechtsprechung des BAGs etabliert, bis es vom BVerfG[881] als unzulässige richterrechtliche Rechtsfortbildung, die den klar erkennbaren Willen des Gesetzgebers nicht übergehen und durch ein eigenes Regelungsmodell ersetzen dürfe, verworfen wurde. Das Urteil des BVerfG habe sich dabei primär auf die methodisch unzulässige Rechtsfortbildung bezogen und nicht auf die Verfassungsmäßigkeit der Einführung einer Karenzzeit statt eines Vorbeschäftigungsverbots, sodass die Verfassung dem Gesetzgeber grundsätzlich nicht versperre, eine Karenzzeit statt des Vorbeschäftigungsverbots einzuführen, stellt Chandna-Hoppe fest.[882] Die Karenzzeit von drei Jahren soll dabei sicherstellen, dass Missbrauch durch aufeinanderfolgende sachgrundlose Befristungen vermieden wird.[883]

Gegen eine Erweiterung der Möglichkeiten zur sachgrundlosen Befristung wird eingewandt, dass das Regel-Ausnahme-Verhältnis zwischen der Befristung mit Sachgrund und der Befristung ohne Sachgrund durch die Erweiterung der sachgrundlosen Befristung verschoben wird.[884] Nach einer Statistik des IAB[885]

---

880 *Fabisch*, NZA 2021, 9, 15.

881 BVerfG, Beschluss vom 06.06.2018 - 1 BvL 7/14, BVerfGE 149, 126, 71 ff.

882 *Chandna-Hoppe*, ZfA 2020, 70, 94.

883 BAG, Urteil vom 06.04.2011 – 7 AZR 716/09, NJW 2011, 2750, Rn. 20; *Bauer*, FD-ArbR 2019, 413924.

884 *Chandna-Hoppe*, ZfA 2020, 70, 97.

885 IAB-Kurzbericht 16/2018, S. 5.

erfolgten im Jahr 2017 schon etwa die Hälfte aller Befristungen sachgrundlos, obwohl der Gesetzgeber bei Schaffung des TzBfG davon ausging, dass die Sachgrundbefristung die Regel und sachgrundlose Befristung die Ausnahme darstellt.[886] Durch weitere Lockerungen im Bereich der sachgrundlosen Befristung könnte das Regel-Ausnahme-Verhältnis zur Sachgrundbefristung dann sogar umgekehrt werden. Dementsprechend sollten zukünftige Neuerungen nach dem Vorbild der § 14 Abs. 2a und Abs. 3 TzBfG zielgerichtete Impulse und zugleich notwendige Begrenzungen enthalten.[887] Dies ermöglicht einerseits Flexibilität für die Arbeitgeber und verhindert anderseits, dass sachgrundlose Befristungen zum Regelfall werden.

Wird die vierte Änderungsvariante abgelehnt, die eine Erweiterung der sachgrundlosen Befristung durch die Einführung einer Karenzzeit statt des Vorbeschäftigungsverbots enthält, stehen noch zwei weitere Änderungsvarianten im Bereich der Sachgrundbefristung offen: Der Gesetzgeber kann einen neuen benannten Sachgrund in § 14 Abs. 1 S. 2 TzBfG ergänzen oder die Rechtsprechung kann einen neuen unbenannten Sachgrund gem. § 14 Abs. 1 S. 1 TzBfG anerkennen.

Ein neuer unbenannter Sachgrund könnte zwischen der zu begrenzenden sachgrundlosen Befristung und der mit höheren Anforderungen verbundenen Sachgrundbefristung einen Mittelweg einschlagen. Dieser könnte je nach gesamtwirtschaftlichem Bedarf zeitweilig durch die Rechtsprechung anerkannt und von Arbeitgebern eingesetzt werden, um die benötigten beschäftigungspolitischen Impulse zu realisieren.

Dabei kann aber kritisiert werden, dass die Rechtsprechung durch die Zulassung eines solchen richterrechtlichen Sachgrundes quasi die Funktion des Gesetzgebers übernimmt, was nicht dem Prinzip der Gewaltenteilung entspricht. Es ist jedoch möglich, dass der Gesetzgeber durch Generalklauseln und unbestimmte Rechtsbegriffe – wie etwa den „sachlichen Grund" gem. § 14 Abs. 1 S. 1 TzBfG – die konkrete Ausformung der Rechtsprechung überantwortet, wodurch die Gerichte im engen Rahmen von Art. 20 Abs. 3 GG gewissermaßen eigenes Recht setzen können. Insofern spielen die strengen Anforderungen der Rechtsprechung an unbenannte Sachgründe unter Bezugnahme der bisher im Gesetz anerkannten Sachgründe eine zentrale Rolle. Diese sichern die Einhaltung des begrenzt überlassenen Spielraums durch den Gesetzgeber. Ein neuer unbenannter Sachgrund, der auf die pandemisch bedingte Notlage am Arbeitsmarkt

---

886 *Chandna-Hoppe*, ZfA 2020, 70, 97.
887 *Chandna-Hoppe*, ZfA 2020, 70, 98.

abstellt, könnte daher zu weit gefasst sein. Eine weitere unionsrechtskonforme Auslegung des „sachlichen Grundes" nach den Vorgaben der Richtlinie 1999/70/EG entspricht aber auch dem Rahmen des Wortlauts von § 14 Abs. 1 S. 1 TzBfG und bewegt sich damit in dem Spielraum, der der Rechtsprechung vom Gesetzgeber überlassen wurde. Aus Sicht des europäischen Gesetzgebers kann diese weitere Auslegung des Sachgrundes bei der Umsetzung der Vorgaben der Richtlinie sogar als geboten verstanden werden.

Dies spricht dafür, einen bisher unbenannten Sachgrund zu etablieren, der den krisenbedingten Bedarf beim Arbeitgeber an Flexibilität und den Bedarf beim Arbeitnehmer an Beschäftigungsförderung entspricht. Entfällt die wirtschafts- und arbeitsmarktpolitische Indikation dieses Befristungsgrundes, kann die Rechtsprechung diesen unbenannten Sachgrund wieder aufgeben.

Dies offenbart aber auch die Schwachstelle der zweiten Variante. Es ist bei einem in der Rechtsprechung etablierten unbenannten Sachgrund nicht rechtssicher absehbar, wann der Sachgrund nicht mehr greift. Eine gesetzgeberische Novelle mit befristeter Geltung, die bedarfsorientiert in jährlichen oder zweijährlichen Intervallen verlängert werden könnte, würde hier mehr Rechtssicherheit bringen. Dann könnte sich die Dauer der Befristung des Arbeitsverhältnisses an der Dauer der Befristung des Gesetzes verlässlich orientieren. Im Fall der richterrechtlichen Zulassung müsste erst mal das Gericht in einem höchstrichterlichen Urteil den fehlenden Bedarf feststellen, sodass es mangels Sachgrund zur Entfristung gem. § 16 S. 1 TzBfG kommen würde. Dann wäre zwar für die Praxis klar, dass dieser Sachgrund nicht mehr greifen kann, dies wäre jedoch mit einiger Rechtsunsicherheit verbunden, denn alle während der langen Verfahrensdauer des Instanzenzugs vereinbarten Befristungen mit diesem Sachgrund ständen dann unter dem dringenden Verdacht, unwirksam zu sein, was zu einer massenhaften Entfristung gem. § 16 S. 1 TzBfG führen könnte. Diese Folgen würden den Arbeitgeber von Anfang an von einem solchen richterrechtlich anerkannten Sachgrund Abstand nehmen lassen, sodass der damit bezweckte Beschäftigungsimpuls nicht erreicht würde.

c) Umsetzungsvorschlag

Insofern bietet die dritte Variante einer gesetzgeberischen Erleichterung von Befristung durch einen neuen benannten Sachgrund die größte Rechtssicherheit. Dieser sollte befristet dem Katalog der Beispiele gem. § 14 Abs. 1 S. 2 TzBfG hinzugefügt werden.

Hinter diesem Sachgrund steht der besondere Bedarf des Arbeitgebers an Flexibilität. Dieser ist in der wirtschaftlichen Krise auf den Einsatz von Befristungen angewiesen, um seine Betriebskosten möglichst flexibel an seinen tatsächlichen Bedarf an Arbeitskräften anzupassen und damit den Erhalt seines Unternehmens zu ermöglichen. Zwar bietet die sachgrundlose Befristung innerhalb ihrer Grenzen einiges an Potenzial für eine bedarfsgerechte Anpassung. Die engen zeitlichen und zahlenmäßigen Grenzen bieten aber wenig Anreiz für den Arbeitgeber, in wirtschaftlichen unsicheren Zeiten das Wagnis von Neueinstellungen einzugehen. Auch das Vorbeschäftigungsverbot schließt aus, das zuvor entlassene Fachkräfte erneut befristet eingestellt werden können. Diese und andere Arbeitnehmer, die krisenbedingt ohne Beschäftigung sind, haben ein gesteigertes Interesse an einem erleichterten Zugang zu befristeter Beschäftigung, das über die begrenzten Möglichkeiten der sachgrundlosen Befristung gem. § 14 Abs. 2 TzBfG hinausgeht.

Vor dem Hintergrund der im Koalitionsvertrag vorgeschlagenen Einschränkungen der sachgrundlosen Befristung haben in einer Umfrage etwa die Hälfte der befragten Unternehmer, die der vorgeschlagenen Quote unterliegen, angegeben, dass sie auf die Befristung mit Sachgrund ausweichen.[888] Wo nicht die gesetzliche Einschränkung, sondern die wirtschaftliche Krise dazu führt, dass die sachgrundlose Befristung für den Arbeitgeber keine ausreichende Flexibilität ermöglicht und für den entlassenen Arbeitnehmer den Zugang zu befristeter Beschäftigung sperrt, kann die Sachgrundbefristung eine praktische Lösung für Arbeitnehmer und Arbeitgeber sein.

Die Sachgrundbefristung gem. § 14 Abs. 1 TzBfG in der geltenden Fassung und Auslegung durch die Rechtsprechung hält allerdings kein adäquates Flexibilisierungspotenzial für den Arbeitgeber bereit, wenn eine sachgrundlose Befristung ausscheidet.[889] Diese Lücke kann ein neuer Sachgrund füllen.

Auf Ebene des Gesetzes sollte auf der Voraussetzungsseite der besondere Bedarf des Arbeitgebers und des Arbeitgebers durch ein oder mehrere Tatbestandsmerkmale sichergestellt werden. Insbesondere muss der Sachgrund sicherstellen, dass das unionsrechtlich und verfassungsrechtlich garantierte Untermaß an Arbeitnehmerschutz nicht unterschritten wird. Dabei muss ausgeschlossen sein, dass der Arbeitgeber die allgemeine Wirtschaftskrise als Vorwand ausnutzt, um sein eigentlich gut aufgestelltes Unternehmen durch weitere Befristungen zu flexibilisieren. Der Tatbestand des Sachgrundes darf nur für die Arbeitgeber erfüllt sein, deren Unternehmen konkret und individuell von den Auswirkungen der wirtschaftlichen Krise betroffen ist.

---

888 *Schubert*, AuR 2018, 287, 288.

889 *Giesen*, Reform des Befristungsrechts – rechtliche und rechtspolitische Aspekte, S. 47.

Hier stellt sich dann die Frage, wie verlässlich festgestellt werden kann, dass der Arbeitgeber schon hinreichend in Notlage geraten ist und wann der Arbeitgeber von der Krise verschont geblieben ist. Dies eröffnet einen Wertungsspielraum, der nur rechtssicher regelbar ist, wenn ein verlässlicher Maßstab und ein feststellbarer Anknüpfungspunkt für die individuelle Schieflage des Unternehmens gefunden wird.

Daher ist es sinnvoll, dass der Sachgrund an das anknüpft, was die typische krisenbedingte Folge beim Arbeitgeber ausmacht. Die Krise manifestiert sich insbesondere in betriebsbedingten Kündigungen, die aufgrund der finanziellen Notlage des Unternehmens durch den Arbeitgeber ausgesprochen werden müssen. Entspannt sich die Notlage des Unternehmens und möchte der Arbeitgeber die notwendigerweise entlassene Fachkraft wiedereinstellen, scheidet eine sachgrundlose Befristung wegen des Vorbeschäftigungsverbots gem. § 14 Abs. 2 S. 2 TzBfG aus. Die Alternative einer unbefristeten Festanstellung bindet den Arbeitgeber in der ungewissen Erholungsphase des Unternehmens so stark, dass er von einer Wiedereinstellung des entlassenen Arbeitnehmers im Zweifel Abstand nehmen würde. Dann wäre es für den Arbeitgeber aus rein wirtschaftlicher Sicht vernünftiger, einen neuen Arbeitnehmer sachgrundlos befristet einzustellen, wenn dieser noch nicht bei ihm vorbeschäftigt war. Ein neuer Sachgrund, der an die betriebsbedingte Kündigung tatbestandsmäßig ansetzt, kann also eine für den Arbeitgeber nützliche und für den Arbeitnehmer wünschenswerte befristete Wiedereinstellung ermöglichen, die nach der bisherigen Rechtslage kaum praktikabel ist.

Der Auffangeffekt für gekündigte Arbeitnehmer kann aber auch auf Arbeitnehmer erweitert werden, die bisher nicht für den Arbeitgeber gearbeitet haben und nunmehr befristet neu eingestellt werden. Zwar ist für diese Arbeitnehmer grundsätzlich die sachgrundlose Befristung innerhalb der Grenzen des § 14 Abs. 2 S. 1 TzBfG zulässig, wenn ein Vorbeschäftigung fehlt. Ein neuer Sachgrund sollte aber auch Befristungen mit anderen als den gekündigten Arbeitnehmer umfassen, damit der Arbeitgeber nicht zwingend auf den zuvor entlassenen Arbeitnehmer angewiesen ist, um die Stelle nach diesem Sachgrund befristet wiederzubesetzen, sondern auch alternativ an neue Bewerber vergeben kann. Die fehlende Einarbeitung auf der konkreten Stelle wäre zwar ein Nachteil, der im Zweifel immer für den bisher auf der Stelle beschäftigten Arbeitnehmer und gegen den neuen Bewerber sprechen würde. Denkbar sind aber solche Fälle, in denen der zuvor gekündigte Arbeitnehmer kein Interesse daran hat, auf der alten Stelle befristet tätig zu werden, sondern etwa bei anderen Unternehmen eine neue Beschäftigungschance sucht. In diesem Fall kann beim neuen Sachgrund der Auffangeffekt dadurch erweitert werden, dass eine neue beschäftigungslose

Fachkraft, der eventuell ebenso krisenbedingt gekündigt wurde, für die durch Kündigung frei gewordene Stelle befristet eingestellt wird, obwohl sie bereits vor einigen Jahren beim Arbeitgeber tätig war.

Der Arbeitgeber soll also nicht zwangsläufig bei dieser neuen Sachgrundbefristung auf den alten Arbeitnehmer angewiesen sein, sondern kann auch auf neue Arbeitnehmer zurückgreifen, um seinen nach der Krise aufkommenden Beschäftigungsbedarf zu decken. Dieses Wahlrecht gewährleistet nicht nur einen möglichst wirksamen Impuls zur Einstellung von Arbeitnehmern, sondern auch volle Flexibilität für den Arbeitgeber bei der Bewältigung der wirtschaftlichen Krise seines Unternehmens.

Gegen die Anknüpfung an eine betriebsbedingte Kündigung kann eingewendet werden, dass dies als gesetzgeberisches Signal oder eine Aufforderung an den Arbeitgeber verstanden werden kann, seine Arbeitskräfte betriebsbedingt zu entlassen, um diese danach befristet einzustellen oder die Stelle des Arbeitnehmers mit einer anderen Person befristet zu besetzen.

Dagegen würden bereits Maßnahmen wie Kurzarbeit oder Sozialpläne in krisenbedingt angeschlagenen Unternehmen wirken, die den Erhalt von Beschäftigungen sichern würden, sodass betriebsbedingte Kündigungen in der Praxis häufig vermieden würden, so Giesen.[890]

Durch die neue Befristungsmöglichkeit wird kein neuer Anreiz gesetzt, der etwas an dieser Praxis ändert. Befristung und Kündigung können sich sogar sinnvoll ergänzen. Betriebsbedingte Kündigungen sind nicht ohne Weiteres einfach möglich, sondern unterliegen strengen Voraussetzungen und in der Regel hohen Kosten.[891] Insbesondere die komplexe Prüfung der sozialen Rechtfertigung gem. § 1 KSchG stellt die Arbeitgeber vor Herausforderungen.[892] Durch die mit dem neuen Sachgrund verbundene Möglichkeit zur Befristung wird kaum ein Arbeitgeber eine zweifelhafte betriebsbedingte Kündigung aussprechen, um auf dieser unsicheren Grundlage einer vermutlich unwirksamen Kündigung eine Befristung zu vereinbaren. Stellt sich heraus, dass die Kündigung unwirksam war und das Arbeitsverhältnis hierdurch nicht beendet wurde, ist es denkbar, dass die später vereinbarte Befristung einen Änderungsvertrag hin zu einem befristeten Arbeitsvertrag darstellt. Jedenfalls fehlt dann aber der Sachgrund für

890 *Giesen,* Reform des Befristungsrechts – rechtliche und rechtspolitische Aspekte, S. 22.

891 *Klös/Schäfer*, IW-Policy-Paper Nr. 20, 2020, S. 16; *Giesen,* Reform des Befristungsrechts – rechtliche und rechtspolitische Aspekte, S. 54.

892 *Giesen,* Reform des Befristungsrechts – rechtliche und rechtspolitische Aspekte, S. 16.

die Befristung, sodass die Befristung unwirksam und der Arbeitsvertrag gem. § 16 TzBfG wieder auf unbestimmte Zeit geschlossen ist.

Zudem können nicht alle Arbeitsverhältnisse krisenbedingt erhalten werden, wie der Vergleich der Arbeitslosenzahlen aus den Monaten April bis August 2020 zu den Monaten des Vorjahres zeigt, der einen substanziellen Zuwachs von ca. 25% ausweist.[893] Zum wirtschaftlichen Erhalt des Unternehmens notwendige und nicht abwendbare Kündigungen müssen zulässig sein, können aber später durch befristete Beschäftigung aufgefangen werden. Das Ziel der Vermeidung von Kündigung und Befristungslockerung widersprechen sich also nicht, sondern können als gemeinsames Maßnahmenpaket zur Beschäftigungsförderung Hand in Hand gehen.

Außerdem ist auch nicht jede betriebsbedingte Umwandlung des unbefristeten Arbeitsverhältnisses in ein befristetes Arbeitsverhältnis durch betriebsbedingte Änderungskündigung automatisch negativ zu bewerten, denn betriebsbedingte Kündigungen dienen dem Zweck, die Gesamtkosten für wirtschaftlich in Schieflage geratene Unternehmen zu reduzieren, um so die Krise zu überwinden und den übrigen Arbeitnehmern eine weitere Beschäftigung im Betrieb zu ermöglichen.

Wichtig ist, dass bei der Auslegung des Sachgrundes beachtet wird, dass – vergleichbar den Fällen der Vertretungsbefristung – eine Kausalität zwischen der gekündigten Stelle und der neuen Befristung bestehen muss. Durch den Abschluss eines neuen befristeten Arbeitsvertrages wird die Befristungsmöglichkeit, die aus der betriebsbedingten Kündigung entstanden ist, verbraucht, sodass jede weitere mit diesem Sachgrund befristete Einstellung auf derselben Stelle missbräuchlich und ausgeschlossen ist. Dazu muss zumindest ein zeitlicher und sachlicher Zusammenhang zwischen der Kündigung und der Neueinstellung bestehen. Im Rahmen seines Direktionsrechts bleibt es dem Arbeitgeber dann überlassen, wie er den neu eingestellten Arbeitnehmer einsetzt. Es ist nicht erforderlich, dass der befristet eingestellte Arbeitnehmer den gekündigten Arbeitnehmer am alten Arbeitsplatz vertritt. Dies ermöglicht dem Unternehmen in Zeiten der wirtschaftlichen Krise, notwendige Anpassungen und Umgestaltungen vorzunehmen.

Eine Befristung ist unter dem Strich nur dann zulässig, wenn die zuvor durch betriebsbedingte Kündigung frei gewordene Stelle im Unternehmen des Arbeitgebers in irgendeiner Form erhalten bleibt. Daran kann kritisiert werden, dass Unternehmen, die ihre betriebliche Struktur so verändern, dass Stellen nach

---

893 *Klös/Schäfer*, IW-Policy-Paper Nr. 20, 2020, S. 5.

betriebsbedingten Kündigungen dauerhaft wegfallen, nicht auf den Sachgrund zurückgreifen können, obwohl die Umstrukturierung tatsächlich krisenbedingt durchgeführt wird, um den Erhalt des Konzerns zu sichern. In diesem Fall kann aber insbesondere die sachgrundlose Befristung gem. § 14 Abs. 2 und Abs. 2a TzBfG ausreichende Flexibilität für Unternehmen bei der Einstellung neuer Arbeitskräfte bieten. Zwar findet dann das Vorbeschäftigungsverbot wieder Anwendung gem. § 14 Abs. 2 S. 2, Abs. 2a S. 4 TzBfG, sodass zuvor beschäftigte Fachkräfte auf einer neuen Stelle nicht eingestellt werden können, wenn der Arbeitgeber derselbe ist. Würde der neue Sachgrund aber auf diese Konstellation erweitert, müsste das Prinzip der Kausalität durchbrochen werden, welches zentrale Bedeutung bei der Vermeidung von Missbrauch hat. Die Nachteile durch die Einschränkung des Befristungstatbestandes sind zum effektiven Missbrauchsschutz geboten.

Die Kausalität zwischen der durch die betriebsbedingte Kündigung freigewordenen Stelle und der befristeten Neueinstellung kann in Anlehnung an die Vertretungsbefristung Eingang in den Wortlaut der Norm finden.

Der § 14 Abs. 1 S. 2 TzBfG ist dann um eine weitere Nr. 9 zu ergänzen:

S. 2: Ein sachlicher Grund liegt insbesondere vor, wenn

(…)

Nr. 9 der Arbeitnehmer zur Besetzung einer Stelle, die zuvor durch eine betriebsbedingte Kündigung frei geworden ist, beschäftigt wird.

„Zuvor“ kann so unionsrechtskonform ausgelegt werden, dass eine zeitliche Begrenzung für die Vereinbarung des mit Sachgrund gem. § 14 Abs. 1 S. 2 Nr. 9 TzBfG befristeten Arbeitsverhältnisses hineinzulesen ist. „Zuvor“ ist dabei in keinen Fall wie „unmittelbar zuvor“ zu lesen, da der Arbeitgeber gerade wegen der wirtschaftlichen Krise in seinem Unternehmen betriebsbedingt kündigen musste. Insofern kommt eine Neubesetzung der Stelle nicht unmittelbar nach der Kündigung, sondern meist erst in der anschließenden Erholungsphase in Betracht. Es soll ein Anreiz gesetzt werden, dass der Arbeitgeber das Wagnis einer Neueinstellung trotz der noch schlechten wirtschaftlichen Lage seines Unternehmens eingeht.

Da die Krisenphase je nach Unternehmensbranche und individuellen Voraussetzungen des Unternehmens unterschiedlich lang andauern kann, scheidet ein starrer Grenzwert für „zuvor“ aus. Maßgeblich ist eine wertende Betrachtung des Einzelfalls. Um Missbrauch zu vermeiden, kann eine einschränkende unionsrechtskonforme Auslegung geboten sein, wenn die betriebsbedingte Kündigung zu weit zurückliegt. Gerade bei längeren Zeiträumen von über zehn Jahren besteht zwischen der vorherigen betriebsbedingten Kündigung und der späteren befristeten Neueinstellung kein zeitlicher oder sachlicher Zusammenhang mehr. Ein Rückgriff auf den Sachgrund wäre rechtsmissbräuchlich.

Orientierung bei der Einzelfallbetrachtung bietet die allgemeine Verjährungsfrist von drei Jahren gem. § 195 BGB. Liegt die betriebsbedingte Kündigung mehr als drei Jahre zurück, ist eine Befristung nach § 14 Abs. 1 S. 2 Nr. 9 TzBfG nur zulässig, wenn im Einzelfall Anhaltpunkte dafür bestehen, dass die wirtschaftliche Krise nach der betriebsbedingten Kündigung noch langfristig bestanden hat. Anhaltpunkte können etwa weitere betriebsbedingte Kündigungen sein, die zeitlich später als die in Bezug genommene betriebsbedingte Kündigung erklärt wurden. Unterhalb der Drei-Jahres-Grenze ist von der Einhaltung des Merkmals „zuvor" auszugehen. Durch die Betrachtung des Einzelfalls wird der besondere krisenbedingte Bedarf des Arbeitgebers an Befristung zum Ausgleich mit dem Schutzinteresse des Arbeitnehmers gebracht.

Im Hinblick auf die maximal zulässige Dauer und Zahl der Befristungen gem. § 14 Abs. 1 S. 2 Nr. 9 TzBfG ist keine weitere Missbrauchskontrolle notwendig, da das Merkmal „zuvor" eine umfassende Interessenabwägung im Einzelfall bereits auf der Ebene des Tatbestandes des Sachgrundes ermöglicht, sodass Missbrauch effektiv vermieden wird. Bei jeder Verlängerung der Befristung ist demnach zu prüfen, ob das Merkmal „zuvor" noch vorliegt. Insofern ist die maximal zulässige Dauer und Zahl der Befristung dann erreicht, wenn der krisenbedingt gesteigerte Bedarf des Arbeitgebers an Befristung und das Beschäftigungsinteresse des Arbeitnehmers den Eingriff in die Schutzpflicht zugunsten des Arbeitnehmers nicht mehr rechtfertigen. Den in der Regel unproblematischen Bereich kennzeichnet § 14 Abs. 2 S. 1 TzBfG.[894] Darüber hinaus kann der Sachgrund die Befristung im Einzelfall nur rechtfertigen, wenn der weiterhin andauernde krisenbedingte Bedarf des Arbeitgebers an Befristung nachgewiesen wird, etwa durch weitere später erfolgende betriebsbedingte Kündigungen.

---

894 BAG, Urteil vom 18.07.2012 - 7 AZR 443/09, NZA 2012, 1351 Rn. 48; BAG, Urteil vom 26.10.2016 - 7 AZR 135/15, NZA 2017, 382, Rn. 24 ff.

D) Zusammenfassung der wesentlichen Ergebnisse

I. Wesentliche Ergebnisse zum Grund des Befristungsrechts

1. Das Dogma des Interessenausgleichs im Befristungsrecht ist ein verfassungsrechtlicher Ausfluss des Verhältnismäßigkeitsgrundsatzes und des Gebots der praktischen Konkordanz. Damit ist der Ausgleich zwischen der Schutzpflicht des Staates zugunsten von Arbeitnehmern und der Berufsfreiheit des Arbeitnehmers sowie der Arbeitsvertragsfreiheit des Arbeitgebers geboten (vgl. B) II. 1.).
2. Die Auslegung der Richtlinie 1999/70/EG offenbart ein Gesamtbild, das neben dem Bereich zulässiger Befristung auch den Bereich missbräuchlicher Befristung auf der einen Seite und unverhältnismäßiger Begrenzung von Befristung auf der anderen Seite kennt. Ziel des Unionsrechts ist dabei, einen Interessenausgleich bei der Befristung von Arbeitsverhältnissen herzustellen. Dieser wird nicht nur durch die unionsgrundrechtskonforme Auslegung vorgegeben, sondern bestätigt sich auch in der Auslegung des Wortlauts der Rahmenvereinbarung. Schließlich geht das Prinzip des Interessenausgleichs auch mit der Auslegung der RL 1999/70/EG durch den EuGH konform (vgl. B) II. 2.).
3. Anhand der Auslegung der RL 1999/70/EG lässt sich die Gestalt des Interessenausgleichs konkretisieren, der nicht als strenger, sondern als für beide Arbeitsvertragsparteien akzeptabler Interessenausgleich zu verstehen ist. Dabei ist aber das Arbeitnehmerschutzinteresse in besonderer Weise zu würdigen, damit das strukturelle Machtungleichgewicht zwischen den Arbeitsvertragsparteien ausgeglichen werden kann (vgl. B) II. 2. b) (3) (c)).
4. Das Vorbeschäftigungsverbot gem. § 14 Abs. 2 S. 2 TzBfG fällt in den Anwendungsbereich der Richtlinie 1999/70/EG. Im gesetzlichen Wortlaut des Vorbeschäftigungsverbots gem. § 14 Abs. 2 S. 2 TzBfG findet sich zudem Spielraum, der auch durch die richtlinienkonforme Auslegung ausgefüllt werden kann. Durch die unionsrechtliche Determinierung ist eine Rücknahme der eigenen Kompetenzen des BVerfG geboten (vgl. B) II. 2. a) (2)).
5. Bei der Frage nach der Konkurrenz der verfassungsrechtlichen und unionsrechtlichen Vorgaben ist ein inhaltlicher Konflikt wegen der vergleichbaren Prüfungsprogramme nicht indiziert. Das verfassungsrechtliche und das

unionsrechtliche Prinzip des Interessenausgleichs bieten eine einheitliche Perspektive für das Befristungsrecht. Insofern ist im Bereich von aufeinanderfolgenden befristeten Arbeitsverträgen nach dem bisher praktizierten Kooperationsverhältnis eine Rücknahme der eigenen Zuständigkeit durch das BVerfG angezeigt (vgl. B) II. 2. c)).

II. Wesentliche Ergebnisse zu den Grenzen des Befristungsrechts

1. Nur im Bereich des verfassungsrechtlichen Übermaß- und Untermaßverbots ergeben sich aus den verfassungsrechtlichen Grenzen konkrete Vorgaben für die Befristung von Arbeitsverträgen (vgl. C) I.).
2. Es besteht ein unionsrechtliches Gebot, die Maßnahmen gem. § 5 Nr. 1 der RV im Anhang der RL 1999/70/EG zur effektiven Vermeidung von Missbrauch zu kombinieren. Daraus entsteht ein unionsrechtliches Schutzsystem bei der Begrenzung der Befristung von Arbeitsverträgen. Unter Berücksichtigung der Umstände des Einzelfalls rechtfertigt dann ein besonderer Bedarf des Arbeitnehmers oder des Arbeitgebers als sachlicher Grund für die Befristung je nach Gewicht entsprechend weite Grenzen für die Anzahl und Dauer aufeinanderfolgender Befristungen (vgl. C) II. 1. b)).
3. Dieses unionsrechtliche Schutzsystem erstreckt sich nicht nur auf die Befristung mit Sachgrund, sondern kann auch auf die Befristung ohne Sachgrund übertragen werden, sodass die zukünftige Rechtsentwicklung in ein gemeinsames Schutzsystem münden kann (vgl. C) II. 1. b) (2) (b)-(e)).
4. Die bisherige Rechtsprechung des EuGHs im Bereich des „sachlichen Grundes" ist keine unionsrechtlich unzulässige Expansion der Kompetenzen, sondern ist zur effektiven Vermeidung von Missbrauch methodisch zulässig und geboten (vgl. C. II. 2.).
5. Beim Sachgrund gem. § 14 Abs. 1 S. 2 Nr. 1 TzBfG kann die Prognose über den vorübergehenden Bedarf an Arbeitskräften durch den Gedanken der Missbrauchsvermeidung ergänzt werden. Dabei müssen die Anzahl und die Dauer der zwischen den Arbeitsvertragsparteien zuvor vereinbarten Befristungen bei der Prognose berücksichtigt werden, ob tatsächlich nur ein vorübergehender Bedarf vorliegt (vgl. C) III. 1. a) (1)).
6. Die Befristung im Anschluss an eine Ausbildung oder ein Studium gem. § 14 Abs. 1 S. 2 Nr. 2 TzBfG ist auch ohne die Übertragung der Anforderungen von § 14 Abs. 1 S. 2 Nr. 6 TzBfG interessengerecht und damit unionsrechtlich nicht zu beanstanden. Wird die Befristung gem. § 14 Abs. 1 S. 2 Nr. 2 TzBfG

zur Missbrauchsvermeidung auf die Zwei-Jahres-Grenze entsprechend § 14 Abs. 2 S. 1 TzBfG gedeckelt, bleibt ausreichend Raum, um dem Anschlussbedarf des Arbeitnehmers zu entsprechen (vgl. C) III. 1. a) (2)).

7. Der Sachgrund der Vertretung gem. § 14 Abs. 1 S. 2 Nr. 3 TzBfG bietet den Arbeitnehmern in seiner jetzigen Ausformung durch die Rechtsprechung des BAG hinreichenden Missbrauchsschutz. Die Lockerung des Missbrauchsschutzes durch die Rechtsprechung zur gedanklichen Zuordnung und die damit verbundene Absenkung der Anforderungen an die Kausalität kann durch eine dem Sachgrund immanente Missbrauchskontrolle von Kettenbefristungen flankiert werden (vgl. C) III. 1. a) (3)).
8. Beim Sachgrund der Eigenart der Arbeitsleistung gem. § 14 Abs. 1 S. 2 Nr. 4 TzBfG und bei der Befristung des Arbeitsvertrages zur Erprobung gem. § 14 Abs. 1 S. 2 Nr. 5 TzBfG ist keine Missbrauchskontrolle bei aufeinanderfolgenden Befristungen erforderlich, da bereits auf der Ebene des Sachgrundes die hinter der Befristung stehenden Interessen miteinander abgewogen werden, wobei auch die Anzahl und Dauer bereits vereinbarter Befristungen berücksichtigt werden (vgl. C) III. 1. a) (4) und (5)).
9. Aus der Perspektive des Unionsrechts ist es beim Sachgrund der sozialen Überbrückung gem. § 14 Abs. 1 S. 2 Nr. 6 TzBfG notwendig, dass zur Vermeidung von Missbrauch eine zeitliche oder zahlenmäßige Grenze für Befristungen ergänzt wird, die sich an dem Gewicht des verfolgten sozialen Zwecks orientiert. Ausnahmen von der Regelobergrenze von zwei Jahren entsprechend § 14 Abs. 2 S. 1 TzBfG sind nur bei einem stark ausgeprägten sozialen Zweck zulässig (vgl. C) III. 1. a) (6)).
10. Bei der Befristung auf Wunsch des Arbeitnehmers gem. § 14 Abs. 1 S. 2 Nr. 6 TzBfG ermöglicht bereits die Sachgrundvoraussetzung der freien Wahlmöglichkeit einen Ausgleich zwischen Arbeitnehmerschutz und dem Interesse des Arbeitnehmers an der Aufnahme einer befristeten Beschäftigung, sodass eine weiterführende Missbrauchskontrolle von Anzahl und Dauer der aufeinanderfolgenden Befristungen nicht geboten ist (vgl. C) III. 1. a) (7)).
11. Bei der Haushaltsbefristung gem. § 14 Abs. 1 S. 2 Nr. 7 TzBfG sind neben bereits bestehenden einschränkenden Voraussetzungen in der Rechtsprechung des BAG außerdem unionsrechtliche Einschränkungen geboten. Für eine Beschäftigung, die dem im Haushalt festgesetzten Zweck tatsächlich entspricht, reicht nicht nur eine Prognose aus, sondern es bedarf zur Missbrauchsvermeidung einer Kausalität zwischen Zweck und Beschäftigung. Zudem gebietet eine Missbrauchskontrolle aufeinanderfolgender befristeter

Arbeitsverhältnisse enge zeitliche und zahlenmäßige Grenzen (vgl. C) III. 1. a) (8)).

12. Bei der Befristung aufgrund eines gerichtlichen Vergleichs gem. § 14 Abs. 1 S. 2 Nr. 8 TzBfG ist es Teil der verantwortlichen Mitwirkung des Richters am Vergleich, eine Missbrauchskontrolle aufeinanderfolgender Befristungen durchzuführen (vgl. C) III. 1. a) (9)).
13. Das Kriterium der wertungsmäßigen Vergleichbarkeit bei der Entwicklung von unbenannten Sachgründen führt zu einer Blockade in der Rechtsentwicklung im Bereich der Sachgrundbefristung. Die nunmehr eigenständige Rolle des Befristungsrechts spricht dafür, unbenannte Sachgründe vornehmlich anhand der unionsrechtlichen Anforderungen an einen Sachgrund unionsrechtskonform zu entwickeln (vgl. C) III. 1. b)).
14. Die sachgrundlosen Befristungen gem. § 14 Abs. 2, Abs. 2a und Abs. 3 TzBfG werden auch von einem sachlichen Grund gem. § 5 Nr. 1 lit. a) der RV im Anhang der RL 1999/70/EG getragen, der in dem mit der Zulassung der jeweiligen Sachgrundbefristung verfolgten gesetzgeberischen Motiv besteht. Dies gebietet eine Missbrauchskontrolle, die den vom Gesetzgeber intendierten Sachgrund einbezieht (vgl. C) III. 2.).
15. Die von der Rechtsprechung entwickelten Kriterien zur verfassungskonformen Einschränkung des Vorbeschäftigungsverbots gem. § 14 Abs. 2 S. 2 TzBfG lassen sich durch die unionsrechtskonforme Auslegung ergänzen. Selbst in Fällen, in denen die neu entwickelten Kriterien der sehr lange zurückliegenden, ganz andersgearteten oder sehr kurzen Vorbeschäftigung jeweils nicht vollständig erfüllt sind, kann eine Betrachtung aller Umstände des Falls ergeben, dass eine Einschränkung des Vorbeschäftigungsverbots interessengerecht und damit unionsrechtlich zulässig ist. Um eine transparente und rechtssichere Einschränkung des Vorbeschäftigungsverbotes zu erreichen, ist entweder eine verlässliche Rechtsprechungspraxis – vergleichbar mit dem Ampelmodell des BAG – zu etablieren oder die Einschränkung des Vorbeschäftigungsverbots unter Berücksichtigung der Kriterien in der Rechtsprechung zu kodifizieren (vgl. C) III. 2. a) (1) und (2)).
16. Bei § 14 Abs. 2a TzBfG ist auch am vierten Geburtstag des Unternehmens eine Befristung mit einer maximalen Dauer von vier Jahren möglich. Verlängerungen sind nach der Gründungszeit von vier Jahren allerdings nicht mehr zulässig. Außerdem wird eine grundsätzliche Höchstzahl von neun Verlängerungen vorgeschlagen. Ausnahmen von dieser Höchstzahl sind nur gerechtfertigt, wenn eine Missbrauchskontrolle unter Berücksichtigung der Umstände des Einzelfalls dies zulässt. § 14 Abs. 2a S. 2 TzBfG ist ein Missbrauchsschutzinstrument bei konzerninternen Umstrukturierungen,

das den Missbrauchsschutz durch das Vorbeschäftigungsverbot gem. § 14 Abs. 2a S. 4 i.V.m. § 14 Abs. 2 S. 2 TzBfG erweitert (vgl. C) III. 2. b)).

17. Der vor dem Hintergrund der EuGH-Entscheidung in der Rechtssache „Mangold" neu gefasste § 14 Abs. 3 S. 1 TzBfG bietet einen sachlichen Grund, um die tatbestandliche Anknüpfung des § 14 Abs. 3 TzBfG an das Alter des Arbeitnehmers und die damit verbundene Ungleichbehandlung zu rechtfertigen. Das gesetzgeberische Motiv von § 14 Abs. 3 TzBfG, die altersbedingt prekäre Situation des Arbeitnehmers durch die Erleichterung von Befristung zu verbessern, bildet zudem einen sachlichen Grund gem. § 5 Nr. 1 lit. a) der RV im Anhang der RL 1999/70/EG. Zur Vermeidung von Missbrauch ist eine Höchstzahl von grundsätzlich neun Verlängerungen einzufügen. Eine Begrenzung auf eine höhere oder niedrigere Zahl kann sich aus einer Missbrauchskontrolle unter Berücksichtigung der Umstände des Einzelfalls ergeben. Außerdem ist § 14 Abs. 3 TzBfG für das gesamte Erwerbsleben des Arbeitnehmers unionsrechtskonform auf einmalig fünf Jahre zu begrenzen. Es darf hingegen kein Vorbeschäftigungsverbot i.S.v. § 14 Abs. 2 S. 2 TzBfG für § 14 Abs. 3 TzBfG gelten (vgl. C) III. 2. c)).
18. Das geltende Befristungsrecht ist ein Hybrid aus starren Grenzen und einzelfallbezogenen Korrekturen. Hierdurch kommen die Vorteile der jeweiligen Regelungskonzepte nebeneinander zur größtmöglichen Entfaltung und umgekehrt werden die Nachteile des jeweiligen Regelungsmodells vermindert (vgl. C) III. 3.).
19. Zur Beschäftigungsförderung in der Covid-19-Pandemie ist zu erwägen, einen weiteren Sachgrund in den Katalog von § 14 Abs. 1 S. 2 TzBfG einzufügen (vgl. C) IV. 2.).

E) Schlusswort

Das verfassungsrechtliche und unionsrechtliche Dogma des Interessenausgleichs ist, was das Befristungsrecht im Innersten zusammenhält. Dieses Dogma macht es zur Aufgabe eines zeitgemäßen Befristungsrechts, die arbeitsmarktpolitischen Wirklichkeiten nicht aus dem Blick zu verlieren, damit die gesetzlichen Ausgleichsmechanismen nicht zu dysfunktionalen Instrumenten werden, sondern weiterhin eine interessengerechte Begrenzung der Befristung von Arbeitsverträgen gewährleisten. Insofern ist es die Verantwortung des Gesetzgebers, durch kontinuierliche Korrekturen eine interessengerechte Begrenzung von Befristung zu erreichen.

F) Literaturverzeichnis

Alexy, Robert Theorie der Grundrechte 9. Auflage 2020

Annuß, Georg Thüsing, Gregor (Hrsg.) Kommentar zum Teilzeit- und Befristungsgesetz 3. Auflage 2012 (zit.: Annuß/Thüsing/*Bearbeiter*, § … Rn. …)

Arnold, Manfred Gräfl, Edith (Hrsg.) Teilzeit- und Befristungsrecht, Praxiskommentar zum TzBfG und zu angrenzenden Vorschriften 5. Auflage 2021 (zit.: Arnold/Gräfle/*Bearbeiter*, Gesetz, § … Rn. …)

Arnold, Manfred Aktuelle Rechtsprechung zum Befristungsrecht NZA-RR 2020, 1-8

Ascheid, Reiner Linck, Rüdiger Preis, Ulrich Schmidt, Ingrid (Hrsg.) Kündigungsrecht 6. Auflage 2021 (zit.: Ascheid/Preis/Schmidt/*Bearbeiter*, Gesetz, § … Rn. …)

Bader, Peter Fischermeier, Ernst Gallner, Inken u.a. KR-Gemeinschaftskommentar zum Kündigungsschutzgesetz und zu sonstigen kündigungsschutzrechtlichen Vorschriften 13. Auflage 2021 (zit.: KR/*Bearbeiter*, Gesetz, § … Rn. …)

Bader, Peter Das Gesetz zu Reformen am Arbeitsmarkt: Neues im Kündigungsschutzgesetz und im Befristungsrecht NZA 2004, 65 - 76

Bader, Peter Sachgrundlose Befristungen mit älteren Arbeitnehmerinnen und Arbeitnehmern neu geregelt (§ 14 Absatz III TzBfG) NZA 2007, 713 - 717

Bauer, Jobst-Hubertus Preis, Ulrich Schunder, Achim Das Gesetz zu Reformen am Arbeitsmarkt - Reform oder nur Reförmchen? NZA 2004, 195 - 199

Bauer, Jobst-Hubertus Befristete Verträge mit älteren Arbeitnehmern ab 1.5.2007 - oder der neue § 14 Absatz III TzBfG NZA 2007, 544 - 545

Bauer, Jobst-Hubertus BAG: Vorbeschäftigung bei sachgrundloser Befristung FD-ArbR 2019, 413924

Bayreuther, Frank Die Neufassung des § 14 Abs. 3 TzBfG - diesmal europarechtskonform? BB 2007, 1113 - 1115

Bayreuther, Frank Kettenbefristung zur Vertretung von Arbeitnehmern NZA 2013, 23 - 26

Bayreuther, Frank Das Bundesverfassungsgericht und die sachgrundlose Befristung – Neues aus dem Arbeitsverfassungsrecht NZA 2018, 905 - 909

Beden, Yannik Denzer, Matthias Das befristungsrechtliche Vorbeschäftigungsverbot: Verfassungskonforme Einzelfallbetrachtung statt zeitlicher Festgrenze SAE 2019, 118 - 124

Boecken, Winfried Joussen, Jacob Teilzeit- und Befristungsgesetz Handkommentar 6. Auflage 2019 (zit.: Boecken/Joussen/*Bearbeiter*, § … Rn. …)

Bonnani, Andrea Schmidt, Benedikt Kettenbefristung von Arbeitsverträgen und Missbrauchskontrolle – wohin geht die Reise? ArbRB 2013, 216 - 219

Busemann, Andreas Die Darlegungs- und Beweislast zur Befristungskontrolle bei Sachgrundbefristung MDR 2015, 314 - 319

Chandna-Hoppe, Katja Das Befristungsrecht im Wandel – Unionsrechtlicher Rahmen, verfassungsrechtliche Implikationen und mögliche Gesetzesänderungen ZfA 2020, 70 - 99

Callies, Christian Ruffert, Matthias (Hrsg.) EUV/AEUV – Das Verfassungsrecht der Europäischen Union mit Europäischer Grundrechtscharta 5. Auflage 2016 (zit.: Callies/Ruffert/*Bearbeiter*, Gesetz, Art. … Rn. …)

Däubler, Wolfgang Hjort, Peter Schubert, Michael Wolmerath, Martin (Hrsg.) Handkommentar Arbeitsrecht – Individualarbeitsrecht mit kollektiven Bezügen 4. Auflage 2017 (zit.: HK-ArbR/*Bearbeiter*, Gesetz, § … Rn. …)

Dieterich, Thomas Unternehmerfreiheit und Arbeitsrecht im Sozialstaat AuR 2007, 65-70

Dörner, Hans-Jürgen Der befristete Arbeitsvertrag 2. Auflage 2011

Eismann, Hans Friedrich Befristung und virtuelle Dauervertretung NZA 2009, 1113 - 1117

Fabisch, Artur Die Vorbeschäftigung im Befristungsrecht – Einschränkung durch verfassungskonforme Auslegung NZA 2021, 9 - 15

Fuchs, Maximilian Marhold, Franz Europäisches Arbeitsrecht 6. Auflage 2020

Franzen, Martin Gallner, Inken Oetker, Hartmut Kommentar zum europäischen Arbeitsrecht 3. Auflage 2020 (zit.: Franzen/Gallner/Oetker/*Bearbeiter*, RL …, Art. … Rn. …)

Giesen, Richard Reform des Befristungsrechts – rechtliche und rechtspolitische Aspekte

Grambow, Tobias Vorbeschäftigungsverbot ist verfassungsgemäß, 3-Jahre-Rechtsprechung des BAG dagegen nicht DB 2018, 1532

Greiner, Stefan Senk, Clara Konzerndimensionales Vorbeschäftigungsverbot? – Die Leitentscheidung des BVerfG zu § 14 Abs. 2 S. 2 TzBfG und ihre Konsequenzen für das Befristungsrecht RdA 2019, 236 - 239

Greiner, Stefan Befristungskontrolle im Gemeinschaftsbetrieb mehrerer Unternehmen - die "Jobcenter"-Fälle DB 2014, 1987 - 1990

Greiner, Stefan Das Recht der befristeten Arbeitsverhältnisse im Umbruch ZESAR 2014, 357 - 363

Greiner, Stefan Sachgrundbefristung und sachgrundlose Befristung als komplementäre Schutzkonzepte mit Annäherungstendenz ZESAR 2013, 305 - 312

Greiner, Stefan Auslegung von Absenkungsverboten in Richtlinien und Reichweite der richtlinienkonformen Auslegung - Urteil des Europäischen Gerichtshofs vom 24.6.2010 - Rechtssache Sorge EuZA 2011, 74 - 84

Haltern, Ulrich Europarecht, Band II 3. Auflage 2017

Hamann, Wolfgang Befristete Arbeitsverträge, 2014

Hanau, Peter Was ist wirklich neu in der Befristungsrichtlinie? NZA 2000, 1045

Hanau, Peter Die wiederholte Reform des arbeitsrechtlichen Kündigungs- und Befristungsschutzes ZIP 2004, 1169 - 1179

Haratsch, Andreas Koenig, Christian Pechstein, Matthias Europarecht 10. Auflage 2016

Henssler, Martin Joussen, Jacob Maties, Martin Preis, Ulrich (Hrsg.) Festschrift für Rolf Wank, 2014 (zit.: *Verfasser*, in: FS Wank, S. …)

Henssler, Martin Willemsen, Heinz Josef Kalb, Heinz-Jürgen (Hrsg.) Arbeitsrecht Kommentar 9. Aufl. 2020 (Henssler/Willemsen/Kalb/*Bearbeiter*, Gesetz, Art. …, Rn. …)

Höpfner, Clemens Gesetzesbindung und verfassungskonforme Auslegung im Arbeits- und Verfassungsrecht RdA 2018, 321 - 337

Hromadka, Wolfgang Befristete und bedingte Arbeitsverhältnisse neu geregelt BB 2001, 621 - 627

Ittner, Thomas Schaich, Marie-Katrin Abpfiff – Das Ende des Trainerkarussells? Aktuelle Probleme und Lösungsansätze bei Trainerverträgen im Profifußball NJOZ 2019, 497 - 504

Jarass, Hans Pieroth, Bodo (Begr.) Grundgesetz für die Bundesrepublik Deutschland 16. Auflage 2020 (zit.: Jarass/Pieroth/*Bearbeiter*, Art. … Rn. …)

Jarass, Hans Charta der Grundrechte der EU 4. Auflage 2021

Junker, Abbo Grundkurs Arbeitsrecht 19. Auflage 2020

Kliemt, Michael Das neue Befristungsrecht NZA 2001, 296 - 307

Köster, Hans-Wilhelm Korte, Walter Schiefer, Bernd Befristung von Arbeitsverträgen - Die neue Altersbefristung nach § 14 III TzBfG, DB 2007, 1081 - 1086

Krause, Rüdiger Schwarze, Roland (Hrsg.) Festschrift für Hansjörg Otto zum 70. Geburtstag, 2008 (zit.: *Verfasser*, in: FS Otto, S. …)

Krebber, Sebastian Die unionsrechtlichen Vorgaben zur Zulässigkeit der Befristung von Arbeitsverhältnissen EuZA 2017, 3 - 22

Laux, Helga Schlachter, Monika Teilzeit- und Befristungsrecht Kommentar 2. Auflage 2011

(zit.: Laux/Schlachter/*Bearbeiter*, § … Rn. …)

Lembke, Mark Die sachgrundlose Befristung von Arbeitsverträgen in der Praxis NJW 2006, 325 - 332

Lembke, Mark Tegel, Johannes Neues zum Vorbeschäftigungsverbot des Befristungsrechts NZA 2019, 1029 - 1035

Linsenmaier, Wolfgang Befristung und Bedingung - Ein Überblick über die aktuelle Rechtsprechung des Siebten Senats des BAG unter besonderer Berücksichtigung des Unionsrechts und des nationalen Verfassungsrechts RdA 2012, 193 - 210

Lipinski, Wolfgang Der neue § 14 Abs. 2 a TzBfG: sachgrundlose kalendermäßige Befristung eines Arbeitsvertrags nach der Gründung eines Unternehmens BB 2004, 1221 - 1223

Löwisch, Manfred Sachgrundlose Befristung trotz Vorbeschäftigung SAE 2018, 36 - 41

Mangold, Hermann von Klein, Friedrich Starck, Christian Grundgesetz, Band 1 7. Auflage 2018 (v. Mangold/Klein/Starck/*Bearbeiter*, Art. … Rn. …)

Marhold, Franz Fuchs, Maximilian Friedrich, Michael Europäisches Arbeitsrecht 6. Auflage 2020.

Möllers, Thomas Juristische Methodenlehre 1. Auflage 2017

Müller-Glöge, Rudi Preis, Ulrich Schmidt, Ingrid (Hrsg.) Erfurter Kommentar zum Arbeitsrecht 20. Auflage 2020 (zit.: ErfK/*Bearbeiter*, Gesetz, § … Rn. …)

Palandt (Begr.) Bürgerliches Gesetzbuch 78. Auflage 2019 (zit.: Palandt/*Bearbeiter*, Gesetz, § … Rn. …)

Preis, Ulrich Grundfragen der Vertragsgestaltung im Arbeitsrecht 1993

Preis, Ulrich Gotthardt, Michael Neuregelung der Teilzeitarbeit und befristeten Arbeitsverhältnisse DB 2000, 2065 - 2074

Preis, Ulrich Greiner, Stefan Befristungsrecht – Quo vadis? RdA 2010, 148 - 162

Preis, Ulrich Sagan, Adam (Hrsg.) Europäisches Arbeitsrecht 2. Auflage 2019 (zit.: Preis/Sagan/*Bearbeiter*, § … Rn. …)

Preis, Ulrich Temming, Felipe Individualarbeitsrecht 6. Auflage 2020

Preis, Ulrich Temming, Felipe Der EuGH, das BVerfG und der Gesetzgeber - Lehren aus Mangold II NZA 2010, 185 - 198

Riesenhuber, Karl Europäisches Arbeitsrecht 2009

Rudolf, Armin Vorbeschäftigungsverbot: Wie lange ist "sehr lang"? AA 2019, 45 - 46

Säcker, Franz Jürgen Rixecker, Roland Oetker, Hartmut Limperg, Bettina (Hrsg.) Münchener Kommentar zum Bürgerlichen Gesetzbuch -Band 1, 8. Auflage

2018 -Band 4, 8. Auflage 2020 -Band 5, 8. Auflage 2020 (zit.: MüKo/*Bearbeiter*, Gesetz, § … Rn. …)

Schmitt, Laura Befristete Arbeitsverträge/Sachliche Gründe/Entschädigungen ZESAR 2019, 83 - 91.

Schubert, Bärbel Bericht aus Berlin AuR 2018, 287 - 288

Schwefer, Erik Die befristete Übernahme im Anschluss an ein Berufsausbildungsverhältnis 2005

Sievers, Jochen Kommentar zum Teilzeit- und Befristungsrecht 3. Auflage 2010

Staudinger, Julius von (Begr.) Kommentar zum Bürgerlichen Gesetzbuch mit Einführungsgesetz und Nebengesetzen -Eckpfeiler des Zivilrechts, 5. Auflage 2014 (zit.: Staudinger/*Bearbeiter*, Eckpfeiler des Zivilrechts, lit. … Rn. …) -Dienstvertragsrecht 3, Neubearbeitung von 2016 (zit.: Staudinger/*Bearbeiter*, Gesetz, § … Rn. …)

vom Stein, Jürgen Missbrauchskontrolle bei befristeten Arbeitsverträgen NJW 2015, 369-374

Stoffels, Markus Die im Koalitionsvertrag vorgesehene quotale Begrenzung der sachgrundlosen Befristung – zugleich ein Lehrstück zur Problematik arbeitsrechtlicher Schwellenwerte ZfA 2019, 291-319

Stoye, Katrin Rechtsdogmatische und rechtspolitische Probleme des § 14 Abs. 2 Teilzeit- und Befristungsgesetz 2006

Thüsing, Gregor Europäisches Arbeitsrecht 3. Auflage 2017

Thüsing, Gregor Teilzeit und Befristungsgesetz - Oder: Von der Schwierigkeit eines Kompromisses zwischen Beschäftigungsförderung und Arbeitnehmerschutz ZfA 2004, 67 - 99

Thüsing, Gregor Quo vadis Arbeitsrecht jM 2018, 239 - 242

Thüsing, Gregor Lambrich, Thomas Umsetzungsdefizite in § 14 TzBfG? BB 2002, 829 - 832

Thüsing, Gregor Stelljes, Volker Fragen zum Entwurf eines Gesetzes zu Reformen am Arbeitsmarkt BB 2003, 1673 - 1681

Treichel, Stefan Sachgrundlose Befristung – Vorbeschäftigung AuR 2019, 424 - 426

Von Mangold, Hermann (Begr.) Klein, Friedrich Starck, Christian (Fortg.) Grundgesetz 7. Auflage 2018 (Zit.: Vom Mangold/Klein/Starck/*Bearbeiter*, GG, Art. … Rn. …)

Waltermann, Raimund Aktuelle Tendenzen im Niedriglohnsektor und in atypischer Beschäftigung – Konzeptionelle Fragen mit Blick auf den Koalitionsvertrag AuR 2018, 346 - 353

Wank, Rolf Abschied vom Normalarbeitsverhältnis? Welche arbeits- und sozialrechtlichen Regelungen empfehlen sich im Hinblick auf die Zunahme neuer Beschäftigungsformen und die wachsende Diskontinuität von Erwerbsbiographien? RdA 2010, 193 - 207

Besondere Materialien:

- IAB-Kurzbericht 16/2018
- Koalitionsvertrag zwischen CDU, CSU und SPD, 19. Legislaturperiode, Berlin 12.03.2018
-*Klös, Hans-Peter/Schäfer, Holger*, IW-Policy-Paper Nr. 20, 2020
-*Frieling, Tino*, Verfassungswidrigkeit der bisherigen Rechtsprechung des BAG zum Verbot sachgrundloser Befristung bei Vorbeschäftigung aus § 14 Abs. 2 Satz 2 TzBfG, Anmerkung zum Beschluss des Bundesverfassungsgerichts vom 25.7.2018 –1 BvL 7/14, 1 BvR 1375/14, jurisPR-ArbR 30/2018 Anm. 1
-*Prieto, Daniel* in: Flexible Beschäftigung in Deutschland und Europa auf dem Prüfstand, Bericht vom ersten Tübinger Arbeitsrechtstag am 7.04.2006
-*Siebens, Frank*, Entscheidungsanmerkung zum Urteil des BAG vom 23.01.2019 - 7 AZR 733/16, AuR 2019, 145-146
-*Treichel, Frank*, Entscheidungsanmerkung zum Urteil des BAG vom 23.01.2019 - 7 AZR 733/16, AuR 2019, 424-426

Bonner Schriften zum deutschen und europäischen Recht der Arbeit und der Sozialen Sicherheit

Herausgegeben von Gregor Thüsing und Raimund Waltermann

Band 1 Sven Kürvers: Betriebliche Altersversorgung in Deutschland und den USA im Rechtsvergleich. Unverfallbarkeit, Portabilität und Unisex-Tarife. 2008.

Band 2 Alexandra Geißler: Der Lohnanspruch des Arbeitnehmers bei Nichterbringung der Arbeit. Ein Vergleich des deutschen und polnischen Arbeitsrechts. 2008.

Band 3 Daniela Fink-Jamann: Das Antidiskriminierungsrecht und seine Folgen für die kirchliche Dienstgemeinschaft. Eine Bestandsaufnahme nach Erlass der Richtlinie 2000/78/EG und ihrer Umsetzung durch das deutsche Allgemeine Gleichbehandlungsgesetz (AGG) unter besonderer Berücksichtigung der Loyalitätsobliegenheiten im kirchlichen Dienst. 2009.

Band 4 Jens Sebastian Groh: Einstellungs- und Kündigungskriterien kirchlicher Arbeitgeber vor dem Hintergrund des § 9 AGG. 2009.

Band 5 Thomas Gerdom: Gemeinschaftsrechtliche Unterrichtungs- und Anhörungspflichten und ihre Auswirkungen auf das Betriebsverfassungs-, Personalvertretungs- und Mitarbeitervertretungsrecht. Zum Umsetzungsbedarf der Richtlinie 2002/14/EG. 2009.

Band 6 Daniel Stolz: Der beurlaubte Beamte im Angestelltenverhältnis. Eine Darstellung der Doppelrechtsstellung am Beispiel der Postnachfolgeunternehmen. 2010.

Band 7 Kristina Ruch: Dreiseitige Vereinbarungen. Vereinbarungen zwischen Arbeitgeber, Gewerkschaft und Betriebsrat. 2010.

Band 8 Manuel Schwering: Das Allgemeine Gleichbehandlungsgesetz als Aufgabe und Instrument des Betriebsrates. 2010.

Band 9 Julia Bietmann: Gesetzliche Wege zu einem systemkonformen Mindestlohn. 2010.

Band 10 Wolfgang Schorn: Die Unklarheitenregel des § 305c Abs. 2 BGB - insbesondere im Arbeitsrecht. 2011.

Band 11 Jan Kraus: Regulierung von Pensionsfonds. Eine rechtsvergleichende Untersuchung einer neuen Einrichtung der betrieblichen Altersversorgung in Deutschland. 2011.

Band 12 Gregor Thüsing: Scheinselbständigkeit im internationalen Vergleich. 2011.

Band 13 Marc Tobias Rosenau: Die Koalitionsbetätigungsfreiheit im gewandelten Kontext. 2013.

Band 14 Martin Kalf: Die Änderungskündigung im Lichte des Verhältnismäßigkeitsprinzips. Tatsächliches Potential und rechtliche Grenzen. 2013.

Band 15 Franz Josef Düwell / Manfred Löwisch / Raimund Waltermann / Rolf Wank (Hrsg.): Das Verhältnis von Arbeitsrecht und Zivilrecht in Japan und Deutschland. 2013.

Ab Band 16 läuft die Reihe unter einem neuen Reihentitel

Schriften zum deutschen und europäischen Recht der Arbeit und der Sozialen Sicherheit

Herausgegeben von Stefan Greiner, Gregor Thüsing und Raimund Waltermann

Band	16	Luca Rawe: Auslegung von Zusagen der betrieblichen Altersversorgung. Zugleich ein Beitrag zu den Entwicklungen im Betriebsrentenrecht anhand einer Rechtsprechungsanalyse. 2017.
Band	17	Florian Göhner: Die betriebsverfassungsrechtliche Stellung der Leiharbeitnehmer im Entleiherbetrieb. 2017.
Band	18	Mathias Benedix: Die besonderen Therapierichtungen und der Neutralitäts- und Objektivitätsanspruch des Staates. 2017.
Band	19	Stephan Picht: Haftung des Betriebsrats und seiner Mitglieder bei rechtsgeschäftlichen Verbindlichkeiten. 2018.
Band	20	Christoph Corzelius: Grundlagen, Wirkungen und Grenzen des tarifdispositiven Rechts in der Arbeitnehmerüberlassung. 2018.
Band	21	Hajime Wada / Raimund Waltermann (Hrsg.): Nachhaltiges Arbeits- und Sozialrecht in der alternden Gesellschaft in Japan und Deutschland. Symposion am 17. und 18. Februar 2017 an der Rheinischen Friedrich-Wilhelms-Universität Bonn. 2018.
Band	22	Henrike Seifert: Solidarität im Arbeitsrecht. Inhalt und Bedeutung von Solidarität als rechtlich wirkende Verpflichtung. 2018.
Band	23	Sabine Marion Vianden: Gleiches Entgelt für gleiche und gleichwertige Arbeit. Ein Prinzip und seine rechtliche Durchsetzung auf Grundlage des Entgelttransparenzgesetzes. 2020.
Band	24	Matthias Denzer: Das Betriebsratsamt als Ehrenamt und seine entgeltrechtlichen Folgen. 2020.
Band	25	Yannik Beden: Arbeitsrechtliche Prognoseentscheidungen. Zu bereichsspezifischen und allgemeinen Bewertungsmaßstäben zukunftsbezogener Wahrscheinlichkeitsannahmen. 2020.
Band	26	Hendrik Völkerding: Die reine Beitragszusage nach § 1 Abs. 2 Nr. 2a BetrAVG und die Beteiligung der Tarifvertragsparteien an deren Durchführung und Steuerung gem. § 21 Abs. 1 BetrAVG. 2022.
Band	27	Justin Daniel Josef Hubert Schippers: Grund und Grenzen des Befristungsrechts. Das verfassungsrechtliche und unionsrechtliche Dogma des Interessenausgleichs im TzBfG. 2022.

www.peterlang.de

www.ingramcontent.com/pod-product-compliance
Ingram Content Group UK Ltd.
Pitfield, Milton Keynes, MK11 3LW, UK
UKHW021851290926
8980IPUK00005B/765

9 783631 881736